NEW LIFE

Andrew Murray

THE NEW LIFE
by Andrew Murray

NEW LIFE

초판 발행   2025년 6월 17일
초판 2쇄   2025년 7월 23일

지은이   앤드류 머레이
옮긴이   박혜리

발행처   하나님의 사람들

등록   2020년 3월 3일(제409-2020-000015호)
주소   인천광역시 서구 매밭로 130(22870)
전화   070-7785-7425 | 팩스 0504-088-7425

홈페이지   www.mogpublisher.com
이메일   support@mogpublisher.com

값은 뒤표지에 있습니다.
ISBN   979-11-91542-30-1

Copyright © 2025, 하나님의 사람들

본 저작물의 모든 내용, 이미지, 디자인, 편집 형태에 대한 저작권은 출판사에 있습니다.
저자는 원서에서 〈제임스왕역 성경〉(KJV)를 인용했으며, 본서는 〈새번역 성경〉을 인용했습니다.

CONTENT

새로운 생명
말씀의 젖
우리 마음 속에 있는 하나님의 말씀
믿음
말씀의 힘
아들에게 주시는 하나님의 선물
예수님의 순종
하나님의 자녀들
우리의 복종
구세주
죄의 자백
죄의 용서
죄를 씻다
거룩하다
의롭다
사랑
겸손

실족	기도 모임
우리를 지키시는 예수님	하나님에 대한 두려움
능력과 연약함	완전한 성별
감정	믿음의 확신
성령	예수님과의 일치
성령의 인도	세상과의 일치
슬퍼하는 성령	주의 날
육과 영	거룩한 침례
믿음의 삶	성찬식
사탄의 권세	순종
그리스도인의 싸움	하나님의 뜻
복이 되리라	자기 부인
개인적인 사역	분별력
전도 사역	돈
빛과 기쁨	그리스도인의 자유
징계	성장
기도	성경 연구
	완성자

000

PROLOGUE

어린 성도들과 교제할 때마다 새로운 삶을 시작하는 초신자를 위해 가장 중요한 진리들을 간결하게 정리한 책이 필요하다고 생각했습니다. 그러나 시중에서는 제 바람에 완전히 부응하는 책을 찾을 수 없었습니다. 1884년 성령 강림절 이후 예배를 인도하게 되면서 여러 사람과 대화를 나눌 기회가 생겼을 때, 이 필요성을 뼈저리게 느꼈습니다. 많은 사람들이 구원받은 이후에도 여전히 믿음이 연약하고 지식이 부족한 자신의 모습에 큰 고민을 안고 있었고, 특히 어린 그리스도인들은 새로운 삶에 대한 왜곡된 생각과 장애물에서 벗어나지 못하고 있었습니다. 그래서 주 예수님이 성도를 위해 준비해 놓으신 영광스러운 삶의 능력과 기쁨이 무엇인지, 그리고 이 축복을 누리는 법이 얼마나 간단한지를 알려주어 지친 어깨에 힘을 주고 싶었습니다.

다양한 문제를 논할 수 있겠지만, 우선 한정적으로 가장 중요한 주제들만 다루고자 합니다. 먼저, 가장 위대하고 확실한 지침서인 하나님의 말씀을 살펴보겠습니다. 평범한 사람들도 하나님의 말씀을 존중합니다. 다음으로는 말씀에서 중요하게 다루는 아들, 즉 우리를 위한 아버지의 선물에 대해 살펴보고, 성경이 가르치는 죄에 관해서도 정리할 겁니다. 여러분도 아시다시피, 죄 때문에 우리는 예수님께 나아가고, 예수님은 우리를 죄로부터 해방시키셨습니다. 더 나아가 우리의 무능과 무가치를 보여주는 믿음에 대해서도 알아볼 겁니다. 믿음은 하늘의 선물로서 우리의 삶이 매일 구원받아야 한다는 점을 가르칩니다. 또한, 어린 성도들이 반드시 배워야 할 교제, 즉 말씀과 예수님을 통해 하나의 격으로 성령과의 깊은 교제를 나누고, 성령의 역사를 이해하며 그분을 신뢰하는 방법에 대해서도 살펴보겠습니다. 그리고 성령이 가르치는 거룩한 삶, 순종하며 결실을 맺는 삶에 대해서도 다룰 겁니다.

제가 선정한 주요 주제들은 이와 같습니다. 부디 어린 성도들이 아버지께서 우리에게 주신 위대한 삶을 깨닫는 데 하나님이 제 책을 사용하시기를 바랍니다. 어린 성도들이 상담과 도움을 받기 어렵고, 사람들과 어울리기 힘든 환경으로 돌아가야 한다는 생각에 마음이 불편합니다. 확신하건대, 주님께서 제 책을 통해 어린 성도들에게 수많은 축복을 입증해 보이실 겁니다.

＞

　이 책을 집필하면서 또 다른 소망이 생겼습니다. 즉, 제 책이 하나님의 말씀에 대한 관심을 빼앗지 않고 오히려 그 가치를 더욱 빛낼 수 있기를 바라는 마음입니다. 그래서 독자들이 오직 하나님의 말씀과 하나님 자체에만 귀 기울일 수 있도록, 말씀에만 주목하고 그 외의 다른 참고 자료에는 힘을 빼기로 하였습니다.

　부디 이러한 방법이 큰 성과를 이루기를 바랍니다. 많은 성도들이 성경을 올바르게 탐구하는 법을 알지 못합니다. 이럴 때, 마음이 허전하고 외로운 성도들이 이 책의 요점을 차분히 살펴보며 묵상하고 인용한 구절을 찾아가다 보면 분명 큰 도움을 받을 겁니다. 또한, 깨닫고자 하는 진리를 하나님의 말씀 자체에서 찾고 답을 얻게 될 겁니다. 기도 모임이나 성경 공부 모임에서도 이와 동일한 효과를 볼 수 있습니다. 각자 정한 구절이나 글을 읽고, 특히 중요하다고 생각하는 부분을 깊이 곱씹어 보세요. 충분한 음미의 시간을 가진 후, 모임의 장은 그 부분을 크게 읽고, 감동을 받은 사람은 자신이 선정한 문장을 발표하는 겁니다.

　실제로 위와 같은 방법을 통해 저희 성도들도 많은 도움을 받았습니다. 설교로 독려해도 반응하지 않던 성도들이 자발적으로 하나님의 말씀을 찾을 뿐만 아니라, 특히 어린 성도들이 스스로 말씀을 대하는 데 용기를 얻었습니다. 이로 인해 그리스도의 몸을 이루는 지체들 간의 살아있는 교제가 더욱 활발해졌고, 사랑 안에서 바로 설 수 있게 되었습니다. 또한, 말씀은 거룩한 힘으로 우리 안에서 작용하여 하나님을 기쁘시게 하는데, 각자의 생각과 말씀을 나누는 교제 방식은 하나님의 살아있는 생각에 대한 이해도를 높이는 데 큰 도움이 됩니다. 장담하건대, 이 길을 따라 주님을 위해 어떤 일을 해야 할지 묻는다면 큰 복의 항로를 개척할 수 있을 겁니다. 주 1회 정도 가까운 이웃이나 친구들과 함께 모여 익숙한 구절부터 소리 내어 읽어보세요(두세 가정이 한 지역에 사는 경우, 가정끼리 모여도 좋습니다). 그러면 주님께서 확실히 복을 부어 주실 겁니다.

>

한 가지 더 당부드리고 싶은 것은 이 책을 읽을 때 적어도 세 번 반복해서 읽어보시라는 겁니다. 부디 이 점을 의아하게 생각하지 않으셨으면 좋겠습니다. 피상적인 개념은 하나님에 관한 교제에서 큰 걸림돌이 됩니다. 대개 우리는 무언가를 읽고 이해하면 그것으로 충분하다고 생각하는 경향이 있습니다. 그러나 그렇지 않습니다. 충분한 시간을 들여 음미해야 마음에 깊이 새겨지고 본래의 능력을 발휘할 수 있기 때문입니다. 처음에는 각 챕터에 담긴 하나님의 선을 깨닫기 위해 깊이 생각하며 읽으세요. 그 후, 그 내용에서 은혜를 받았는지 살펴보세요. 두 번째로 읽을 때는 하나님의 말씀과 본문이 어떻게 연결되는지를 면밀히 살펴보세요. 만약 전부 이해하지 못했다면, 하나님의 말씀과 그에 담긴 핵심을 온전히 깨닫기 위해 본문의 일부라도 곱씹어 보세요. 하나님께서는 그분의 말씀을 통해 여러분을 가르치셔야 합니다. 우리는 말씀을 통한 하나님의 가르침을 통해 그분과 그분의 뜻에 대해 깊이 생각하고 믿어야 합니다. 마지막으로 읽을 때는 성경의 내용을 여러분의 삶과 연결 지어 보세요. 여러분의 삶이 새로운 삶과 조화를 이루고 있는지 살펴보고, 앞으로의 삶의 방향을 하나님의 말씀에 맞추세요. 확신하건대, 여러 책이나 설교의 가르침에 따라 하나님의 말씀과 교제하는 데 시간과 노력을 들인다면, 결국에는 반드시 10배의 결실을 맺게 될 겁니다.

끝으로, 지난해 동안 함께 모여 구세주와 그분의 영광스러운 구원에 관해 교제한 성도들, 그리고 구세주와 그분의 영광스러운 구원에 관해 교제한 여러 다른 모임에게 안부를 전합니다. 앞으로도 주님께서 여러분 안에서 능력으로 역사하시기를 소망하며, 화평과 사랑으로 충만한 마음으로 기도하겠습니다. 여러분도 아시다시피, 제 기도는 결코 멈추지 않을 겁니다. 새로운 삶의 축복과 능력은 여러분 안에 있으며, 여러분의 생각보다 더 위대하고 경이롭습니다. 예수님을 신뢰하는 법을 배우고, 하나님의 은사와 성경, 하나님의 말씀을 올바르게 배우세요. 하나님과 교제하는 시간을 가지며 그분께 여러분을 의탁하면, 여러분의 마음에 하나님의 축복이 넘쳐 흐르게 될 겁니다.

우리의 바람이나 생각보다 더 큰 일을 이루실 수 있는 하나님, 교회 안에서 영원히 영광을 받으소서.

앤드류 머레이

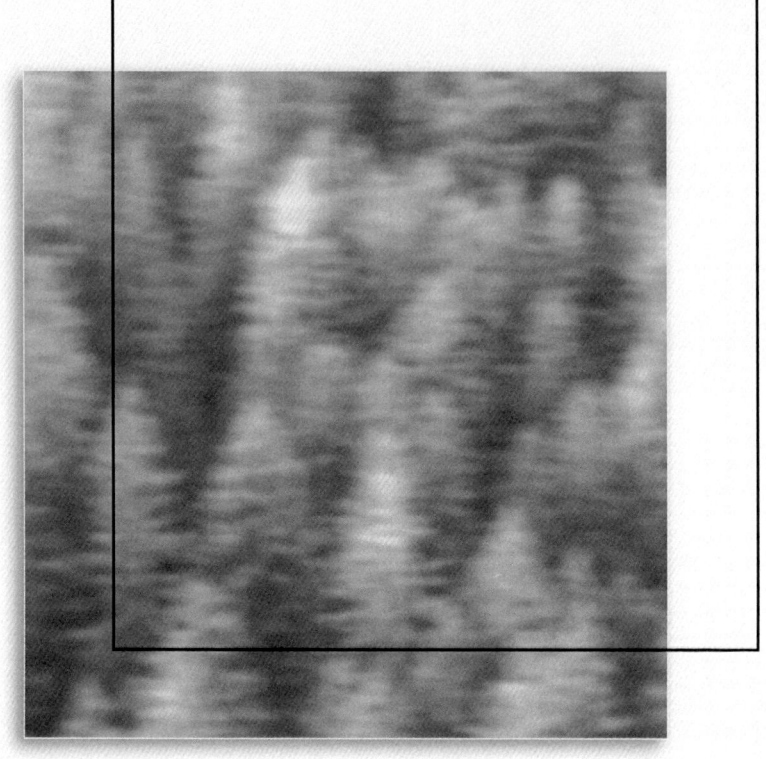

001

새로운 생명

하나님께서 세상을 이처럼 사랑하셔서 외아들을 주셨으니, 이는 그를 믿는 사람마다 멸망하지 않고 영생을 얻게 하려는 것이다(요 3:16). 여러분은 이미 죽었고, 여러분의 생명은 그리스도와 함께 하나님 안에 감추어져 있습니다. 그리스도께서는 여러분의 생명이십니다(골 3:3,4). 우리는 이 영원한 생명을 여러분에게 증언하고 선포합니다. 이 영원한 생명은 아버지와함께 계셨는데, 우리에게 나타나셨습니다. 그 증언은 이것이니, 곧 하나님이 우리에게 영원한 생명을 주셨다는 것과, 바로 이 생명은 그 아들 안에 있다는 것입니다. 그 아들을 모시고 있는 사람은 생명을 가지고 있습니다(요일 1:2, 5:11~12).

주 예수를 믿는 모든 사람이 받게 될 영광스러운 축복을 생각해 보세요! 그분을 믿는 모든 사람은 삶의 방식과 본질이 이전과 완전히 달라질 뿐만 아니라, 하나님으로부터 새로운 생명을 받게 됩니다. 또한, 하나님의 자녀로 새롭게 태어나 죽음에서 생명으로 옮겨지게 됩니다(요 1:12~13, 3:5,7, 5:24, 요일 3:14, 5:1).

이 새로운 삶은 진정으로 영원한 삶입니다(요 3:15~16,36, 6:40,51, 롬 6:11,23, 8:2, 요일 1:3, 3:1, 5:11). 그러나 그렇다고 해서 우리의 삶에서 죽음이 사라지는 것은 아닙니다. 단지 삶이 영원히 지속된다는 것입니다. 영원한 삶은 하나님의 삶이며, 영원부터 하나님께 속한 삶으로 그리스도를 통해 분명히 드러났습니다. 이제 모든 하나님의 자녀가 이 삶을 누리고 있습니다(요일 1:3, 3:1, 5:11).

이 삶에는 놀라운 능력이 있습니다. 하나님께서 새싹이나 어린 동물에게 생명을 주실 때, 항상 그 생명 안에 미래의 성장을 위한 능력을 담아 주십니다. 이 생명에는 힘이 있습니다. 마찬가지로 새로운 삶에도 영생의 힘이 존재합니다(요 5:10,28, 히 7:16, 고후 7:9, 8:4, 골 3:3~4, 빌 4:13). 하나님으로부터 생명을 받은 식물이나 동물이 건강하게 자란다면, 새로운 삶에 자신을 맡긴 하나님의 자녀도 확실한 성장을 이루어야 마땅합니다.

>

그러나 새로운 영적 삶을 받아들이고 이 삶이 능력을 발휘하려고 할 때마다 두 가지 요소가 길목을 막고 방해합니다. 그 중 하나는 바로 이 새로운 삶의 법, 작용, 본질에 대한 무지입니다. 그리스도인이라 하더라도 기본적으로 사람은 하나님으로부터 새로운 삶에 대한 개념을 배우려 하지 않고 자신의 틀 안에 갇혀 사고하고 정의합니다. 그 틀을 쉽게 벗어나지 못합니다. 그래서 많은 사람들이 각자의 왜곡된 생각으로 하나님을 섬깁니다. 이러한 행위와 방식은 그 사람 안에 깊이 뿌리내려 있습니다. 결국, 사람이 하나님으로부터 배우지 않은 채 하나님의 말씀을 이해했다고 생각하더라도, 실상 그는 거룩한 일들을 인간과 세상의 관점으로만 바라보았을 뿐입니다(수 3:4, 마 16:23). 하나님이 우리에게 주신 것이 무엇인지 알기 위해서는 하나님으로부터 구원과 생명뿐만 아니라 성령도 받아야 합니다. 그리고 하나님이 저 멀리 있는 가나안 땅을 가리키고 그 길로 인도하실 때, 우리는 장님처럼 그분을 의지하고 따라야 합니다. 또한, 어린 그리스도인들은 새로운 삶에 대해 바르게 알지 못하는 무지와 무능을 자각해야 합니다. 그러면 주님이 어린아이와 같은 온유한 영을 보내셔서 그분의 신비를 밝혀주실 것입니다(시 25:5,8~9, 143:8, 사 64:4, 마 11:25, 고전 1:18~19, 2:7,10,12, 히 11:8).

장애물은 여기서 그치지 않습니다. 모든 식물, 동물, 인간의 삶에는 미래의 성장을 위한 힘이 충분히 담겨 있습니다. 새로운 삶도 마찬가지입니다. 하나님은 자녀들이 온전히 성장할 수 있도록 새로운 삶에 가장 영광스러운 능력을 충분히 부어 주셨습니다. 즉, 그리스도, 그분 자체가 자녀의 삶이자 생명의 능력입니다(시 18:2, 27:1, 38:3, 34:8, 요 14:19, 갈 2:20, 골 3:3,4). 이 위대한 삶은 눈에 보이지도 않고 감각으로 느낄 수도 없지만, 사람의 약한 부분에서 역사하기 때문에 어린 그리스도인은 이 삶에 대해 의심하곤 합니다. 의심이 시작되면 성장에 대한 확신을 가지지 못하고, 거룩한 능력을 믿지 못할 뿐만 아니라, 믿는 삶이 곧 믿음의 삶이라는 진리를 이해하지 못하게 됩니다. 믿음의 삶이란 보거나 만지거나 느낄 수 없어도 하나님 안에 자신의 삶과 생명이 있다는 것을 믿는 것입니다(합 2:4, 마 6:27, 롬 1:17, 갈 3:11, 히 10:38).

이 새로운 삶을 선물받은 모든 사람은 다음과 같은 강한 확신과 믿음을 가져야 합니다. "내 안에 역사하는 삶은 영원한 삶이며, 거룩한 능력을 발휘한다. 나는 하나님이 원하시는 성도가 될 수 있고, 또한 그렇게 될 수 있다. 그리스도는 나의 삶이다. 매일 그분을 나의 삶으로 받아들이자. 그러면 하나님께서 충만한 능력으로 나의 삶이 되어주실 것이다."

>

자, 이제 다음 교훈을 읽고 여러분의 마음에 새겨보세요.

1. 여러분이 믿음을 통해 받은 삶은 하나님의 삶, 즉 영원한 삶입니다.

2. 새로운 삶은 그리스도 안에 있으며, 그리스도께 속한 모든 것을 전하는 성령이 여러분 안에 있습니다.

3. 새로운 삶은 경이로운 능력의 삶입니다. 비록 여러분이 약하다고 느낀다 하더라도, 여러분 안에서 역사하시는 하나님의 능력을 믿으세요.

4. 새로운 삶이 여러분 안에서 자라고 여러분과 하나가 되기 위해서는 시간이 필요합니다.

5. 새로운 삶의 법과 원칙은 인간의 모든 관념과 상충합니다. 이 점을 유념하시기 바랍니다. 인간적인 생각이나 관점에 주의하고, 여러분의 삶이자 지혜이신 그리스도께 모든 것을 맡기세요.

제가 하나님 안에서 삶을 영위할 수 있도록
자신의 아들을 주신 오, 나의 아버지,
제 안에 영광스러운 새 삶을 주셔서 감사합니다.
기도드립니다.
제게 새로운 삶을 올바르게 가르쳐 주시길 바랍니다.
제 안에 있는 무지와 왜곡된 생각을 드러내 보이고
나의 삶이신 주 예수님과 새로운 삶의 위대한 능력을 믿습니다.
성령님, 제 삶의 길을 인도해 주시길 바랍니다.
아멘.

002

말씀의 젖

갓난 아기들처럼 순수하고 신령한 젖을 그리워하세요. 여러분은 그것을 먹고 자라서 구원에 이르러야 합니다(벧전 2:2).

어린 그리스도인 여러분, 아버지의 말씀에 귀 기울이세요. 여러분은 주님께 자신을 맡기고, 그분께서 여러분을 받아주셨다는 사실을 믿은 지 얼마 되지 않았을 겁니다. 하나님으로부터 새로운 생명을 받아 이제 막 태어난 갓난아기이지요. 하나님은 여러분에게 새로운 생명을 주신 그 순간부터, 말씀을 통해 여러분이 성장하고 강해지는 법을 알려주실 것입니다.

>

첫째로, 여러분은 하나님의 자녀입니다. 베드로가 이제 막 개종한 사람들에게 어떻게 말했는지 살펴봅시다(벧전 1:23, 2:2, 10,25).

너는 다시 태어났다.

너희는 갓난아기들이다.

너는 거듭났다.

너희는 이제 하나님의 백성이다.

아무리 어리고 약할지라도, 그리스도인이라면 자신이 하나님의 자녀라는 사실을 반드시 알아야 합니다. 그래야 용기를 내어 자신의 성장 가능성을 믿고, 말씀을 통해 주어진 자녀들의 양식을 마음껏 먹고 마실 수 있습니다. 성경의 모든 말씀은 우리가 하나님의 자녀라는 진리를 가르치고 있으며, 이 진리를 자녀 개개인이 반드시 알아야 한다고 말합니다(롬 8:16, 고전 3:1,16, 갈 4:6~7, 요일 3:2, 4:13, 5:10,13).

주님 안에서 건강하게 자라려면 믿음의 확신이 반드시 필요합니다(엡 5:8, 골 2:6, 벧전 1:14,19).

둘째로, 여러분은 아직 갓난아기처럼 연약합니다. 종종 어린 성도들은 많은 사랑과 기쁨을 경험한 후 자신이 강하다고 착각합니다. 이로 인해 위험을 무릅쓰고 자신의 경험에 의존하거나 스스로를 과대평가하기도 합니다. 그러나 우리는 주 예수님 안에서 강해지는 법을 배워야 합니다. 여러분이 아직 어리고 약하다는 사실을 깊이 유념하세요(고전 3:1,13, 히 5:13,14). 자신의 약함을 인식하는 자세는 자신이 아무것도 아니라는 겸손(마 5:3, 롬 12:3,10, 엡 4:2, 빌 2:3,4, 골 3:12)과 주님을 전적으로 믿는 믿음에서 비롯됩니다(마

8:8,15,27,28).

셋째로, 어린 그리스도인은 약한 상태에 안주해서는 안 됩니다. 우리는 은혜 안에서 성장하고 발전하며 강해져야 합니다. 하나님은 우리에게 성장하라고 명령하십니다. 이와 관련하여 그분의 말씀은 놀라운 약속을 제공합니다. 자연의 법칙에 따라 하나님의 자녀는 반드시 성장할 수밖에 없습니다. 여러분이 받은 새로운 생명은 건전하고 강력합니다. 성도가 자신을 새로운 생명에 맡긴다면, 성장은 필연적인 결과입니다(삿 5:31, 시 84:8, 92:13~14, 사 40:31, 엡 4:14, 살전 4:1, 벧후 3:18).

마지막으로, 하나님의 갓난아기들은 말씀의 젖을 통해 성장할 수 있습니다. 이 점이 가장 중요합니다. 하나님의 영으로 받은 새로운 삶은 오직 하나님의 입에서 나오는 말씀을 통해서만 지속될 수 있습니다. 어린 형제 여러분, 하나님의 말씀을 현명하고 올바르게 다루는 방법과 말씀을 우유처럼 받아들이고 소화하여 삶에 적용하는 능력에 따라 여러분의 성장 속도가 결정됩니다(시 19:8,11, 119:97,100, 사 55:2,3, 고전 12:11).

>

주님은 말씀을 어머니의 젖에 비유하여 설명하십니다. 어머니는 자신의 생명을 나누어 아이에게 생명을 주고, 음식을 공급합니다. 어머니가 갓난아이를 먹이는 건 온화한 사랑의 표현입니다. 어머니는 자녀를 먹일 때 친밀한 관계 속에서 자녀를 가슴에 끌어안습니다. 약한 아이에게 어머니의 젖은 반드시 필요합니다. 어머니의 젖, 즉 우유는 부드럽지만 영양분이 풍부하기 때문입니다.

이와 같이, 하나님의 말씀도 하나님의 생명과 능력을 담고 있습니다(요 6:63, 살전 2:13, 히 4:12). 하나님의 온화한 사랑은 말씀을 통해 우리에게 전달되며, 말씀과 사랑은 그분과의 친밀한 교제를 형성합니다(요 10:4). 그분의 사랑은 연약한 우리에게 꼭 필요한 말씀, 즉 따뜻하고 부드러운 우유와 같은 말씀이 무엇인지 알려줍니다. 만약 말씀을 너무 어렵고 힘들다고 생각하는 사람이 있다면, 이 진리에 주목하세요. 성령을 통한 예수님의 가르침을 신뢰하고 말씀을 받아들인다면, 하나님의 말씀이 갓난아기를 위한 달콤한 젖이라는 진리를 스스로 입증하게 될 겁니다(시 119:18, 요 14:26, 엡 1:17~18).

어린 그리스도인 여러분, 견고히 서서 언제나 주를 위해 살겠습니까? 그렇다면 아버지의 말씀에 귀 기울이세요. **갓난아기들처럼 순수하고 신령한 젖을 그리워하세요**(벧전 2:2). 이 말씀을 여러분의 마음에 새기고, 아버지의 음성을 굳게 붙잡으세요. 하나님의 말씀을 어떻게 소화하고 활용하느냐에 따라 여러분의 영적 생활은 달라집니다. 그러니 하나님의 말씀을 모든 것 위에 두고, 가장 최우선으로 삼으세요(시 119:14,47,48,111,127).

　모든 것 위에 이 점을 명심하세요. 말씀은 우유입니다. 갓난아기는 어머니의 젖을 빠는 것으로 어머니의 사랑을 느끼고, 어머니와 친밀하고 생생한 관계를 맺습니다. 이와 마찬가지로, 여러분도 성령을 통해 말씀의 젖을 먹고 하나님의 사랑, 즉 살아 숨 쉬는 사랑을 느끼며, 그분과 열렬하고 살아있는 교제를 나눌 수 있습니다. 말씀의 젖을 사모하세요. 말씀이 어렵고 삼키기 힘든 음식이라고 생각하지 마세요. 그런 생각은 말씀에 담긴 모든 기쁨을 앗아갑니다. 살아있는 하나님의 사랑을 신뢰하고 말씀을 받아들이세요. 그러면 하나님의 영이 어머니처럼 온화한 사랑으로 여러분을 가르치고, 여러분의 연약함을 도와주실 겁니다. 여러분, 성령을 통해 말씀이 여러분의 생명과 기쁨이 될 뿐만 아니라 하나님과 복된 교제를 할 수 있다는 진리를 믿으세요.

>

1. 성경에는 하나님의 자녀인 우리에게 반드시 알아야 한다고 가르치는 구절이 있습니다. 여러분이 생각하기에 이를 가장 잘 보여주는 구절은 무엇인가요?

2. 갓난 아기와 그리스도 안에서 어린 자녀의 공통점 세 가지는 무엇인가요?

3. 어린 그리스도인이 하나님의 말씀을 읽고 은혜를 받을 때 무엇을 해야 할까요? 우선, 믿음으로 예수님과의 교제에 자신을 맡겨야 합니다. 또한, 예수님이 성령을 통해 가르쳐 주실 것이라고 믿고 신실하게 성경을 읽어 나가야 합니다.

4. 여러분의 필요에 맞는 구절을 선택한 후, 10번 읽고 마음에 새기세요. 열 구절을 한 번 읽는 것보다 더 큰 유익을 가져다줄 것입니다. 비록 수가 많지 않더라도, 스스로 받아들이고 개인적으로 적용하여 마음 깊이 새긴 구절이야말로 혼을 위한 진정한 양식입니다.

5. 여러분이 생각하기에 그리스도인의 성장에 대해 가장 잘 보여주는 구절은 무엇인지 찾아보세요. 구절을 찾았다면 그 말씀을 마음으로 받아들이고 긍정적인 성장을 기대하며 반복해서 읽으세요.

6. 여러분, 은혜 안에서 성장한다는 것이 어떤 의미인지 잘 이해하셨나요?

나의 구세주여, 주님의 가르침 덕분에
제가 주님의 말씀을 믿게 되었습니다.
그리고 그 믿음을 통해 하나님의 자녀가 되었습니다.
갓난 아기를 위한 젖, 그 말씀으로 주님께서 나를 먹이셨습니다.
주님, 제가 날마다 그 말씀의 젖을 사모합니다.
매일 아버지의 사랑과 함께
살아있는 교제를 나누며 행동할 수 있도록
성령과 말씀을 통해 저를 가르쳐 주십시오.
성령님께서 내게 말씀을 부어 주신다고 믿습니다.
항상 그 진리를 믿게 해주십시오.
아멘.

003

우리 마음속에 있는 하나님의 말씀

그러므로 당신들은, 내가 한 이 말을 마음에 간직하고(신 11:18) 사람아, 내가 너에게 하는 모든 말을 마음 속에 받아들이고, 귀를 기울여 들어라(겔 3:10). 내가 주님께 범죄하지 않으려고, 주님의 말씀을 내 마음 속에 깊이 간직합니다(시 119:11).

갓난 아기들처럼 순수하고 신령한 젖을 그리워하세요. 여러분은 그것을 먹고 자라서 구원에 이르러야 합니다(벧전 2:2). 이 말씀은 모든 그리스도인에게 하나님의 사랑과 생명이 담긴 말씀의 젖을 먹어야 성장할 수 있음을 전합니다. 따라서 말씀을 대하는 방법을 아는 것이 매우 중요합니다. 주님은 우리가 말씀을 받아들이고 마음에 새겨야 한다고 말씀하십니다(신 30:14, 시 1:2, 119:34,36, 사 51:7, 요 5:38, 8:31, 15:7, 롬 10:8~9, 골 3:16). 즉, 말씀이 여러분의 마음을 채우고 지배해야 합니다. 이 말은 과연 무엇을 의미할까요?

>

마음은 하나님의 전입니다. 성전에는 바깥뜰과 지성소가 있습니다. 이와 마찬가지로 마음에도 바깥뜰과 지성소가 존재합니다. 뜰의 입구는 **이해**입니다. 즉, 이해하지 못하면 마음에 들어갈 수 없습니다. **이해**라는 입구를 지나면 말씀은 뜰 안으로 들어오게 됩니다(시 119:34, 마 13:19, 행 8:30). 뜰 안에 들어온 말씀은 기억에 저장되고 마음에 영향을 미칩니다(시 119:15,16). 그러나 뜰 안에 들어왔다고 해서 마음에 안착한 것은 아닙니다. 뜰에 들어서면 지성소로 들어가는 입구가 있는데, 이 입구는 **믿음**입니다. 즉, 우리가 믿으면 그 대상이 마음 안으로 들어오게 됩니다(요 5:38, 행 8:37, 롬 10:10,17). 마음에 들어오는 순간, 우리가 믿은 대상은 사랑 안에 붙들리고 우리의 의지를 복종시킵니다. 믿음이 자리한 곳에 마음이 있으며, 마음은 하나님의 성전이 됩니다. 그 안에 자리한 궤에는 하나님의 계명이 있습니다. 하나님의 계명을 마음에 둔 혼은 이렇게 외칠 겁니다. **주의 법을 제 마음 속에 간직하고 있습니다**(출 25:16, 시 37:31, 40:9, 골 3:16).

어린 그리스도인 여러분, 하나님은 여러분의 마음과 사랑, 그리고 전부를 원하십니다. 여러분은 하나님께 여러분 자신을 내어드렸고, 그분은 이를 기꺼이 받아주셨습니다. 이제 여러분의 사랑과 모든 것을 드리세요. 그러면 하나님께서 여러분의 마음을 그분의 말씀으로 가득 채우실 겁니다. 사람은 기쁨을 주는 것에 대해 끊임없이 생각하며, 마음에 담긴 것들을 소중히 여깁니다. 따라서 하나님도 우리 마음에 그분의 말씀을 두십니다. 그분의 말씀이 있는 곳에 그분이 계시고, 그분의 능력이 함께합니다. 여러분도 알다시피, 하나님은 그분의 말씀을 반드시 성취하셔야 합니다. 여러분이 말씀을 소유하고 있다면, 하나님께서 여러분 안에서 직접 역사하실 겁니다(창 21:1, 수 23:14). 여러분은 말씀을 받아 마음에 새겨야 합니다. 그러면 하나님께서 여러분에게 복을 주실 겁니다(신 11:10, 28:1,2, 시 1:2,3, 119:14,45,98,165, 요 17:6,8,17).

부디 어린 그리스도인이 이 책을 통해 내가 한 이 말을 마음에 간직하십시오(신 11:18)라는 아버지의 말씀을 받아들이고, 온 마음이 그분의 말씀으로 충만해지기를 간절히 바랍니다. 이제 결단을 내리세요. 성령의 도움을 받아 여러분이 읽는 말씀을 이해하세요. 이해했다면 한두 구절 정도를 숙고하고 기억하세요. 하나님의 말씀을 마음으로 배우고, 하루 일과 중에 곱씹으세요. 말씀은 씨앗입니다. 씨앗이 자라려면 땅 속에서 충분한 시간을 보내야 합니다. 말씀도 마찬가지입니다. 여러분의 마음, 사랑, 열망, 의지, 힘, 능력을 모두 하나님의 말씀에 쏟으세요. **오로지 주님의 율법을 즐거워하며, 밤낮으로 율법을 묵상하는 사람입니다**(시 1:2). 마음을 세상이나 세상의 사상이 아닌 하나님을 위한 성전으로 삼으세요(시 119:69, 요 15:3,7, 17:6,8,17). 매일 하나님의 음성을 듣기 위해 신실하게 마음의 문을 열고 그 말씀을 마음에 담아두는 사람은 하나님이 얼마나 신실한 분이신지 알게 될 겁니다. 신실하신 하나님은 신실한 자의 음성에 마음을 열고 귀를 기울이십니다.

그리스도인 여러분, 기도하고 말씀을 읽기 전에 말씀의 중요성을 먼저 인식하세요. 말씀을 하나님의 말씀, 즉 예수님의 자녀로 여러분을 받아주신 아버지의 말씀으로 받아들이세요. 하나님은 자녀로서 그분의 말씀으로 마음을 가득 채우라고 말씀하십니다. 그렇게 하시겠습니까? 주 예수님은 그분의 거룩한 사역을 여러분 안에서 능력으로 완성하실 겁니다(요 14:21,23, 요일 2:14,24, 계 3:8,10). 하나님의 질문에 확실히 답하고 그 대답을 잊지 마세요. 주님의 말씀을 내 마음 속에 깊이 간직합니다. 내가 주님의 법을 얼마나 사랑하는지, 온종일 그것만을 깊이 생각합니다(시 119:97). 말씀이 이해하기 어렵다면 여러 번 읽어보세요. 아버지는 말씀이 우리 마음 안에서 복이 될 거라고 약속하셨습니다. 말씀이 복이 되기 위해서는 먼저 말씀을 마음에 새겨야 합니다. 그리고 하나님이 성령을 통해 우리 안에서 살아 역사하시리라는 진리를 믿어야 합니다.

>

1. 지식을 쌓기 위해 말씀을 읽는 것과 믿음으로 말씀을 받아들이는 것의 차이는 무엇인가요?

2. 말씀은 씨앗입니다. 씨앗이 자라기 위해서는 반드시 일정한 시간이

필요합니다. 이 기간 동안 씨앗은 땅속에서 조용히 양분을 흡수합니다. 우리도 하나님의 말씀을 읽는 것에 그치지 말고, 깊이 묵상하고 숙고해야 합니다. 그래야 말씀은 우리 안에서 역사할 수 있습니다. 말씀은 우리 안에 담겨 머무르고, 그 안에서 살아야 합니다.

3. 때때로 하나님의 말씀이 축복이 되기를 간절히 원하지만, 그 말씀이 거의 능력을 나타내지 않는 이유는 무엇일까요? 주요 원인은 우리에게 있습니다. 우리가 씨앗이 자랄 시간을 주지 않았기 때문입니다. 즉, 말씀이 스스로 역사할 것이라고 확신하면서도, 말씀을 마음에 담고 묵상하지 않았기 때문입니다.

4. 대제사장의 기도에서 예수님이 처음으로 제자들에 대해 언급하신 말씀은 무엇인가요? (요 17장)

5. 하나님의 말씀으로 충만한 마음에 부어지는 축복은 무엇인가요?

오, 나의 아버지. 아버지께서 제게 말씀하셨습니다.

"내 아들아, 네 마음을 내게 주라."

아버지의 명령에 따라 제 마음을 아버지께 드립니다.

이제 아버지께서 제 마음에 아버지의 말씀을 새기고

지켜주십시오.

제가 믿음으로 고백합니다.

"내가 주의 명령을 온 마음을 다해 지키겠습니다."

아버지, 제가 매일 아버지의 말씀을 마음에 새길 수 있도록

가르쳐 주시기 바랍니다.

그 말씀이 마음 안에서 축복이 되게 해주십시오.

지금 당장은 말씀의 의미와 능력을 정확히 알지 못하더라도

강한 확신으로 저를 붙잡아 주십시오.

주의 말씀이 제 마음 속에서 능력으로

살아 역사할 것이라고 믿습니다.

아멘.

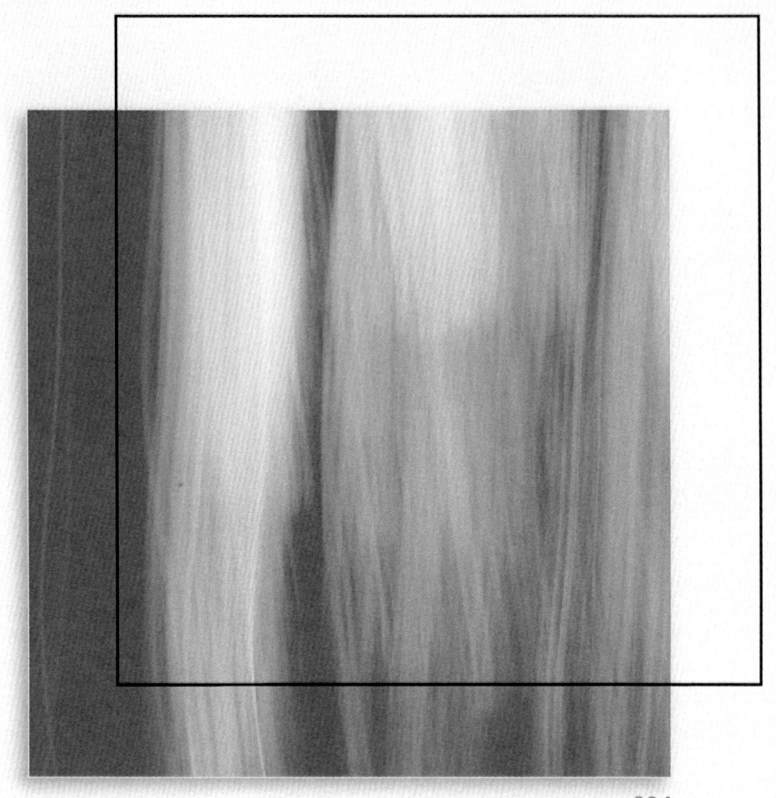

004

믿음

주님께서 하신 말씀이 이루어질 줄 믿은 여자는 행복합니다(눅 1:45). 나는 하나님께서 나에게 말씀하신 그대로 되리라고 믿습니다(행 27:25). 아브라함은 믿음이 굳세어져서 하나님께서 스스로 약속하신 바를 능히 이루실 것이라고 확신하였습니다(롬 4:20~21).

하나님은 여러분의 마음에 그분의 말씀을 두라고 명령하셨습니다. 믿음은 그 말씀을 마음 깊이 받아들이기 위해 거쳐야 하는 진정한 길입니다. 어린 그리스도인은 매일 믿음이 무엇인지 알아야 합니다. 이를 통해 성도는 왜 위대한 진리들이 믿음과 밀접하게 연결되어 있는지를 이해할 수 있을 뿐만 아니라, 완전한 구원이 매일 믿음에 따라 결정된다는 사실에 전적으로 동의하게 됩니다(막 9:23, 히 11:33,35, 요일 5:4,5).

독자 여러분, 본문 구절을 다시 읽고 본문이 가르치는 믿음에 대한 정의와 주요 생각을 파악해 보세요. 기도와 성경 읽기가 우선되어야 하는 것은 맞지만, 먼저 하나님의 말씀을 읽고 그 말씀이 믿음에 관해 무엇이라고 말하는지 깊이 숙고해 보시기 바랍니다.

본문 구절을 통해 우리는 믿음이 항상 하나님의 말씀과 약속에 뿌리를 두고 있다는 진리를 알게 됩니다. 훌륭한 사람은 자신이 한 말을 지키고 실천합니다. 말을 했다면 그 뒤에는 반드시 행동이 따르기 마련입니다. 하나님도 말씀으로 그분의 뜻을 먼저 드러내시고, 그 말씀에 따라 행동하십니다. 하나님의 사람이 이 진리를 굳건히 믿고 있다면, 하나님께서 그 진리를 친히 입증해 보이실 겁니다. 말씀과 행동은 항상 함께합니다. 말씀 뒤에는 행동이 따르는 법입니다(창 21:1, 32:12, 민 14:17,18,20, 23:29, 수 21:45, 23:14, 삼하 7:25,29, 시 119:49). **어찌 말씀하신 대로 하지 아니하시랴?**(민 23:19) 저는 약속이 담긴 하나님의 말씀을 받을 때마다 항상 그분의 역사를 굳게 믿습니다. 여러분도 말씀을 굳게 붙잡고 하나님을 기다리세요. 그러면 하나님께서 그분의 말씀을 이루실 겁니다. 감각이나 경험을 믿기 전에 약속을 붙잡고 하나님의 선을 믿으세요(눅 1:38, 45, 요 3:33, 4:50, 11:40, 20:29, 히 11:11,18).

믿음은 무엇일까요? **하나님은 참되시다**(롬 3:4)는 진리에 대한 확신입니다. 하나님이 존재한다고 말씀하시면, 믿음은 그 존재를 볼 수 없더라도 기뻐합니다(롬 1:17, 4:5, 5:1, 갈 3:27, 엡 1:19, 3:17). 하나님이 우리에게 무언가를 주시거나, 하늘에 속한 것이 우리의 것이라고 말씀하시면, 믿음은 그 말씀을 굳게 붙잡습니다(요 3:16,17,36, 요일 5:12,13). 또한, 그분이 우리를 향한 약속을 이행할 것이라고 말씀하시면, 믿음은 그 일이 일어나기 전에도 생생히 그 모습을 봅니다(롬 8:38, 빌 3:21, 살전 5:24, 벧전 1:4,5). 이처럼 눈에 보이지 않더라도, 아직 이루어지지 않았더라도 믿음은 하나님의 말씀을 확고히 신뢰합니다. 믿음은 **바라는 것들의 확신이요, 보이지 않는 것들의 증거입니다**(히 11:1). 믿음은 항상 하나님의 말씀만을 구하고, 말씀을 성취하는 그분의 신실한 능력을 신뢰합니다.

이제 성경 말씀을 다시 복습해봅시다. 마리아에 관한 말씀부터 살펴볼까요? **주님께서 하신 말씀이 이루어질 줄 믿은 여자는 행복합니다**(눅 1:45). 성경 말씀, 즉 하나님의 입에서 나오는 모든 말씀은 한 글자도 빠짐없이 전부 성취될 겁니다. 그리고 우리는 이 진리를 믿습니다.

아브라함은 하나님의 약속이 반드시 성취될 것이라고 확신했습니다. 그리고 하나님은 그의 믿음이 옳다는 것을 입증하셨습니다. 이것이 바로 믿음의 본질입니다.

바울도 마찬가지입니다. **나는 하나님께서 나에게 말씀하신 그대로 되리라고 믿습니다**(행 27:25). 바울은 자신의 고백을 바탕으로 하나님을 굳게 신뢰했습니다.

어린 그리스도인 여러분, 여러분 안에 있는 영원한 삶, 즉 새로운 삶은 믿음의 삶입니다. 믿음의 삶은 단순하고 명확하며 큰 축복입니다. 우리는 매일 말씀 앞에 나아가 하나님의 음성에 귀 기울여야 합니다(갈 2:20, 3:2,5, 5:5,6, 히 10:35, 벧전 1:2). 또한, 시간을 들여 말씀을 가슴에 새기고 붙들며 약속의 성취를 확신하고, 어린아이와 같은 순수한 영으로 영광스러운 성취를 기다려야 합니다. 그러면 본문의 말씀처럼 복을 받게 될 겁니다. **주님께서 하신 말씀이 이루어질 줄 믿은 여자는 행복합니다**(눅 1:45). 하나님이 약속하시면 우리는 믿고, 우리가 믿으면 하나님은 약속을 이루십니다. 이 순환이 새로운 삶의 비결입니다.

>

1. 그리스도인은 지식을 함양하기 위해 성경을 읽고 연구해야 합니다. 이를 위해 성도는 주요 구절을 반복해서 읽습니다. 그러나 우리는 믿음을 강화하기 위해서도 성경을 읽어야 합니다. 이를 위해 한두 구절을 선택하여 깊이 묵상해야 합니다.

2. 기도하세요. 믿음이 심오하여 이해할 수 없다고 말하는 사람들의 말에 흔들리지 마세요. 믿음은 하나님의 말씀이 참되다는 진리에 대한 확신입니다. 하나님의 약속을 받아들이고 그분께 말씀드리세요. 저 또한 그분의 약속이 진실하다고 믿으며, 그분이 그 약속을 반드시 성취하실

것이라고 확신합니다.

3. 불신을 자신의 연약함으로 한탄하지 마세요. 비록 연약하더라도 하나님의 자녀라면 하나님의 영이 그 안에 내주하시기 때문에 믿을 힘과 능력이 충분히 있습니다. 주님의 말씀이 진리임을 지속적으로 고백하고 약속을 붙들며 하나님을 전적으로 신뢰하세요.

> 오, 나의 아버지, 아버지의 자녀로서
> 믿음의 삶을 살 수 있도록 해주셔서 감사합니다.
> 저는 능력이 부족하지만,
> 아버지는 모든 일을 하실 수 있다고 믿습니다.
> 아버지께서 이루실 일은 성경에 모두 기록되어 있습니다.
> 매일 주님께서 주신 말씀을 주님 앞에 가져갈 때,
> 이루어 주시기를 바랍니다.
> 아버지, 믿음의 삶을 아버지와 함께 걸어가겠습니다.
> 아멘.

005

말씀의 힘

믿음은 들음에서 생기고, 들음은 그리스도를 전하는 말씀에서 비롯됩니다(롬 10:17). 그러므로 더러움과 넘치는 악을 모두 버리고, 온유한 마음으로 여러분 속에 심어주신 말씀을 받아들여야 합니다. 그 말씀에는 여러분의 혼을 구원할 능력이 있습니다(약 1:21). 우리가 하나님께 끊임없이 감사하는 것은, 여러분이 우리에게서 하나님의 말씀을 받을 때에, 사람의 말로 받아들이지 아니하고, 실제 그대로, 하나님의 말씀으로 받아들였기 때문입니다. 이 하나님의 말씀은 또한, 신도 여러분 가운데서 살아 움직이고 있습니다(살전 2:13). 하나님의 말씀은 살아 있고 힘이 있어서(히 4:12)

이미 여러 번 말씀드렸듯이, 하나님의 자녀로서의 새로운 삶은 하나님의 말씀을 얼마나 올바르게 활용하느냐에 따라 큰 차이를 보입니다.

그리스도인이 믿음을 통해 모든 것을 받고 이룰 수 있다는 진리를 깨달았다면, 이는 한 단계 더 큰 성장을 이룬 겁니다. 자녀는 단순히 믿기만 하면 하나님께서 약속을 이루십니다. 자녀는 매일 아침 예수님과 교제하며 신뢰를 쌓고, 그분으로부터 받은 새로운 삶을 살아갑니다. 그리고 하나님은 이 새로운 삶이 반드시 우리 안에서 역사하도록 이끄십니다.

여러분이 믿음이 무엇인지 이해했다고 하더라도, 여전히 문제가 발생할 수 있습니다. 많은 자녀들이 성령을 통해 믿음을 경험한 후, 그 믿음의 위대함을 느끼게 되면 자연스럽게 그 믿음이 큰 능력을 발휘해야 한다고 생각합니다. 그러나 실제로 그 힘을 느끼지 못하면 믿음을 포기하게 되는 경우가 많습니다. 이러한 문제는 새로운 삶에 부정적인 영향을 미칠 수 있습니다.

자, 이제 위와 같이 왜곡된 생각에 대해 살펴봅시다. 여러분은 단순히 말씀을 이루기 위해 강한 믿음을 끌어들이지 말아야 합니다. 오히려 말씀 자체가 믿음을 이끌어내야 합니다. **말씀은 살아있고 활력 있어**(히 4:12) 여러분 안에서 믿음을 일으킵니다. 성경은 이렇게 말합니다. **믿음은 말씀에서 비롯됩니다**(롬 10:17, 히 4:12).

>

이전 과에서 살펴본 하나님의 전과 마음에 대해 생각해봅시다. 마음에는 크게 두 가지 장소가 있습니다. 하나는 **이해**라는 문을 통과해야 하는 바깥뜰이고, 다른 하나는 믿음으로 들어가는 지성소입니다. 우선, 우리는 모든 사람이 가지고 있는 선천적인 믿음으로 말씀을 이해의 영역에 받아들여야 합니다. 그리고 자신에게 "하나님의 말씀을 참으로 진리이다. 나는 이 말씀 위에 굳게 설 수 있다."라고 말해야 합니다. 그러면 말씀이 바깥뜰로 들어오게 되며, 이때 말씀에 손을 뻗어 온전히 받아들이고자 하는 열망이 마음에 생기면, 말씀은 거룩한 능력을 발휘하여 씨앗을 틔우고 점점 자라나 뿌리를 내리기 시작합니다. 씨앗이 땅 속 깊은 곳까지 뿌리를 뻗어가는 것처럼, 말씀도 지성소 안으로 들어가 깊이 박힙니다. 결과적으로 믿음을 일으키는 것은 말씀입니다(살전 2:13, 약 1:21, 벧전 1:23).

어린 그리스도인 여러분, 본문의 진리를 깨닫도록 기도하세요. 말씀은 살아 있고 능력이 있습니다. 우리는 그 말씀을 통해 새롭게 태어났습니다. 말씀은 우리 안에서 믿음을 일으키며, 믿음은 말씀에서 나옵니다. 일단 말씀이 우리 마음에 들어오면, 믿음을 통해 능력을 발휘하게 됩니다. 말씀에 집중하고 충분한 시간을 들이세요. 말씀은 그 자체로 거룩합니다. 그러니 여러분의 마음 깊은 곳, 지성소에 두세요. 그러면 여러분 안에서 말씀의 역사가 일어나 강한 믿음을 일구어낼 겁니다.

"저는 믿을 수 없습니다."라고 말하지 말고 기도하세요. 여러분 안에는 하나님의 영이 계시기 때문에 믿을 수 있습니다. 자연인도 하나님의 말씀이 진리인지 아닌지 당당히 말하지 않습니까? 우리가 혼의 열망으로 "말씀은 진리입니다. 저는 이 말씀을 믿습니다."라고 고백하면, 말씀에 생명과 능력을 더하시는 살아있는 성령님이 강력한 믿음을 일으키실 겁니다. 명심하세요. 하나님의 영은 말씀뿐만 아니라 우리 안에도 거하십니다. 믿음을 느낄 수 없어도 믿을 수 있습니다(신 32:46,47, 수 1:7,9). 다시 말하지만, 말씀을 있는 그대로, 실제로 받아들이세요. 그러면 말씀이 강한 믿음을 일으킬 겁니다. 그러니 말씀을 신뢰하세요. 하나님의 말씀을 대할 때 항상 이 점을 기억하세요.

하나님의 계명은 단순한 약속을 넘어 살아있는 능력을 지니고 있습니다. 처음에 하나님으로부터 계명을 받았을 때, 저는 그것을 지킬 수 없을 것 같았습니다. 그러나 하나님의 말씀을 있는 그대로 받아들이고 믿음을 일으키면, 놀라운 능력을 보여주실 것이라고 믿었습니다. 그 결과, 하나님의 계명은 저에게 순종할 힘과 능력을 주셨습니다. 여러분도 이 경험을 해보시기 바랍니다. 계명을 깊이 숙고하고 붙잡으면, 그 계명 스스로 순종할 힘과 능력을 부여할 겁니다. 또한, 아버지의 계명을 따를 수 있다는 확신도 주실 겁니다. 말씀은 믿음과 그에 따른 순종을 이끌어냅니다. 하나님의 능력이 말씀을 통해 우리 안에서 역사하기 때문에, 우리는 각자가 하나님의 뜻을 행할 수 있는 능력이 있다는 진리를 성령을 통해 믿어야 합니다. 우리를 사랑하시는 살아있는 하나님의 계명, 즉 말씀은 우리의 힘입니다(롬 1:3, 16:6, 갈 6:6, 살전 1:3, 약 1:21).

그리스도 안에서 아직 어린 그리스도인 여러분, 하나님의 말씀을 신뢰하는 방법과 있는 그대로 받아들이는 법을 배우세요. 처음에는 바로 이해하지 못하더라도 반복해서 읽고 묵상하세요. 그 말씀 안에는 살아 있는 힘과 능력이 있습니다. 말씀은 그 자체로 영화롭게 됩니다. 여러분이 느끼지 못하더라도 말씀은 분명히 살아 있고 능력이 있습니다. 받아들이고 붙드세요. 그러면 말씀이 거룩한 능력으로 위대한 일을 이룰 겁니다. 이 진리를 믿으세요. 말씀은 믿음과 순종을 일으키고 바로 세웁니다.

>

1. 잊지 마세요. 우리가 말씀, 말씀의 약속, 혹은 말씀을 전하는 사람을 믿을 때, 모두 동일한 믿음을 바탕으로 하고 있습니다. 우리는 동일한 믿음으로 약속을 받고, 약속하신 아버지를 믿으며, 그 약속을 이행하기 위해 이 땅에 오신 아들과 그분의 구원을 믿습니다. 말씀과 살아계신 하나님을 분리해서 보지 않도록 기도하세요.

2. 하나님의 말씀을 받아들이는 것과 그 말씀에 의해 믿음이 생기는 것 사이에 큰 차이가 있습니다. 여러분도 이 점을 명확히 이해하고 인식해야 합니다.

3. 이제 강한 믿음을 위해 무엇이 필요한지 알았나요? 믿음을 최대한으로 끌어내고 하나님의 약속을 받아들이며, 말씀의 진리를 되새기세요. 하나님께 나아가 여러분의 신뢰를 보여주세요. 약속을 깊이 숙고하고 하나님과 교제하며 그 약속을 신뢰하세요. 하나님을 의지하세요. 그러

면 그분이 그 약속을 이루어주실 겁니다.

4. 성령과 말씀은 항상 함께합니다. 자녀로서 해야 할 일을 성령을 통해 모두 해낼 수 있다는 점을 믿으세요. 우리는 살아계신 하나님의 말씀, 즉 살아있는 말씀이 우리 안에서 능력으로 역사할 것이라고 확신하며, 말씀과 계명을 받아들여야 합니다.

주 하나님, 주님께서 어떻게 말씀 속에

주님의 생명과 능력을 담으셨는지

또, 그 말씀이 마음속에서 어떻게

믿음과 순종을 일으키는지 깊이 생각합니다.

주님, 말씀은 선한 기쁨으로 역사할 것이라고 확신합니다.

모든 말씀을 살아있는 씨앗처럼

마음속에 간직하는 방법을 가르쳐 주십시오.

아멘.

006

아들에게 주시는 하나님의 선물

하나님께서 세상을 이처럼 사랑하셔서 독생자를 주셨으니, 이는 그를 믿는 사람마다 멸망하지 않고 영생을 얻게 하려는 것이다(요 3:16). 말로 다 형언할 수 없는 선물을 주시는 하나님께 감사합니다 (고후 9:15).

하나님은 세상을 지키십니다. 과연 어떻게 지키실까요? 그분은 자신의 독생자를 그분을 신뢰하는 모든 사람에게 주셨습니다. 어떻게 주셨나요? 그분은 우리와 영원히 함께하기 위해 사람으로 태어난 아들을 주셨습니다. 그리고 우리의 죄를 대신하여 저주를 받으신 아들을 십자가의 죽음을 통해 우리에게 주셨을 뿐만 아니라, 우리의 복을 위해 하늘의 보좌에 계신 아들을 우리의 중보자이자 대리자로 주셨습니다. 또한, 우리 안에 거하며 우리를 완전히 소유하기 위해 성령을 통해 아들을 주셨습니다(요 1:14,16, 14:23, 롬 5:8, 8:32,34, 엡 1:22, 3:17, 골 2:9~10, 히 7:24,26, 요일 4:9~10). 그렇습니다. 자신의 아들을 우리에게, 우리를 위해, 그리고 우리 안에 주신 것. 이것이 바로 하나님의 사랑입니다.

하나님은 자신의 아들을 우리에게 완전히 주셨습니다. 이는 참으로 놀라운 하나님의 사랑입니다. 하나님은 모든 생명과 축복의 근원인 살아있는 예수님을 우리에게 주셨습니다. 단순히 용서, 부활, 성결, 영광만을 주신 것이 아니라, 자신의 유일한 아들을 주신 것입니다. 주 예수님은 아버지의 영원한 축복이자, 친밀한 친구이며 사랑하는 아들이고, 아버지와 동일한 분입니다. 아버지의 뜻은 우리가 아버지와 함께 예수님과 하나가 되는 겁니다(마 11:27, 요 17:23,25, 롬 8:38~39, 히 2:11). 이를 위해 아버지는 아들을 주셨습니다. 모든 구원은 이 뜻, 즉 예수님을 완전히 소유하고 만끽하는 것에 기초하고 있습니다. 이제 하나님의 뜻에 따라 예수님은 우리의 소유입니다(시 73:25, 142:6, 요 20:28, 히 3:14).

>

그렇다면 우리는 무엇을 해야 할까요? 우리는 하나님이 주신 선물인 예수님을 받아들이고 그 은혜를 누리면 됩니다. 이것이 바로 영원한 삶입니다. 그 아들을 모시고 있는 사람은 생명을 가지고 있습니다(요 1:12, 골 2:6, 요일 5:12).

부디, 어린 그리스도인 여러분이 이 점을 잘 깨닫기를 바랍니다. 하나님의 놀라운 사랑의 역사 중 하나는 바로 아들을 우리에게 주신 겁니다. 그 아들 안에서 우리는 모든 것을 소유합니다. 그러므로, 우리 마음은 예수님을 받아들이고 깊이 생각하며 누려야 합니다. 여러분, 불가능이 없으신 예수님을 소유하고 있다는 생각으로 매일을 새롭게 시작하세요(요 15:5, 롬 8:37, 고전 1:30, 엡 1:3, 2:10, 빌 4:13, 딤후 1:12). 필요가 생기거나 연약함, 어둠, 위험 가운데 놓였을 때, 예수님이 모든 것을 올바른 방향으로 이끄실 것이라는 믿음을 가지세요. 용서받아야 할 일이 생기거나 위로와 증거가 필요할 때, 실족하거나 죄의 유혹을 이기지 못해 어둠에 휩싸일 때, 하나님의 뜻이 무엇인지 알 수 없을 때, 그분의 뜻을 따를 힘이나 용기가 없을 때, 아버지가 우리를 위해 예수님을 주셨다는 사실을 기억하세요.

이를 위해 매일 하나님의 선물을 생각하고 믿으세요. 이 진리는 성경에 기록되어 있습니다. 말씀에 따라 믿음 안에서 예수님과 하나가 되세요. 날마다 그분을 새롭게 받아들이세요. 믿음을 통해 그분을 소유하세요(요 1:12, 요일 5:9,13). 하나님의 사랑은 그분의 아들을 우리에게 주셨습니다. 여러분의 마음에서 우러나오는 사랑으로 그분을 붙드세요(요일 4:4,19). 하나님은 우리에게 영원한 생명을 주시기 위해 아들을 보내셨습니다. 그분을 여러분의 삶에 모시고, 그분의 능력과 인도를 따라 입술, 마음, 행실을 바로 하세요(고후 5:15, 빌 3:8). 어린 그리스도인 여러분, 연약하여 죄에 쉽게 흔들릴 때 말씀에 귀 기울이고 기도하세요. 하나님은 우리에게 예수님을 주셨습니다. 예수님은 우리의 것입니다. 이제 믿음의 열매만이 우리를 기다리고 있습니다. 이 선물은 우리 각자를 위한 것입니다. 예수님을 믿으세요. 그러면 그분께서 우리를 위해 열매를 맺으실 것입니다.

>

1. 주어진 말씀을 깊이 숙고하세요. 하나님은 놀라운 방법으로 우리 마음에 말씀을 새기고 효과적으로 역사하십니다. 일단 그분이 우리에게 무언가를 주실 때, 그 대상을 완전히 우리의 소유로 주십니다. 이 점을 믿고 예수님이 우리의 것이라는 진리를 확신하세요.

2. 받은 말씀을 깊이 숙고하세요. 말씀을 받으면 예수님을 믿고 붙잡으며 마음껏 누리세요. 말씀을 받는다, 예수님을 받아들인다는 말은 말씀, 예수님을 믿는 것을 뜻합니다. 예수님은 우리의 것입니다. 매일 예수님을 자신의 것으로 받아들이는 삶이야말로 진정한 믿음의 삶이며, 이러한 자세가 믿음의 삶의 비결입니다.

3. 소유한 말씀을 깊이 숙고하세요. 그 아들을 모시고 있는 사람은 생명을 가지고 있습니다(요일 5:12). 내가 무언가를 소유하고 있다면, 그것은 나의 것입니다. 나는 그것을 나를 위해 사용하고 충분히 만끽할 수 있습니다. 그 아들을 모시고 있는 사람은 생명을 가지고 있습니다(요일 5:12).

4. 특별히 하나님이 주신 것, 여러분이 받은 것, 여러분이 소유한 것, 즉 살아계신 하나님의 아들을 마음에 새기세요.

여러분은 이 모든 말씀과 예수님을 받아들이셨나요?

> 오, 나의 주 예수님, 제가 매일 주님을 새롭게 받아들입니다.
> 주님과의 깊은 교제 속에서 끊임없이 주님을 받아들입니다.
> 주님은 나의 선지자이십니다.
> 나의 지혜가 되어 주시고, 나를 인도해 주십시오.
> 주님은 나의 제사장이십니다.
> 저를 완전히 정결하게 해주시고 하나님께로 인도해 주십시오.
> 주님은 나의 왕이십니다.
> 저를 지켜주시고 인도해 주시며 축복해 주십시오.
> 모든 것의 주이신 예수님, 주님은 나의 것입니다.
> 이루 말할 수 없이 큰 선물을 주신 하나님께 감사드립니다.
> 아멘.

007

예수님의 순종

그리스도께서 교회를 사랑하셔서 교회를 위해 자신을 내주셨습니다. 그리스도께서 그렇게 하신 것은, 교회를 거룩하게 하시려는 것이며, 티나 주름이나 또 그와 같은 것들이 없이, 아름다운 모습으로 교회를 자기 앞에 내세우시려는 것이며, 교회를 거룩하고 흠이 없게 하시려는 것입니다(엡 5:24~27).

예수님이 죄인을 위해 하신 일을 생각해 보세요. 실로 위대하고 경이롭습니다. 예수님은 자신만이 죄인의 모든 필요를 충족할 수 있다는 사실을 아셨기 때문에 그분 자신을 직접 내어주셨습니다. 그리고 예수님의 놀라운 사랑, 즉 자신을 우리에게 내어주기까지 했던 그 사랑은 우리 안에 실제로 살아 역사하고 있습니다. 예수님은 아버지와 성령을 통해 이 일을 완성하셨고, 우리를 위해 자신을 주셨습니다(갈 1:4, 2:20, 엡 5:2,25, 딤전 2:6, 딛 2:14). 이제 우리가 해야 할 일은 명확합니다. 이러한 예수님의 순종을 믿고 올바르게 이해하는 겁니다.

>

그렇다면 예수님은 무엇을 위해 자신을 내주신 것일까요? 본문 말씀을 살펴보세요. 교회를 거룩하고 흠 없는 존재로 만들기 위해서입니다(엡 1:4, 5:27, 골 1:22, 살전 2:10, 3:13, 5:23,24). 이것이 바로 예수님의 뜻입니다. 우리는 예수님이 우리 혼에 닿아 이 뜻을 이루실 때, 그분의 순종에 의지해야 합니다.

하나님의 말씀에 귀 기울이세요. 그리스도께서는 우리를 위하여 자기 몸을 내주셨습니다. 그것은 우리를 모든 불법에서 건져내시고, 깨끗하게 하셔서, 선한 일에 열심을 내는 백성으로 삼으시려는 것입니다(딛 2:14). 그렇습니다. 예수님은 우리를 선한 백성, 독특한 백성, 하나님의 백성이 되게 하려고 자신을 주셨습니다. 우리가 이 진리를 믿는다면 본문의 말씀을 그대로 경험하게 될 겁니다. 즉, 예수님을 통해 정결하게 될 뿐만 아니라 그분과 하나가 되어 열정과 기쁨으로 충만하게 되는 겁니다.

예수님의 순종이 어떻게 작용하는지 주의 깊게 살펴보세요. 우리를 깨끗하게 하셔서 백성으로 삼으시려는 것입니다. 교회를 자기 앞에 내세우시려는 것이며(엡 5:26,27) 이 진리를 깊이 묵상하는 성도는 하나님께 자신을 드리는 시간이 더욱 많아질 수밖에 없습니다. 사랑은 순종과 함께하는 짝입니다. 예수님의 순종은 우리 마음에 감동을 주며, 그로 인해 우리 마음에 일어나는 사랑과 기쁨은 예수님의 것입니다. 즉, 예수님은 순종을 통해 우리를 소유하십니다. 이제, 그분은 나의 것이고 나는 그분의 것입니다. 우리는 우리를 위해 예수님을 완전히 소유하고, 예수님 역시 그분을 위해 우리를 완전히 소유하십니다(출 19:4,5, 신 26:17,18, 사 41:9,10, 고전 6:19,20, 벧전 2:10).

>

어떻게 해야 이 복된 삶의 즐거움을 충만히 누릴 수 있을까요? 나는 믿음, 곧 나를 사랑하여 나를 위해 자신을 주신 하나님의 아들을 믿는 믿음으로 삽니다(요 6:29,35, 7:38, 10:10,38, 갈 2:20). 믿음으로 주님의 순종을 올바르게 숙고하고 그 영광을 묵상하며 마음에 깊이 새기세요. 믿음으로 예수님을 신뢰하고 이 순종을 굳건히 하여 주님과 교제하고 그분을 드러내 보이세요. 믿음으로 예수님을 완전히 소유하면 경험하게 될 구원의 기쁨, 그 충만한 감동을 기다리세요. 믿음으로 우리를 사랑하여 우리를 위해 자신을 주신 예수님 안에서 사세요. 그리고 이렇게 고백하세요. 이제 살고 있는 것은 내가 아닙니다. 그리스도께서 내 안에서 살고 계십니다(갈 2:20). 그리스도인 여러분, 온 마음으로 이 진리를 믿을 수 있도록 기도하세요. 예수님은 우리를 위해 자신을 주셨습니다. 이제, 그분은 우리의 것입니다. 그분은 우리를 위해 모든 일을 하실 겁니다(마 8:10, 9:2,22, 막 11:24, 눅 7:50, 8:48, 17:19, 18:42, 롬 4:16,21, 5:2, 11:20, 갈 3:25,26, 엡 1:19, 3:17).

>

1. 아버지는 큰 사랑으로 자신의 아들을 주셨고, 에수님은 사랑하는 마음으로 자신을 주셨습니다(엡 5:26). 하나님의 사랑이 충만한 삶으로 들어가려면 에수님을 받아들이고 그분을 완전히 소유해야 합니다. 이것이 바로 고귀한 삶입니다(요 14:21,23, 17:23,26, 엡 3:17,18). 우리는 믿음으로 사랑 안에 잠겨 그 안에 거해야 합니다(요일 4:16~18).

2. 순수한 신뢰로 매일을 시작하기 위해 필요한 교훈을 잘 배웠나요? "제가 오늘도 주님을 제 삶과 생명으로 받아들였으니, 저를 위해 모든 것을 해주실 것이라고 믿습니다."

3. '에수님을 받아들이고 소유한다.' 이 진리를 깨닫고 난 뒤, 앞으로 펼쳐질 주님과의 개인적인 관계를 상상해 보세요. 그분 안에서 기뻐하며, 그분과 기쁘게 교제하고, 그분의 사랑 안에서 친밀한 관계 속에서 즐거워하세요. 이 모든 것들이 에수님을 온전히 소유하는 믿음으로 여러분을 인도할 겁니다.

오, 나의 주 하나님, 주님께서 나를 위해
자신을 주신 것은 놀라운 은혜입니다.
주님 안에는 영원한 삶과 생명이 있습니다.
주님은 생명이시며,
나의 생명이 되기 위해 자신을 주셨습니다.
주님은 나를 정결하고 성결하게 하여
선한 일에 열정을 쏟도록 만드셨습니다.
주님께서 자신을 온전히 주셨으니,
저도 주님께 제 자신을 드리겠습니다.
주님은 나의 생명이십니다.
제가 이 진리를 올바르게 알게 해주십시오.
아멘.

008

하나님의 자녀들

그러나 그를 맞아들인 사람들, 곧 그 이름을 믿는 사람들에게는, 하나님의 자녀가 되는 특권을 주셨다(요 1:12).

주는 손길이 있다면 받는 손길도 있어야 합니다. 그래야 관계가 성립됩니다. 우선, 하나님은 사랑으로 자신의 아들을 주셨습니다. 그리고 사람은 이 사랑의 행위를 받아들여야 합니다. 하나님의 사랑이 담긴 이 축복은 항상 새롭고 살아계신 아버지의 아들이기 때문에 매일 우리 안에 들어오는 모든 축복, 즉 아들을 통한 모든 축복 역시 항상 새롭고 변하지 않습니다.

이 축복을 받기 위해 우리가 알아야 할 것은 우리가 이미 주 예수님을 받아들였다는 사실입니다. 그러나 이 축복에는 분명하고 강력하며 끊임없이 살아있는 믿음의 행위가 따릅니다(고후 10:15, 살전 1:8, 3:10, 살후 1:3). 이 축복은 믿음의 역량을 키웁니다. 처음에는 확실한 말씀, 즉 아버지가 우리를 위해 예수님을 주셨다는 말씀에 근거하여 예수님을 받아들입니다. 그 말씀을 통해 우리의 혼은 아버지가 아들을 우리의 생명으로 주셨다는 진리를 더욱 강하게 확신하게 됩니다.

우리의 바람과 필요로 인해 처음으로 마음의 자극, 즉 예수님을 받아들여야겠다는 동기가 생깁니다. 여러분도 알다시피, 우리는 구원을 받은 후 성령의 인도를 받게 되며, 이 성령을 통해 우리의 영이 더욱 가난하게 될 뿐만 아니라 모든 일을 시시각각 통찰할 수 있게 됩니다. 결국, 성령님의 인도를 받아 예수님을 우리의 전부로 받아들일 수 있게 되는 것입니다(마 5:3, 고후 3:10,13,16, 6:10, 엡 4:14,15, 골 2:6).

처음에는 믿음, 즉 볼 수도 없고 만질 수도 없는 것을 믿는 믿음으로 예수님을 받아들입니다. 그리고 이 믿음은 우리 안에서 말합니다. "예수님 안에서 내가 발견하는 모든 것은 나를 위한 것이다. 나는 이 모든 것을 아직 경험하지 못했더라도 내 것으로 삼겠다." 하나님의 사랑은 혼에 끊임없이 부어지는 생명의 빛입니다. 이는 예수님이 주시는 확실하고도 강력한 축복입니다. 우리의 삶은 예수님을 계속해서 이해하고 받아들이는 과정입니다(요 1:16, 골 2:9~10, 3:3).

>

이것이 바로 하나님의 자녀로 사는 법입니다. 예수님을 받아들이면, 그분은 우리에게 하나님의 자녀가 될 힘을 주십니다. 이 힘은 구원받고 거듭날 때뿐만 아니라, 그 이후의 일상에서도 변함없이 우리에게 부어집니다. 매사에 하나님의 자녀로서 행동하고 아버지의 형상을 나타내기 위해서는 독생자이신 예수님을 받아들여야 합니다. 우리를 하나님의 자녀로 만드신 분은 예수님입니다. 예수님을 소유하고 그분의 삶, 생명, 마음을 충만히 소유하는 것이 바로 하나님의 자녀로 사는 비결입니다. 자, 이제 하나님 자녀의 특징들을 말씀에서 살펴봅시다(마 5:9,16,44,45, 롬 8:14, 엡 1:4,5, 5:1,2, 빌 2:15, 히 2:10, 벧전 1:14,17, 요일 3:1,10, 5:1,3). 어린 그리스도인 여러분, 예수님은 우리 안에서 역사하시며, 그분을 통해 우리는 하나님의 자녀가 되었고, 지금 그분을 소유하고 있습니다. 이 진리를 기억하세요.

진정한 그리스도인이 되는 것. 이 역사의 단순하고도 아름다운 영광을 이해하기 위해 말씀을 공부하세요. 영광스러운 연대와 충만함 가운데 예수님을 받아들이세요. 그분을 선지자이자 지혜, 빛, 인도자로, 또한 우리를 새롭고 정결하며 순결하게 하여 하나님 앞으로 데려가 온전히 그분을 섬기게 하는 제사장으로 받아들이세요. 우리를 관장하고 보호하며 축복하는 왕으로 모시세요. 그분을 머리로, 본으로, 형제로, 생명으로, 전부로 삼으세요. 하나님이 주시는 것은 거룩하며 끊임없이 성장하고 우리 혼에 효과적입니다. 예수님과 그분의 모든 은혜를 순수하고 기쁜 마음으로, 항상 열린 마음과 입술로 받으세요. 기도하는 사람에게 하나님은 이렇게 응답하십니다. "예수, 그의 안에 모든 것이 있다. 그 안에 너를 위해 내가 마련한 모든 것이 준비되어 있다. 항상 '예수님, 그분 안에 모든 것이 있습니다.'라고 고백하라. 그리고 기억하라. 너는 예수 그리스도를 믿는 믿음을 통해 하나님의 자녀가 되었다."

>

우리는 하나님의 은혜로 예수님을 받아들이고 그분의 자녀가 되었습니다. 이제 우리는 자녀로서 그분의 복음을 전파해야 합니다. 이 세상에는 하나님의 자녀가 되는 방법을 모르는 사람들도 많고, 그 길을 알고 싶어하는 사람들도 많습니다.

다음 두 가지는 분명히 알려야 합니다.

첫째, 새로운 출생은 거룩하고 고결하여 우리의 힘으로는 도저히 이룰 수 없습니다. 따라서 자녀가 되기를 원하는 사람은 성령을 통해 하나님이 주시는 영원한 생명과 삶을 받아야 하며, 믿음으로 다시 태어나야 합니다. 예수님은 이 점을 분명히 가르치셨습니다(요 3:1~8).

둘째, 하나님이 이 새로운 생명을 주시기 위해 얼마나 낮고 가까이 오셨는지를 알려야 합니다. 예수님 안에는 그분을 믿는 모든 사람을 위해 마련된 생명과 삶이 있습니다. 예수님은 이 진리도 분명히 하셨습니다(요 3:14~18). 말씀 안에는 예수님과 생명이 있습니다. 죄인에게 "당신이 말씀을 받아들이면, 말씀에 담긴 예수님과 생명을 소유하게 됩니다."라고 전해주세요(롬 10:8).

여러분, 예수님을 믿는 믿음을 통해서만 하나님의 자녀가 될 수 있다는 이 기쁜 소식을 널리 전파하세요!

오, 아버지, 제 마음의 눈을 열어 주시옵소서.
하나님의 자녀가 되는 것이 어떤 의미인지 알려주십시오.
예수님을 항상 믿고 자녀로서 성장할 수 있도록 도와주십시오.
독생자 예수님, 제 혼의 모든 숨이
예수님을 신뢰하는 믿음과 확신, 그 안에서의 쉼,
그리고 순종으로 역사하게 해주십시오.
아멘.

009

우리의 복종

그들은 자신들을 주님께 바쳤습니다(고후 8:5).

예수님의 순종은 그분이 나를 위해 무엇을 하셨고, 또 현재 무엇을 하고 계신지를 중심으로 합니다. 반면, 우리의 복종에서는 내가 그분께 해야 할 마땅한 도리와 의무가 핵심입니다. 예수님께 매일 굳건하고 새롭게 복종하는 것은 이제 막 자신을 드린 어린 성도들에게 중요한 문제입니다. 이 복종이 바로 특별한 믿음의 삶입니다. 우리는 매일 새로운 마음으로 고백해야 합니다.

"저는 주님을 따르고 섬기기 위해 제 자신을 드렸습니다(마 4:22, 10:24,25,37,38, 눅 18:22, 요 12:25,26, 고후 5:15). 그리고 주님은 저를 받아주셨습니다. 이제 저는 주님의 것입니다. 오로지 주님만을 섬기겠습니다(마 28:20)."

어린 그리스도인 여러분, 항상 순종의 자세를 유지하세요. 비록 복종한 후에 죄를 지어 흔들리더라도 의심하지 마세요. 여러분은 분명 진실한 마음으로 순종했습니다. 예수님께 대한 복종은 단번에 우리를 완벽한 그리스도인으로 변화시키지 않습니다. 우리는 그분의 팔에 단단히 붙들려 있지 않을 때 죄를 짓게 됩니다. 과거의 모습이 부끄럽더라도 다음의 진리를 기억하세요. "주님, 주님은 제가 주님께 제 자신을 드렸다는 것을 아십니다. 저는 주님의 것입니다(요 21:17, 갈 6:1, 살전 5:24, 딤후 2:13, 요일 5:16)." 순종을 새롭게 하세요. 예수님의 헌신이 어떤 의미를 지니는지 더 잘 알게 되었다고 고백하고, 매일 자발적으로 온전히 자신을 드리세요(눅 18:28, 빌 3:7,8).

>

지속적으로 순종하면 말씀을 통찰하는 눈이 더욱 깊어질 겁니다. 그러니 예수님께 복종하세요. 그렇게 하면 이전에는 이해하거나 숙고하지 못했던 말씀을 분명히 알게 될 겁니다. 복종은 믿음직해야 하며, 쪼개져서는 안 됩니다. 완전한 복종만이 있을 뿐, 적당한 복종은 존재하지 않습니다. 아합의 말을 기억하세요. **나의 상전이신 임금님, 임금님의 말씀대로, 나와 내가 소유하고 있는 것은 모두 임금님의 것입니다**(왕상 20:4). 이것이 바로 온전한 헌신입니다. **나와 내가 가진 모든 것은 주님의 것입니다.** 주님 앞에 어떤 것도 숨기거나 뒤로 물리치지 마세요. 자백하지 않은 죄나 마음 한편에 남겨둔 죄가 있다면 모두 드러내세요. 자백과 구원이 없다면 복종 또한 없습니다(마 7:21,27, 요 3:20,21, 딤후 2:19,21). 능력을 소홀히 하지 마세요. 끊임없이 머리로 생각하고, 입으로 말하고, 마음으로 느끼고, 손으로 일하세요. 여러분의 시간, 이름, 영향력, 재산, 모든 소유를 제단에 드리세요(롬 6:13,22, 12:1, 고후 5:15, 벧전 2:5). 예수님은 우리의 전부를 마땅히 소유하셔야 하며, 이를 요구하고 계십니다. 여러분 자신과 여러분의 소유를 모두 드리세요. 그러면 주님이 여러분을 인도하고 사용하며 보호하고 정결하게 하시고, 복을 주실 겁니다. 나의 상전이신 임금님, 임금님의 말씀대로, 나와 내가 소유하고 있는 것은 모두 임금님의 것입니다(왕상 20:4).

참으로 믿음직한 헌신의 고백입니다. 주님의 말씀은 성도에게 온전히 헌신하고 복종하라고 명령합니다. 이 말씀은 우리가 복종할 때 주님께서 우리를 인도하고 지키실 것이라는 진리를 보증합니다. 여러분이 자신을 드리면 하나님은 여러분을 받아주실 겁니다. 여러분도 알다시피, 그분은 자신의 소유를 온전히 지키십니다. 여러분이 자신을 드리는 순간, 여러분은 그분의 소유가 되므로 그분 또한 여러분을 지키고 보호하십니다. 그러나 여러분이 그분께 온전히 맡기지 않는다면, 그분은 여러분을 지키실 수 없습니다. 이 진리를 기억하세요. 여러분의 헌신과 복종은 하나님을 가장 기쁘시게 합니다. 또한, 가장 향기로운 제사는 여러분을 번제물로 드리는 겁니다. 여러분의 경험이나 생각이 아니라 하나님의 말씀에 근거하여 헌신하세요. 그분의 말씀을 따라 여러분은 온전히 복종할 수 있습니다. 우리가 드리면 주님은 우리를 받으시고 지키십니다(요 10:28, 살후 3:3, 딤후 1:12). 결과적으로, 우리의 매일은 새로워집니다. 이 헌신과 순종을 믿음 생활의 기쁨으로 받아들이세요. 여러분 자신을 끊임없이 주님께 드리면, 주님은 사랑으로 여러분을 지키고 보호하겠다고 약속하십니다. 헌신한 후에는 기다리세요. 여러분의 헌신에 대한 응답으로 주님께서 자신의 헌신과 순종을 더 깊고 새롭게 알려주실 겁니다.

>

1. "드리고, 받고, 소유한다." 이 세 단어를 깊이 묵상해 보세요. 내가 주님께 드리면, 주님은 이를 거룩한 것으로 여기시고 받아 주시며 온전히 소유하여 지키십니다. 즉, 내가 무언가를 드리는 순간부터 소유권이 넘어갑니다. 더 이상 내 것이 아닙니다. 내 소유가 아니기 때문에 걱정할 필요도 없습니다. 믿음으로 찬양하세요. "주님이 나를 받아 주시고 소유하셨다."

2. 주님이 약속하신 보증에 대한 의심이 흑암처럼 덮쳐올 때, 낙심하지 마세요. 죄인으로서 나아가 죄를 고백하고 그분의 약속을 믿으세요. 그분은 어떤 일이 닥쳐도 그분 앞에 나아오는 자를 결코 버리지 않으며, 약

속을 지키실 겁니다. 그러니 그분을 굳게 믿고 "주님께서 저를 받아주신 줄 압니다."라고 고백하세요.

3. 순종할 때 중요한 부분이 무엇인지 잊지 마세요. 예수님과 그분의 사랑에 순종하고 헌신의 행위에 집착하지 마세요. 여러분을 부르시고 받아 주셔서 여러분을 위해 모든 일을 하실 수 있는 예수님께 시선을 고정하세요. 그러면 여러분의 믿음이 더욱 견고해질 겁니다.

4. 믿음은 항상 복종할 뿐만 아니라 보이지 않는 것을 볼 수 있는 눈을 가지고 있습니다. 즉, 무언가를 볼 때 그 대상이 주는 인상에 완전히 몰입하게 됩니다. 믿음은 하나님의 음성에 경청하는 귀를 가졌습니다. 이 귀가 음성에 귀 기울이고 순종할 때, 격려와 훈계가 마음에 새겨집니다. 우리가 예수님을 믿는다면, 그분이 우리를 위해 자신을 드린 것처럼 우리를 위해 모든 일을 하실 수 있도록 기대와 열정을 가지고 그분께 헌신하고 순종해야 합니다.

오, 나의 주 왕이여. 당신의 말씀대로,
나와 내가 가진 모든 것은 왕의 것입니다.
주님, 매일 이 고백을 확고히 하겠습니다.
저는 완전히 주님의 것입니다.
누구도 나의 주인을 의심할 수 없도록
주님께서 저를 완전히 소유하시기를 간절히 바랍니다.
아멘.

010

구세주

너는 그 이름을 예수라 하라. 그는 자기 백성을 그들의 죄에서 구원하실 것이다(마 1:21). 그리스도께서는 죄를 없애려고 나타나셨습니다. 그리스도는 죄가 없는 분이십니다. 그러므로 그리스도 안에 머물러 있는 사람마다 죄를 짓지 않습니다(요일 3:5,6).

우리 불행의 원인은 죄입니다. 하나님을 분노하게 하고 그분의 저주를 불러일으키는 것도 죄입니다. 하나님은 완전한 적의로 죄를 미워하시며, 죄를 뿌리 뽑기 위해서는 어떤 일이든 하십니다(신 27:26, 사 59:1,2, 렘 44:4, 롬 1:18). 죄를 제거하기 위해 하나님은 자기 아들을 주셨고, 예수님은 자기 자신을 바치셨습니다(갈 1:4, 엡 5:25,27, 벧전 2:24, 요일 3:8). 하나님은 형벌, 저주, 불안, 공포뿐만 아니라 죄로부터 우리를 구속하셨습니다(렘 27:9, 벧전 1:2,15,16, 2:24, 요일 3:8). 그분은 우리의 죄를 제거하기 위해 나타나셨습니다. 이 진리를 마음 깊숙이 새기세요. 이 진리를 더 깊이 이해할수록 우리는 삶에서 더 많은 복을 누리게 될 겁니다.

많은 사람들이 이 진리를 받아들이지 않습니다. 이들은 죄의 결과, 죄가 가져오는 형벌, 공포, 암흑에만 초점을 맞추고 그 결과로부터 자유로워지기를 원합니다(창 27:34, 사 58:5,6, 요 6:26, 약 4:3). 이로 인해 많은 사람들이 구원의 진정한 자유에 이르지 못합니다. 이들은 구원이 죄의 구속을 위한 것이라는 사실을 이해하지 못합니다. 여러분, 이 진리를 굳게 붙잡으세요. 예수님은 죄를 제거하기 위해 우리를 구원하십니다. 우리는 이 단순한 진리에서 두 가지 교훈을 얻을 수 있습니다.

>

첫째, 모든 죄를 주님 앞에 내려놓으세요(시편 32:5, 눅 7:38, 19:7,8,10, 요 8:11,34,35). 우리가 주님께 순종하고 헌신한 후에도 여전히 죄는 우리를 공격하고 압도합니다. 절대 낙심하지 마세요. 우리 안에는 죄를 물리치고 이겨낼 힘이 전혀 없습니다. 모든 죄를 주님께 가져가세요. 그분은 이미 모든 죄를 십자가에서 제거하시고 그 권세를 끝내셨습니다(히 9:26). 이것이 바로 우리를 죄에서 자유롭게 하는 주님의 역사이자 소망입니다. 항상 주님 앞에 나아가 죄를 내려놓는 법을 배우세요. 죄는 우리의 원수입니다. 여러분이 주님께 죄를 자백하고 복종하면 완전히 죄를 정복하게 될 겁니다(롬 7:4,9, 8:2, 고후 7:9, 살후 2:3).

둘째, 이 진리를 굳게 믿는 법을 배우세요. 예수님이 구세주라는 사실을 분명히 알아야 합니다. 우리가 예수님의 도움을 받아 죄를 이기는 것이 아니라, 그분이 직접 우리 안에서 죄를 물리치십니다(신 8:17~18, 시 44:4, 8, 요 16:33, 요일 5:4,5). 우리가 죄로부터 자유로워지고 완전한 구원을 누리게 되면, 예수님과의 매일의 교제는 지극히 자연스러운 일이 될 겁니다. 유혹에 빠지기까지 기다리지 말고 예수님을 의지하세요. 여러분의 삶을 항상 주님께 맡기고, 항상 그분과 일치하기를 열망하세요. 예수님은 죄에서 구원하십니다. 그리고 그러한 예수님을 소유하려면 죄에서 구원받아야 합니다(고전 15:10, 갈 2:20, 빌 4:13, 골 3:3~5). 우리는 이 점을 분명히 깨달아야 합니다! 죄의 구속은 가끔 일어나는 현상이 아닙니다. 예수님은 우리에게, 그리고 우리 안에서 항상 죄의 구속을 축복으로 주십니다(출 29:43, 요 15:4,5, 롬 8:10, 엡 3:17,18). 예수님이 우리 안에 충만하고 우리의 전부가 되시면, 죄는 우리를 붙들 수 없습니다. **그리스도 안에 머물러 있는 사람마다 죄를 짓지 않습니다**(요일 3:6).

그렇습니다. 오직 예수님만이 죄를 쫓아내고 제거하실 수 있습니다. 그분은 자신을 우리에게 주시고, 우리 안에 거하시며, 우리를 죄로부터 구원하십니다.

>

1. 그리스도인은 항상 죄에 대한 인식이 성장해야 합니다. 우리가 인지하지 못하거나 알지 못하는 죄는 예수님께 가져갈 수 없으며, 그분께 가져가지 않은 죄는 뿌리 뽑을 수 없습니다.

2. 죄에 대해 더 자세히 알기 위해서는 다음의 교훈을 배워야 합니다.
- "자신을 심문하라." 지속적인 기도는 각자의 죄와 악한 행위를 드러냅니다(욥 13:23, 시 139:23,24).
- 부드러운 양심은 성령을 통해 죄를 발견합니다. 마찬가지로 성령님은 양심을 통해 죄에 대한 찔림을 주십니다.
- 말씀에 겸손히 순종하며 하나님 안에서 그분의 생각을 따라 죄를 분별해야 합니다.

3. 죄에 대한 깊은 이해는 다음과 같은 결과를 가져옵니다.
- 이전에는 개의치 않았던 죄를 주님의 빛 안에서 발견하게 됩니다.
- 악한 죄와 그 가증한 특징을 더욱 예민하게 감지하게 됩니다(롬 7:13).
- 우리는 외적인 죄를 정복할 뿐만 아니라, 우리 본성에 깊이 뿌리내린 죄와 하나님을 대적하는 육체의 적의를 정복할 용기를 얻게 됩니다. 이때, 우리는 자신의 의를 버리고 성령을 통해 믿음 안에서 주님을 전적으로 의지하는 방법을 배우게 됩니다.

4. 하나님께서 예수님을 구세주로 보내주신 것에 진심으로 감사하세요. 우리를 억압하던 죄의 권세는 물러갔고, 이제 주님께서 우리를 다스리십니다. 마음속의 죄는 사라졌고, 이제 주님께서 우리 마음에 거하십니다.

그리스도 예수 안에서 생명을 누리게 하는 성령의 법이 당신을 죄와 죽음의 법에서 해방하여 주었기 때문입니다(롬 8:2).

> 존귀하신 주님, 주님의 빛을 저에게 비추어 주시옵소서.
> 그 빛으로 제 혼을 밝혀 주세요.
> 주님은 제 구원이십니다.
> 날마다 주님께서 제 안에서 죄를 제거하신다는 것을 압니다.
> 주님께 모든 죄를 숨김없이 가져갈 수 있도록 도와주십시오.
> 죄를 제거하는 과정을 통해
> 주님과 더 친밀한 교제를 이루게 해주세요.
> 그리하여 주님의 이름이 진정한 구원이 되게 해주세요.
> 아멘.

011

죄의 자백

우리가 우리 죄들을 자백하면 하나님은 신실하시고 의로우신 분이셔서, 우리 죄를 용서하시고, 모든 불의에서 우리를 깨끗하게 해주실 것입니다(요일 1:9).

하나님이 미워하고 슬프게 하며 분노하게 하고 끝내 그분이 완전히 멸하실 한 가지, 바로 죄입니다. 죄는 인간을 불행하게 하는 원인이기도 합니다(창 6:5~6, 사 13:8, 겔 33:6, 계 6:16,17). 예수님에게 피를 요구했던 것도 죄였습니다. 죄인과 하나님 간의 교제에 앞서, 죄인은 그분 앞에 자신의 죄를 내려 놓아야 합니다(삿 10:10,15,16, 스 9:6, 느 9:2,33, 렘 3:21,25, 단 9:4,5,20).

예수님께 나아갈 때는 먼저 이 점을 인식해야 합니다. 또한, 이 교훈을 더욱 깊이 이해하는 방법을 배워야 합니다. 죄에 관해 조언하자면, 죄를 제거하실 수 있는 유일한 분인 주님께 죄를 가져가야 합니다. 여러분은 하나님의 자녀가 누리는 위대한 특권 중 하나가 바로 죄의 자백이라는 점을 알아야 합니다. 하나님의 거룩함만이 죄를 소멸시킬 수 있습니다. 우리는 자백을 통해 죄를 하나님께 양도하고 내려놓으며 용서받을 뿐만 아니라, 불처럼 죄를 소멸시키는 하나님의 거룩한 사랑의 맹렬한 숯에 던져버립니다. 그렇습니다. 하나님만이 죄를 멸하십니다(레 4:21, 민 5:7, 삼하 12:13, 시 32:5, 38:18~22, 51:5,19).

안타깝게도 많은 그리스도인들이 이 교훈을 항상 인지하지 못합니다. 사람은 본질적으로 죄를 감추려 하며, 하나님 앞에 나아가야 할 때가 되어서야 비로소 죄를 뿌리 뽑으려 합니다. 또한, 죄에 대한 후회, 자책, 경멸 또는 자신의 행위와 소망을 통해 죄를 덮을 수 있다고 생각합니다(창 3:12, 출 32:22,24, 사 1:11,15, 눅 13:26). 어린 그리스도인 여러분, 완벽한 용서와 거룩한 정화의 기쁨을 누리고 싶다면 반드시 올바른 방법으로 죄를 자백해야 합니다. 진정한 자백은 하나님의 자녀에게 주어진 가장 큰 특권이자, 동시에 영적 생활의 강력하고 깊은 뿌리 중 하나입니다.

>

이 때문에 우리의 자백은 더욱 확실해야 합니다(민 12:11, 21:7, 삼하 24:10,17, 사 59:12,13, 눅 23:41, 행 1:18,19, 22:19,20, 딤전 1:13,15). 애매한 회개는 오히려 해가 될 뿐입니다. 무슨 죄인지 알지 못한 채 자백하는 것보다는 차라리 하나님께 아무것도 자백하지 않는 편이 낫습니다. 우선, 하나의 죄부터 자백해 보세요. 그 죄에 관해 하나님과 완벽한 합의를 이루세요. 그리고 자백을 통해 그 죄를 하나님의 손에 온전히 맡기세요. 그러면 자백의 힘과 축복을 모두 경험하게 될 겁니다.

우리의 자백은 정직해야 합니다(잠 28:13, 레 26:40,41, 렘 31:18,19). 정직한 회개는 악한 행위를 단호히 드러내고 버릴 뿐만 아니라, 하나님을 신뢰하는 눈으로 나쁜 감정을 몰아내기 때문입니다. 자백은 포기의 선언, 즉 하나님께 죄를 맡기는 행위입니다. 하나님께 죄를 맡기면 그분은 그 죄를 용서하고 깨끗이 제거하십니다. 죄로부터의 진정한 해방을 마음 깊이 원하지 않거나 준비되지 않았다면 자백하지 마세요. 하나님의 손에 죄를 이양해야 비로소 자백이 그 빛을 발할 수 있습니다.

우리의 자백은 신실해야 합니다(삼하 12:13, 시 32:5). 하나님을 굳건히 신뢰하세요. 그분은 여러분의 죄를 용서하고 완전히 제거하십니다. 지속적으로 자백하세요. 여러분의 혼이 하나님의 역사를 강하게 확신할 때까지, 제거하고 싶은 죄를 하나님의 거룩한 불에 던져 넣으세요. 믿음, 즉 예수님 안에 계신 하나님이 우리를 죄로부터 해방시키신다는 믿음이 세상과 죄를 이깁니다(요일 5:5, 2:12).

형제 여러분, 이제 이 진리를 분명히 이해하셨나요? 우리는 매일 모든 죄를 하나님 앞에 가지고 나아가 자백하고 내려놓아야 합니다. 그러면 그분께서 우리의 죄를 제거하실 겁니다. 오직 그분만이 죄를 제거하실 수 있습니다.

>

1. 죄에 대한 하나님의 용서와 사람의 용서 간의 차이는 무엇인가요? 사람은 어떻게 용서하나요? 하나님은 어떻게 용서하십니까?

2. 죄의 자백을 방해하는 장애물은 무엇인가요?
- 죄에 대한 무지
- 거룩한 하나님께 죄를 가지고 가는 것에 대한 두려움
- 하나님께 선을 보이려는 노력
- 보혈의 권세와 풍부한 은혜에 대한 불신

3. 욕설, 거짓말, 나쁜 단어를 즉시 자백해야 할까요, 아니면 감정이 가라앉을 때까지 기다려야 할까요? 여러분, 즉시 자백하세요. 죄가 자취를 감추기 전에 하나님께 나아가세요.

4. 사람 앞에서 반드시 죄를 자백해야 할까요? 만약 사람에게 지은 죄라면, 반드시 당사자에게 자백해야 합니다. 그러나 대부분의 경우, 사람이 아닌 하나님 앞에서 죄를 자각합니다(약 5:16).

주 하나님,

주님 앞에 죄를 가지고 나아갈 수 있게

해주셔서 감사드립니다.

참으로 형언할 수 없는 축복입니다.

죄는 하나님의 거룩함 앞에서 벌벌 떨며 달아납니다.

우리의 은밀한 마음은 죄를 덮어버립니다.

선을 위한 노력과 열망만을 가지고 나섭니다.

주님, 제가 모든 죄를 자백하고 주님 앞에 내려놓으며,

주님의 손에 맡길 수 있도록 도와주세요.

아멘.

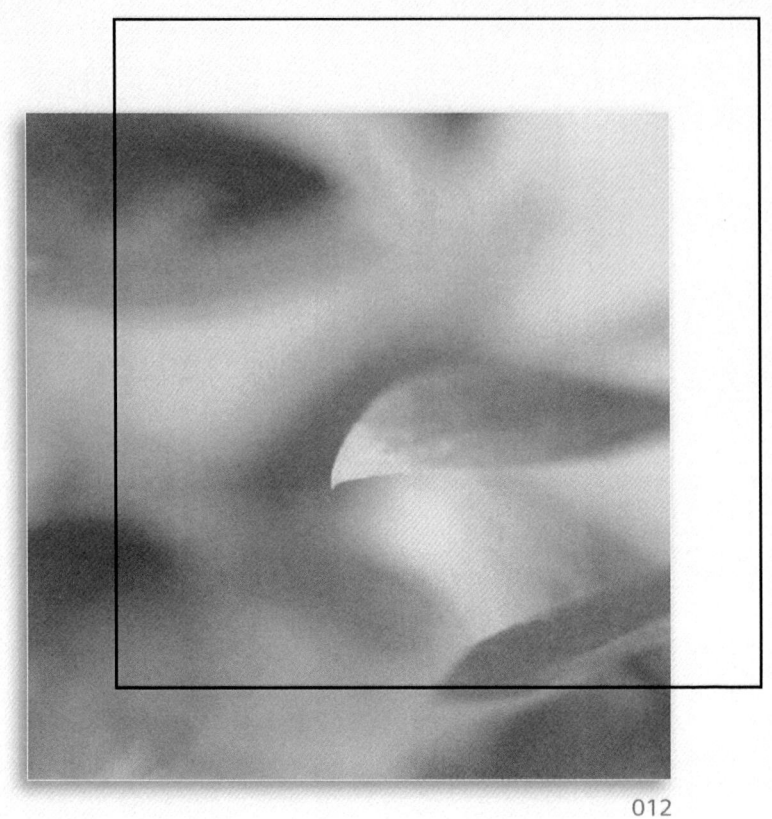

012

죄의 용서

복되어라! 거역한 죄 용서받고 허물을 벗은 그 사람!(시 32:1) 내 혼아, 주님을 찬송하여라. 주님은 너의 모든 죄를 용서해 주시는 분이시다(시 103:2,3).

주님을 향한 순종과 연결되는 첫 번째 축복, 즉 하나님의 은혜의 축복은 바로 완벽하고 영원한 죄의 용서입니다. 어린 그리스도인들은 이 축복 위에 굳건히 서서 하나님의 확실한 용서를 확신해야 합니다. 이는 참으로 위대한 순간입니다. 이를 위해 다음 진리에 주목해 봅시다.

>

우리의 죄에 대한 용서는 완벽합니다(시 103:12, 사 38:17, 55:7, 미 7:18,19, 히 10:16~18). 하나님은 어중간하게 용서하시는 분이 아닙니다. 사람도 마찬가지로 반쪽짜리 용서를 진정한 용서로 인정하지 않습니다. 하나님의 사랑은 위대하고, 예수님의 보혈로 이루어진 속죄는 완전하며 강력하기 때문에 하나님은 항상 완벽하게 용서하십니다. 하나님의 말씀을 읽고 묵상하며 우리의 죄가 완전히 제거되었다는 진리를 깊이 음미하세요. 그분은 더 이상 우리의 죄를 기억하지 않으십니다. **내가 그들의 불의함을 긍휼히 여기겠고, 더 이상 그들의 죄를 기억하지 않겠다**(렘 31:34, 히 8:12, 10:17).

죄의 용서는 하나님의 사랑을 완전히 회복시켜 주었습니다(호 14:5, 눅 15:22, 행 26:18, 롬 5:1,5). 하나님은 더 이상 우리의 죄를 전가하지 않으시고, 예수님의 의를 통해 우리를 바라보십니다. 예수님의 희생 덕분에 우리는 하나님께 예수님만큼이나 소중한 존재가 되었습니다. 이제 우리 위에 머물러 있던 하나님의 진노는 사라지고, 오직 충만한 사랑만이 우리와 함께하고 있습니다. **내가 기꺼이 그들을 사랑하겠다. 그들에게 품었던 나의 분노가 이제는 다 풀렸다**(호 14:4). 용서는 하나님의 모든 사랑의 문을 엽니다. 또한, 구속의 축복을 여는 시작이기도 합니다.

하나님이 베푸시는 죄의 용서를 굳게 믿으세요. 그리고 성령이 그 확신과 축복을 여러분의 마음에 가득 채우게 하세요. 그러면 모든 기대가 하나님으로부터 올 것입니다. 하나님의 말씀을 통해, 성령을 통해 하나님과 그분의 영원한 용서를 올바로 이해하고 신뢰하는 법을 배우세요. 영원히 용서하시는 하나님, 이것이 바로 하나님의 이름이자 영광입니다. 그분은 모든 것을 용서받은 사람에게 많은 복을 주시며, 자신의 전부를 내어주십니다(시 103:3, 사 12:1,3, 롬 5:10, 8:32, 엡 1:7, 3:5). 그러니 날마다 주를 찬양하세요. **내 혼아, 주님을 찬송하여라. 주님은 너의 모든 죄를 용서해 주시는 분이시다**(시 103:2,3). 용서는 새로운 삶의 힘이 됩니다. **많은 죄를 용서받은 자는 더 많이 사랑한다**(눅 7:47). 살아있는 믿음으로 매일 받는 죄의 용서는 예수님과 그분의 섬김에 묶인 끈입니다(요 13:14,15, 롬 7:1, 고전 6:20, 엡 5:25,26, 딛 2:14, 벧전 1:17,18).

과거에 받은 죄의 용서는 현재 지은 새로운 죄를 하나님 앞에 가지고 나가 용서받을 수 있도록 용기를 줍니다(출 34:6,7, 마 18:21, 눅 1:77,78). 그러나 용서에 대한 확신은 기억이나 이해의 문제가 아니라, 새로운 삶의 열매, 즉 용서하시는 아버지와 용서를 이루신 예수님과 함께 나누는 살아있는 교제가 되어야 합니다(엡 2:13,18, 빌 3:9, 골 1:21,22). 용서받았다는 사실을 아는 것은 시작에 불과합니다. 하나님 사랑 안에서 우리의 삶과 믿음을 통한 예수님과의 살아있는 교제야말로 죄의 용서를 항상 새롭게 하여 혼에 기쁨을 줍니다.

>

1. 실제로, 용서와 의롭게 되는 것은 하나입니다. 용서라는 단어는 아버

지이신 하나님과 더 관련이 있는 것처럼 보이며, **의롭게 된다**는 표현은 심판자이신 하나님의 무죄 선고를 연상시킵니다. 어린 그리스도인은 용서라는 개념을 더 쉽게 받아들이는 경향이 있습니다. 그러나 우리는 성경이 가르치는 **의롭게 된다**는 의미를 이해하기 위해 노력해야 합니다.

2. **의롭게 된다**는 말에 대해 우리가 알아야 할 부분
- 사람은 완전히 불의합니다.
- 사람의 행위로는 하나님의 심판대 앞에서 의롭다고 인정받을 수 없습니다.
- 예수 그리스도는 우리에게 자신의 의를 주셨습니다. 그분의 순종이 우리의 의가 됩니다.
- 우리는 믿음을 통해 예수님을 받아들이고 그분과 연합하여 하나님 앞에서 의롭다고 인정받습니다.
- 우리는 믿음을 통해 이 점을 확신하며 의롭게 되었기 때문에 하나님께 가까이 나아갈 수 있습니다.
- 예수님과의 연합은 의롭다고 선언된 삶이며, 진정으로 의로운 삶이자 의롭게 행동하는 삶입니다.

3. 매일 하나님과 가까워져서 날마다 죄의 완전한 용서, 의, 하나님 사랑의 회복에 대한 확신을 굳건히 하세요. 영적으로 연약한 사람은 자신보다 더 성장한 성도의 기도를 통해 배웁니다. 기도를 위한 재료는 이미 주어졌습니다.

주 하나님,

용서하시는 하나님이라는 이름은 경이로운 은혜입니다.

하나님 사랑의 영광을 매일 새롭게 알 수 있도록 가르쳐 주세요.

성령이 하나님의 용서를 영원한 축복이자

매일 새롭고 강력한 축복으로 보증하게 해주세요.

제 삶이 감사의 찬양으로 가득 차게 해주세요.

"오, 내 혼아, 주를 송축하라.

그는 네 모든 죄악을 용서하시느니라."

아멘.

013

죄를 씻다

우리가 빛 가운데 살아가면, 하나님의 아들 예수의 피가 우리를 모든 죄에서 깨끗하게 해주십니다. 우리가 우리 죄를 자백하면, 하나님은 신실하시고 의로우신 분이셔서, 우리 죄를 용서하시고, 모든 불의에서 깨끗하게 해주실 것입니다(요일 1:7,9).

13:30, 시 21:4, 말 3:3). 결과적으로, 죄를 씻는다는 건 하나님의 능력이 내면에서 작용하여 우리가 불의와 불결한 죄와 죄의 역사로부터 해방되는 것을 의미합니다. 이를 통해 우리는 순수한 마음, 즉 성령이 역사할 수 있는 마음을 축복으로 얻게 됩니다. 그리고 성령은 이 마음 안에서 우리를 정결하게 하며 하나님을 드러내십니다.

죄는 피를 통해 씻을 수 있습니다. 용서와 씻음 모두 피를 통해 이루어집니다. 피는 하늘나라에서 우리를 유죄로 선고하고 포로로 삼는 죄의 권세를 끊어냅니다. 피는 하늘나라에서, 그리고 우리 마음 안에서 매 순간 끊임없이 역사하여 육신을 관통하고 마음을 지배하는 죄를 씻어냅니다. 또한, 피는 죽은 행실에서 양심을 정결하게 하여 하나님을 섬기게 합니다. 피의 놀라운 능력은 하늘에서도, 마음에서도 동일하게 작용합니다(요 13:10,11 히 9:14, 10:22, 요일 1:7).

죄는 말씀을 통해 씻을 수 있습니다. 이는 말씀이 피와 하나님의 능력을 증거하기 때문입니다(요 14:3). 이러한 이유로 죄는 믿음을 통해 씻을 수 있다고 말할 수 있습니다. 거룩하고 효과적으로 죄를 씻으려면 감각이나 경험으로 알기 전에 먼저 믿어야 합니다. 비록 여전히 육신을 찌르는 죄를 느끼더라도, 주님이 우리 죄를 깨끗하게 하셨다는 진리를 믿으세요. 믿음을 통해 이 축복을 매일 체험하게 될 겁니다.

때로는 하나님과 주 예수님이 죄를 씻으시고, 때로는 사람이 죄를 씻습니다(시 51:3, 겔 30:25, 요 13:2, 고후 7:1, 딤전 5:22, 딤후 2:21, 약 4:8, 요일 3:3). 이는 하나님께서 우리 각자가 정화의 과정을 거치도록 하여 우리를 씻어 주시기 때문입니다. 피를 통해 죄로 이끄는 욕망이 사라지고, 욕망을 무너뜨리는 확신이 깨어나며, 하나님의 뜻을 따르는 의지가 살아납니다. 행복은 이 진리를 이해할 때 찾아옵니다. 세상이 죄를 씻기 위해 추구하는 방식으로 쓸데없이 노력할 필요는 없습니다. 하나님만이 진정으로 죄를 씻을 수 있기 때문입니다. 또한, 죄로 인해 낙심할 필요도 없습니다. 하나님께서 분명히 우리를 씻어 주실 것이기 때문입니다.

>

이제 우리는 두 가지에 중점을 두어야 합니다. 첫째, 죄를 씻고자 하는 바람과 둘째, 이를 받아들이는 자세입니다. 진정한 정결을 위해 우리의 소망은 더욱 커져야 합니다. 용서는 거룩한 삶의 시작일 뿐입니다. 하나님을 섬기는 데 진전을 이루려면 모든 죄로부터 해방되고 의를 따르려는 간절한 열망이 필요합니다(시 19:13, 마 5:6). 이러한 갈망은 복을 불러옵니다. 갈구하는 사람은 하나님이 주신 약속을 깨닫게 됩니다.

또한, 죄를 씻는 것이 믿음과 어떤 연관이 있는지 이해합니다. 이 과정은 피로 죄를 씻는 일이 보이지 않고 영적이며 하늘에 속한 일이며, 실제로는 우리 안에서 일어나는 역사라는 점을 알고 있습니다.

사랑하는 하나님의 자녀 여러분, 예수님은 우리 죄를 씻기 위해 자신을 주셨습니다(엡 5:26, 딛 2:14). 주 하나님께서 여러분을 깨끗하게 하실 겁니다. 이 약속을 믿고 스스로를 정결하게 하세요. 용서받은 모든 죄 또한 정화되었습니다. 이 진리를 믿으세요. 우리의 믿음을 통해 이 모든 역사가 일어납니다. 하나님, 말씀, 보혈, 예수님을 믿는 믿음이 날마다 자라나게 하세요. **하나님은 신실하시고 의로우신 분이셔서, 우리 죄를 용서하시고, 모든 불의에서 깨끗하게 해주실 것입니다**(요일 1:9).

>

1. 하나님이 죄를 씻는 것과 사람이 죄를 씻는 것 사이에는 어떤 관련이 있나요?

2. 요한일서 1장 9절에 따르면, 죄를 씻기 전에 무엇을 해야 하나요?

3. 용서와 마찬가지로 정결도 우리 안에서 일어나는 하나님의 역사인가요? 그렇다면 하나님을 향한 신뢰는 형언할 수 없을 만큼 중요합니다. 하나님이 나를 용서하실 때, 보혈로 씻으신다는 진리를 믿어야만 영광에

동참할 수 있습니다.

4. 성경에 따르면 순결한 마음의 증거는 무엇인가요?

5. 깨끗한 손(시편 24편)은 무엇인가요?

> 주님, 이 약속을 주셔서 감사합니다.
> 주님은 우리 죄를 용서하실 뿐만 아니라
> 깨끗이 씻어 주셨습니다.
> 아버지께서 우리 죄를 용서해 주신 것처럼
> 간절히 바라고 믿는 자의 죄를 씻어 주신다고 믿습니다.
> 주님, 주의 말씀이 제 마음을 깊이 관통합니다.
> 제 혼이 강한 열망과 보혈로 죄를 씻어내게 해주세요.
> 구세주여, 보혈이 성령을 통해
> 제 안에서 역사할 수 있게 해주세요.
> 제가 이 놀라운 경험을 매 순간 놓치지 않도록 도와주세요.
> 아멘.

014

거룩하다

여러분을 불러주신 그 거룩하신 분을 따라 모든 행실을 거룩하게 하십시오. 성경에 기록하기를 "내가 거룩하니 너희도 거룩하여라." 하였습니다(벧전 1:15,16). 그러나 여러분은 하나님의 자녀로서 그리스도 예수 안에 있습니다. 그는 우리에게 거룩함이 되셨습니다(고전 1:30). 하나님께서는 여러분을 성령으로 거룩하게 하시고, 진리를 믿게 하여 구원에 이르게 하시려고, 처음부터 여러분을 택하여 주셨기 때문입니다(살후 2:13).

하나님은 구원뿐만 아니라 거룩함을 위해 우리를 선택하고 부르셨습니다. 어린 그리스도인은 그리스도 안에서 보호받고 거룩해야 합니다. 결국, 거룩함 안에서만 피난처와 구원을 발견할 수 있습니다. 만약 구원이 거룩함이 아닌 피난처에 있다고 생각한다면, 자신을 기만하는 겁니다. 어린 그리스도인 여러분, 하나님의 말씀에 경청하세요. **거룩하라**(레 19:2).

왜 거룩해야 할까요? 우리를 부르신 분이 거룩하시기 때문입니다. 그분은 우리를 그분의 몸으로 부르셨습니다. 하나님께서 그분과 일치하지 않는 사람을 어떻게 구원하실 수 있겠습니까?(출 19:6, 레 11:44, 19:2, 20:6,7)

>

하나님의 거룩함은 그분의 고귀한 영광입니다. 그분의 거룩함 안에서 의와 사랑이 조화를 이룹니다. 이 거룩함은 죄를 태우는 열렬한 불이며, 이 불로 인해 그분은 죄로부터 자유로울 뿐만 아니라, 사랑으로 다른 사람들의 죄의 고리도 끊어냅니다. 이스라엘의 거룩하신 분은 구속주이며, 이스라엘 가운데 거하십니다(출 25:11, 사 2:6, 12:6, 43:15, 49:7, 57:15, 호 11:9). 구속을 통해 우리는 하나님과 그분의 거룩함을 소유하게 됩니다. 하나님과 같이 거룩하지 않으면 우리는 그분의 구원과 사랑에 참여할 수 없습니다(사 10:18, 히 12:14). 어린 그리스도인 여러분, 거룩하십시오!

그렇다면 우리가 소유해야 할 거룩함은 무엇일까요? 바로 그리스도 안에 있는 하나님, 즉 우리를 성화하신 그분의 거룩함입니다. 그리스도는 우리의 거룩함입니다. 우리 안에 있는 그리스도의 생명 또한 우리의 거룩함입니다(고전 1:30, 엡 5:27). 그리스도 안에서 우리는 성화되어 흠이 없게 되었습니다. 우리는 거룩합니다. 그리스도의 영광은 우리 삶에 충만해야 합니다.

순결보다 거룩함이 더 높은 개념입니다. 성경에서는 거룩해지기 전에 먼저 죄를 씻어야 한다고 말합니다(고후 7:1, 엡 5:26-27, 딤후 2:21). 죄를 씻는 것은 부정한 것을 제거하여 죄로부터 해방되는 과정이지만, 거룩함은 예수님의 성품, 선함, 신성을 채우는 겁니다. 즉, 예수님과 하나가 되고 세상의 영으로부터 분리되어 거룩한 하나님으로 충만해지는 것입니다. 성막은 하나님이 거하시는 곳이기 때문에 거룩합니다. 마찬가지로 우리도 그분의 성전이기에 거룩합니다. 우리 안에 있는 그리스도의 생명은 우리의 거룩함입니다(출 29:43,45, 고전 1:2, 3:16,17, 6:19).

거룩해지려면 어떻게 해야 할까요? 우선, 성령님이 우리를 거룩하게 하셔야 합니다. 하나님의 영의 이름은 거룩한 영입니다. 거룩한 영이라 불리는 이유는 그 영이 우리를 거룩하게 하시기 때문입니다. 그분은 우리 안에서 그리스도를 나타내고 영화롭게 하십니다. 그분을 통해 그리스도는 우리 안에 거하시며, 그분의 거룩한 힘이 우리 안에서 역사합니다. 또한, 이 거룩한 영을 통해 육신의 활동이 그치고 하나님이 우리 안에서 역사하십니다(롬 1:4, 8:2,13, 벧전 1:2).

그렇다면 거룩한 영을 통해 그리스도의 거룩함을 받기 위해서는 무엇을 해야 할까요? **하나님께서는 여러분을 성령으로 거룩하게 하시고, 진리를 믿게 하여 구원에 이르게 하시려고, 처음부터 여러분을 택하여 주셨기 때문입니다**(살후 2:13). 믿음을 통해 우리는 그리스도의 거룩함을 소유하게 됩니다. 즉, 거룩해지기 위해서는 먼저 거룩해지기를 바라는 마음이 필요합니다. 우리는 죄를 자백하고 하나님께 드려 그 피로 깨끗이 제거함으로써 육신과 영의 모든 불결에서 우리 자신을 씻어야 합니다(고후 7:1). 그리고 그리스도가 우리의 거룩함이 되셨다는 진리를 믿음으로써, 우리를 위해 예비하신 하나님의 충만한 은혜와 진리를 받아들여야 합니다(요 1:14,16, 고전 2:9,10). 그리스도는 우리의 의가 되실 뿐만 아니라 우리의 거룩함이 되셨으며, 우리 안에서 실제로 강력히 역사하여 하나님을 기쁘시게 하는 일을 수행합니다. 우리는 이 진리를 깊이 확신해야 합니다. 우리에게는 거룩함에 이를 충분한 능력이 있으며, 매일 믿음을 통해 이 능력을 하나님으로부터 받습니다(갈 2:21, 엡 2:10, 빌 2:13, 4:13). 그분은 자신의 영, 즉 거룩한 영을 우리에게 주십니다. 그리고 그 영은 예수님의 거룩한 삶을 우리에게 가르치십니다.

어린 그리스도인 여러분, 삼위일체이신 하나님은 거룩하고 거룩하며 거룩하십니다(사 6:3, 계 4:8, 15:3,4). 그분은 우리를 거룩하게 하십니다. 아버지는 우리에게 예수님을 주시고, 그 아들 안에서 우리를 인치십니다. 아들은 스스로 우리의 거룩함이 되시고, 영을 주십니다. 마지막으로 성령은 우리 안에서 아들을 나타내시고, 우리를 하나님이 거하시는 성전으로 준비시키며, 우리 안에 아들이 거하게 하십니다. 하나님이 거룩하시니, 우리도 거룩해야 합니다.

>

1. 용서하는 것과 죄를 씻는 것의 차이는 무엇인가요? 거룩함과 죄를 씻는 것의 차이는 무엇인가요?

2. 성전은 무엇으로 거룩해지나요? 하나님의 내주입니다. 그렇다면 우리는 무엇으로 거룩해지나요? 성령을 통해 그리스도 안에서 하나님이 내주하실 때 우리는 거룩해집니다. 순종과 순결은 거룩함에 이르기 위한 기초입니다.

3. 이사야서에는 거룩하게 될 사람에 대한 묘사가 나옵니다. 그는 의인으로 살아가면서도 자신이 아무것도 아니라는 사실을 인정하고, 하나님께 나아가 그분 안에 거하는 영이 가난한 사람입니다.

4. 오직 주님만이 거룩하십니다. 우리의 거룩함은 하나님을 얼마나 소유하느냐에 달려 있습니다.

5. **거룩하다**는 단어는 하나님의 신격의 신비를 나타내며, 성경에서 가장 깊은 의미를 지닌 단어 중 하나입니다. 이 단어의 의미를 이해하고 완전히 소유하고 싶다면 다음 말씀을 받아들이세요. **내가 거룩하니 너희도 거룩하라**(레 11:44). 이 말씀을 생명이 가득한 하나님의 씨앗으로 마음에 심으세요.

6. 성도의 인내와 거룩함 안에서의 인내, 이 두 가지는 어떤 상관관계가 있나요?

주 하나님, 이스라엘의 거룩하신 분,
아들을 선물로 주시고,
저의 거룩함이 되어 주셔서 감사합니다.
거룩한 영이 제 안에 거하시고,
예수님의 거룩함을 전해 주셔서 감사합니다.
주님, 제가 이 진리를 올바르게 이해하고
경험할 수 있도록 도와주세요.
아멘.

015

의롭다

너 사람아, 무엇이 착한 일인지를 주님께서 이미 말씀하셨다. 주님께서 너에게 요구하시는 것이 무엇인지도 이미 말씀하셨다. 오로지 공의를 실천하며 인자를 사랑하며 겸손히 네 하나님과 함께 행하는 것이 아니냐! (미 6:8) 여러분은 죽은 사람들 가운데서 살아난 사람답게, 여러분을 하나님께 바치고, 여러분의 지체를 의의 연장으로 하나님께 바치십시오. 이제는 여러분의 지체를 의의 종으로 바쳐서 거룩함에 이르도록 하십시오(롬 6:13,18,19).

선지자 미가는 하나님의 구원의 열매가 크게 세 가지로 나타난다고 말합니다. 하나님과 그분의 뜻에 대해서는 의로운 행실과 의로, 이웃에 대해서는 사랑과 선행으로, 나 자신에 대해서는 겸손으로 드러납니다.

성경은 누구도 하나님 앞에서 의롭지 않으며, 의롭다고 주장하는 사람조차도 그분 앞에 설 수 없다고 가르칩니다(시 14:3, 143:2, 롬 3:10,20). 그리스도의 의를 받은 사람, 즉 믿음으로 의롭게 된 사람은 그 의를 통해 하나님 앞에 값없이 의롭게 됩니다(롬 3:22,24, 10:3,10, 고전 1:30, 고후 5:21, 갈 2:16, 빌 3:9). 그리고 하나님은 그를 의로운 사람이라고 칭하십니다. **의롭다**는 하나님의 판결은 성도 안에 의로운 삶을 심고, 성도는 이 삶을 통해 의인으로 살아가고 행하는 법을 배웁니다(롬 5:17,18, 6:13,18,19, 8:3, 딛 1:8, 2:12, 요일 2:29, 3:9,10). 하나님 앞에 의로워지는 것. 이 의에는 의로운 행위가 따릅니다. 의인은 믿음으로 산다(롬 1:17).

그러나 안타깝게도 많은 사람들이 이 진리를 이해하지 못합니다. 대부분은 삶과 행동에서 의 자체보다는 의롭게 되는 것에 더 중점을 두고 있습니다. 하나님의 생각과 뜻을 이해하려면 성경의 가르침을 따라야 합니다. 하나님 앞에 거룩한 의를 입은 사람이라면, 하나님 앞에서 의롭게 행동해야 합니다.

>

성경 말씀을 숙고해 보세요. 하나님의 종들은 어떻게 의로운 사람으로 칭송받았나요?(창 6:9, 7:1, 마 1:19, 눅 1:6, 2:25, 벧후 2:7) 하나님의 축복과 은혜는 의인에게 어떻게 내려졌나요?(시 1:6, 5:12, 14:5, 34:16,20, 37:17,39, 92:13, 97:11, 144:8) 의인은 어떻게 기뻐하고 확신해야 할까요?(시 32:11, 33:1, 58:11, 64:10, 68:4, 97:12) 특히 시편을 유심히 살펴보세요. 시편을 모두 읽었다면 잠언을 보세요. 의인은 모든 축복을 받습니다(잠 10:3,6,7,11,16,20,21,24,25,28,30,31,32). 사람들은 두 가지 분류, 즉 의인과 악인으로 나뉩니다(전 3:17, 사 3:10, 겔 3:18,20, 18:21,23, 33:12, 말 3:18, 마 5:45, 12:49, 25:46). 신약에서 주 예수님은 의를 요구하십니다(마 5:8,20, 6:33). 바울은 믿음으로 의롭게 되는 것에 관한 교리를 강력히 선포하며, 의롭게 행하는 의로운 사람이 되는 것이 하나님이 우리를 의롭게 하신 궁극적인 목표라고 주장합니다(롬 3:31, 6:13,22, 7:4,6, 8:4, 고후 9:9,10, 빌 1:11, 딤전 6:11). 요한은 사랑과 함께 의를 하나님의 자녀의 중요한 특징으로 꼽습니다(요일 2:4,11,29, 3:10, 5:2). 이 모든 진리를 종합하면, 참된 그리스도인은 하나님과 같이 모든 일을 의롭게 행합니다.

성경은 의로운 삶이 무엇인지 가르쳐줍니다. 의로운 삶은 모든 면에서 하나님의 명령에 따르는 삶입니다. 의인인 주님이 보시기에 옳은 일을 하고(시 119:166,168, 눅 1:6,75, 딤전 2:10) 인간적인 행동의 규칙을 따르지 않으며 인간의 뜻에 따라 구하지 않습니다. 그는 하나님 앞에 올바로 서서 바르게 행하며 일말의 불의도 허용하지 않습니다. 또한, 개인의 이익을 위해 이웃에게 작은 잘못이라도 행하지 않도록 조심하며, 큰 일부터 작은 일에 이르기까지 모든 기준을 성경에 두고 있습니다. 그는 하나님과 동행함으로써 의의 길이 축복, 생명, 기쁨의 길이라는 진리를 깨닫습니다.

하나님이 의인에게 주신 축복과 기쁨의 약속을 생각하세요. 그리고 하나님과 교제하며 믿음을 통해 그리스도의 의를 입고 살아가세요. 오직 의만을 행하세요.

>

1. 로마서 6장 19절과 22절에서 의와 거룩함의 연관성을 살펴보세요. 여러분의 지체를 의의 종으로 바쳐서 거룩함에 이르도록 하십시오. 하나님의 종이 되어서, 거룩함에 이르는 삶의 열매를 맺고 있습니다(롬 6:19,22). 의를 행하는 의의 종이 되는 것은 거룩함에 이르는 길입니다. 또한, 순종은 거룩한 영으로 충만해지는 길입니다. 성령을 통한 하나님의 내주는 거룩합니다.

2. 지금은 그렇게 하도록 하십시오. 이렇게 하여, 우리가 모든 의를 이루는 것이 옳습니다(마 3:15). 주 예수님은 성령으로 침례를 받을 때 이렇게 말씀하셨습니다. 하나님께 불순종하도록 이끄는 모든 유혹을 떨쳐버리고 하나님과 같이 성령으로 충만하십시오. 의에 주리고 목마른 사람은 복이 있다(마 5:6).

3. 의의 이름으로 행동하는 사람을 본받으세요. 의인의 덕목에 대해 생각해보세요. 의인의 청렴함, 누구에게도 해를 끼치지 않도록 진심으로 살피는 마음, 주의 법을 두려워하는 거룩한 자세, 주의 법과 규례를 따르는 행동. 그는 비난받을 것이 없습니다. 여러분도 의인으로 살겠다고 고백하세요.

4. 이제 여러분은 다음 구절을 이해할 수 있습니다. 의인은 믿음으로 산

다(롬 1:17). 믿음으로 악인은 무죄 판결을 받고 의인이 됩니다. 그리고 그 믿음을 바탕으로 의인으로 살아갑니다.

> "나 외에 다른 하나님이 없나니,
> 공의로운 하나님, 곧 구주가 나 외에는 없느니라."
> 오 주님, 주님은 저의 하나님이십니다.
> 의로우신 하나님은 저의 구세주이십니다.
> 아들 안에서 저를 구속하셨습니다.
> 의로우신 하나님은 그 의로 저를 의롭게 하셨습니다.
> 의인은 믿음으로 살아간다고 말씀하셨습니다.
> 오 주님, 제 안에 있는 새로운 삶이
> 믿음의 삶, 의인의 삶으로 발견되게 해주세요.
> 아멘.

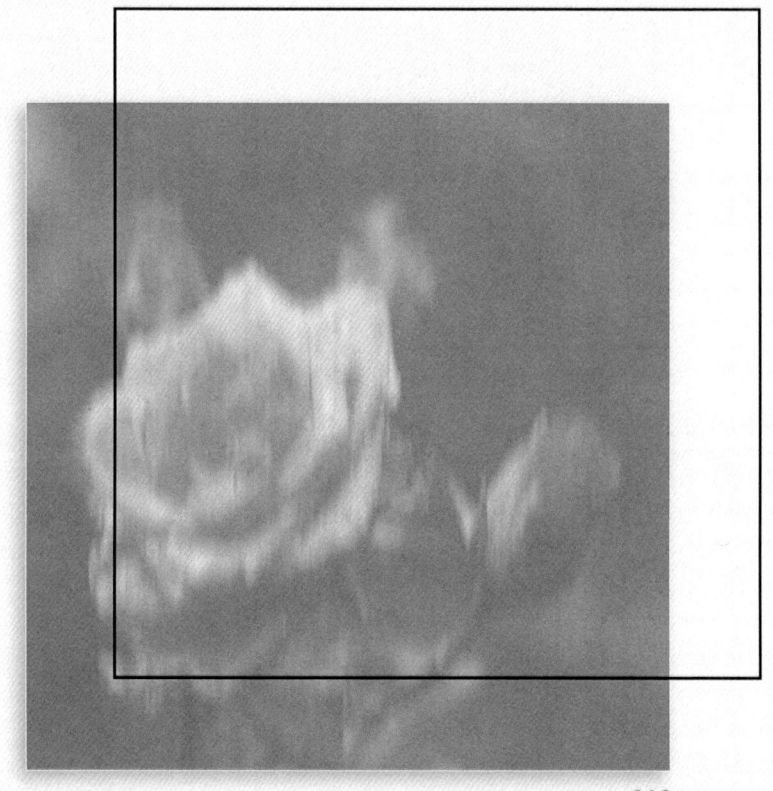

016

사랑

이제 나는 너희에게 새 계명을 준다. 서로 사랑하여라. 내가 너희를 사랑한 것 같이, 너희도 서로 사랑하여라. 너희가 서로 사랑하면, 모든 사람이 그것으로써 너희가 내 제자인 줄 알게 될 것이다(요 13:34,35). 사랑은 이웃에게 해를 입히지 않습니다. 그러므로 사랑은 율법의 완성입니다(롬 13:10). 사랑하는 여러분, 하나님께서 이렇게까지 우리를 사랑하셨으니, 우리도 서로 사랑해야 합니다(요일 4:11,12).

이전 과의 본문인 미가서에 따르면, 하나님은 의 다음으로 **사랑**을 요구하십니다. 구약에서는 사랑보다 의가 더 강조되지만, 신약에서는 사랑이 우위를 차지합니다. 여러 성경 구절이 이를 뒷받침합니다. 하나님의 사랑은 예수님의 등장을 통해 처음으로 나타납니다. 그분은 우리에게 새롭고 영원한 삶을 주셨고, 이로 인해 우리는 아버지의 자녀이자 교회 안에서 한 형제가 되었습니다. 이 새로운 관계 때문에 주님은 새로운 언약, 즉 형제 사랑의 법을 처음으로 선포하실 수 있었습니다. 그렇다고 해서 신약에서 의의 위치가 줄어든 것은 아닙니다(마 5:6,17,20, 6:33). 신약의 중점은 우리에게 부어진 사랑의 능력입니다(롬 5:5, 갈 5:22, 살전 4:9, 요일 4:11,21).

모든 그리스도인은 이 진리를 위대한 첫 번째 계명이자 새로운 계명으로 마음 깊이 새거야 합니다. 예수님은 하늘로 올라가시면서 우리에게 이 계명을 주셨습니다. 그러므로 그리스도인이 예수님의 제자라면 형제 사랑을 실천해야 합니다. 또한, 온 마음을 다해 이 명령에 순종할 뿐만 아니라 올바른 형제 사랑을 실천하기 위해 세심한 주의를 기울여야 합니다.

>

형제 사랑은 아버지를 향한 사랑에서 발현됩니다. 하나님의 사랑은 성령을 통해 우리 마음에 부어지며, 아버지의 경이로운 사랑이 드러날 때 그 사랑은 우리 혼의 생명과 기쁨이 됩니다. 하나님을 향한 우리의 사랑은 이 사랑의 원천에서 시작되며(롬 5:5, 요일 4:19), 이 사랑으로 우리는 형제를 사랑할 수 있습니다(엡 4:2,6, 5:1,2, 요일 3:1, 4:7,20, 5:1). 인간적인 노력으로 형제 사랑의 법을 이루려고 하지 마세요. 그것은 헛수고일 뿐입니다. 그저 우리 안에서 하나님의 사랑을 알려주시는 성령을 믿으세요. 그러면 그분이 우리에게 사랑의 능력을 주실 겁니다. "저에겐 사랑이 없습니다. 다른 사람을 용서할 만큼 사랑이 넘치지 않아요."라고 말하지 마세요. 이러한 감정은 의무의 기준이 아닙니다. 그것은 명령이며, 명령에 순종하는 믿음입니다. 성령을 믿는 믿음으로 아버지께 순종하며 의지를 발현하여 이렇게 다짐하세요. "나는 저 사람을 사랑하겠다. 나는 저 사람을 사랑한다. 믿음이 먼저다. 감정은 믿음 뒤에 따라오는 것일 뿐이다." 하나님의 은혜가 여러분에게 타인을 사랑할 힘을 줄 겁니다(마 5:44,45, 갈 2:20, 살전 3:12,13, 5:24, 빌 4:13, 벧전 1:22).

형제 사랑은 예수님의 사랑에 따라 그 정도와 법이 있습니다. **내 계명은 이것이다. 내가 너희를 사랑한 것과 같이, 너희도 서로 사랑하여라**(눅 22:26,27, 요 13:14,15,34, 골 2:13). 우리 안에서 역사하는 영원한 생명은 예수님의 생명입니다. 그분 안에는 다른 법이 없습니다. 그분 안에서 뿜어져 나오는 사랑의 법은 우리 안에서도 동일하게 흐르고 있습니다. 예수님은 우리 안에서 살고 사랑하며, 우리를 통해 사랑과 생명을 드러내십니다. 우리는 우리 안에 있는 사랑의 힘을 믿고, 그분이 사랑하신 것처럼 형제를 사랑해야 합니다. 이것이 진정한 구원입니다. 예수님이 사랑하신 것처럼 형제를 사랑하세요.

형제 사랑은 진실해야 합니다(마 12:50, 25:40, 롬 13:10, 고전 7:19, 갈 5:6, 약 2:15,16, 요일 3:16~18). 단순한 감정이 아닙니다. 사랑으로 역사하는 믿음은 그리스도 안에서 나타나는 능력입니다. 이 사랑의 능력은 하나님의 말씀에 열거된 모든 특징을 드러냅니다. 고린도전서 13장 4~7절에서 서술하는 사랑의 모습을 깊이 숙고해 보세요. 사랑이 보여주는 온유, 오래 참음, 자비에 주목하세요(갈 5:22, 엡 4:2,32, 빌 2:2,3, 골 3:12, 살후 1:3). 우리 안에 거하는 그리스도의 사랑이 우리의 행실에서 드러나게 하세요. 우리의 사랑은 예수님의 사랑처럼 헌신적이고 유익해야 합니다. 비록 우리가 비뚤어지고 죄가 많더라도 하나님의 자녀라면 열렬히 사랑해야 합니다. 하나님의 모든 자녀를 사랑하게 되면 자연스럽게 모든 사람을 사랑하게 될 겁니다(눅 6:32,35, 벧전 1:22, 벧후 1:7). 가족, 교회, 세상이 우리 안에서 하나님의 충만한 사랑과 그 역사를 보고 '**사랑은 위대하다**'는 진리를 발견해야 합니다.

그리스도인 여러분, 하나님은 사랑이십니다. 예수님은 이 사랑의 선물이며, 우리에게 사랑을 주시고 우리 마음에 심어주셨습니다. 믿음으로 사세요. 그러면 더 이상 불평하지 않게 될 겁니다. 성령의 사랑이 여러분의 힘이자 생명이 될 것이기 때문입니다.

>

1. 하나님의 말씀을 거부한 사람들은 구원의 조건으로 사랑을 강조하면서 우리가 믿는 바, 즉 믿음은 전혀 중요하지 않다고 주장합니다. 반면, 이 관점에 반대하는 정통파는 사랑이 아닌 의와 믿음만을 강조합니다. 결론적으로, 두 관점 모두 위험합니다. 하나님은 사랑이십니다. 그리고 그분의 아들은 선물로서 그 사랑을 우리에게 전해 주시며, 성령은 우리의 마음에 그 사랑을 부어 주십니다. 새로운 생명은 사랑 안에 있습니다.

사랑은 위대하며, 하나님의 명령에 따라 우리 삶에서 매우 중요합니다 (요일 3:10,23,24, 5:2).

2. 사랑이 없더라도 사랑해야 합니다. 이 말을 이상하게 생각하지 마세요. 사랑의 힘은 감정이 아니라 의지의 발현입니다. 사랑은 감정이 아니라 믿음에 달려 있습니다. 우리가 믿으면 우리 안에 계신 성령이 능력으로 역사하실 겁니다. 그러니 원수에게 어떤 사랑도 느낄 수 없다 하더라도 믿음으로 순종하며 다음과 같이 고백하세요. "아버지, 제가 아버지를 사랑합니다. 제 마음 안에서 일어나는 성령의 역사를 믿습니다. 진심으로 제가 아버지를 사랑합니다."

3. 단순히 사랑을 타인에게 악을 행하지 않고 궁핍한 자를 돕는 것만으로 정의할 수 없습니다. 사랑은 그보다 더 위대합니다. 사랑은 사랑 그 자체입니다. 우리가 하나님의 원수였을 때, 그분이 온유하게 오래 참으시며 보여주신 사랑을 기억하세요.

사랑하는 구세주여,

새로운 삶이 전적으로 사랑 안에 있다는 것을

분명히 알게 되었습니다.

구세주는 하나님이 사랑하는 아들이자, 사랑의 선물입니다.

우리에게 그분의 사랑을 알게 하시고,

그 사랑이 우리 안에 거하게 하셨습니다.

그리고 성령님은 하나님의 사랑을 우리 마음에 부어 주십니다.

사랑의 물줄기가 형제들과 모든 인류에게 흐르게 하셨습니다.

주님, 사랑으로 구속받고

그 사랑을 모든 이에게 실천할 수 있도록 도와주십시오.

제가 지금 이 자리에 있습니다.

아멘.

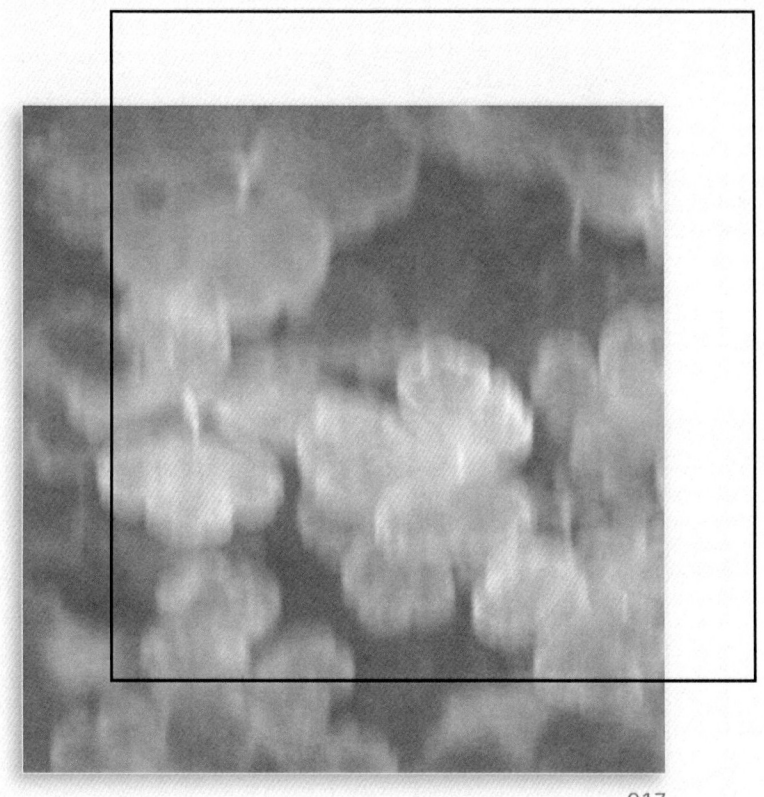

017

겸손

주님께서 너에게 요구하시는 것이 무엇인지도 이미 말씀하셨다. 오로지 공의를 실천하며 인자를 사랑하며 겸손히 네 하나님과 함께 행하는 것이 아니냐!(미 6:8)

나는 마음이 온유하고 겸손하니, 내 멍에를 매고 나한테 배워라. 그리하면 너희는 마음에 쉼을 얻을 것이다(마 11:29).

어린 그리스도인이 주의해야 할 가장 위험한 적은 바로 교만과 자만입니다. 이보다 더 교묘하고 은밀하게 역사하는 죄는 없습니다. 이 죄는 모든 방면에서 침투하여 하나님을 향한 우리의 섬김, 기도, 심지어 겸손에도 영향을 미칩니다. 이 진리가 지상 삶에는 작은 부분일지라도 영적인 생활에서는 매우 중요합니다. 그러나 대부분의 사람들은 자만과 교만이 어떻게 개인에게 기생하여 무너뜨리는지 알지 못합니다(대하 26:5,16, 32:26,31, 사 65:5, 렘 7:4, 고후 12:7). 그리스도인은 자만과 교만으로부터 자신을 잘 지키고 성경의 가르침에 귀 기울여야 합니다.

인간은 하나님의 영광에 참여하도록 창조되었습니다. 그리고 하나님께 영광을 돌림으로써 이 지위를 얻습니다. 우리가 우리 안에서 나타나는 하나님의 영광을 더 많이 찾을수록, 그분은 우리에게 더 많은 영광을 부어 주십니다(사 43:7,21, 요 12:28, 13:31,32, 17:1,4,5, 고전 10:31, 살후 1:11,12). 또한, 우리가 자신의 존재를 더 많이 내려놓고 자신의 무가치함을 깊이 깨달을 때, 하나님만이 홀로 영광을 받으십니다.

그러나 죄로 인해 이 계획은 어그러졌고, 인간은 오직 자기 자신과 자신의 뜻만을 추구하게 되었습니다(롬 1:21,23). 이제 우리는 죄로 인해 무너진 은혜를 회복해야 합니다. 그리고 자신을 죽은 존재로 여기고 하나님의 영광만을 위해 살아야 합니다. 예수님은 자신을 낮추심으로써 겸손의 본보기를 보여주셨습니다. 그분은 자신의 영광이 아닌 아버지의 영광만을 생각하셨습니다(요 8:50, 빌 2:7).

>

교만에서 벗어나고 싶다면, 우선 자신의 노력만으로는 불가능하다는 점을 인식해야 합니다. 겸손에 파고든 자만을 제거하고 그 틈을 막고 싶다면, 이 사실을 인정하세요. 그러면 그리스도 안에 있는 생명의 영, 즉 겸손의 영이 우리 안에서 역사하실 겁니다(롬 8:2, 빌 2:5).

하나님은 이를 위해 말씀을 사용하십니다. 말씀을 통해 우리는 죄를 씻고 하나님의 사랑으로 충만해지며 거룩해집니다.

이에 관한 말씀을 살펴보세요. 말씀은 하나님이 교만을 얼마나 싫어하시는지, 그리고 그 교만이 가져오는 결말에 대해 증거합니다(시 31:24, 잠 26:5, 마 23:12, 눅 1:51, 약 4:5, 벧전 5:5). 또한, 겸손한 자들이 받게 될 영광도 약속합니다(시 34:19, 잠 11:2, 사 57:15, 눅 9:48, 14:11, 18:14). 신약 성경의 거의 모든 책에서 그리스도인의 첫 번째 덕목으로 겸손을 강조합니다(롬 12:3,16, 고전 13:4, 갈 5:22,26, 엡 4:2, 빌 2:3, 골 2:18). 그분은 자신의 여러 특징 중에서도 겸손을 제자들에게 강하게 각인시키셨습니다. 그분의 성육신과 구원이 모두 겸손에 뿌리를 두고 있기 때문입니다(마 20:26,28, 눅 22:27, 요 13:14,15, 빌 2:7,8).

시간을 두고 찬찬히 하나님의 말씀을 받아들이고 마음에 새기세요. 생명의 나무는 다양한 씨앗을 내는데, 그 중에는 겸손의 씨앗도 포함되어 있습니다. 씨앗은 하나님의 말씀입니다. 이 씨앗을 여러분의 마음에 심으세요. 그러면 그 씨앗에서 새싹이 자라나고 장성하여 열매를 맺을 겁니다(살전 2:13, 히 4:12, 약 1:21).

겸손이 하나님을 얼마나 기쁘게 하는지, 그리고 그분이 보시기에 얼마나 사랑스러운지를 숙고해 보세요. 하나님의 영광을 위해 창조된 인간으로서 하나님의 뜻에 맞는 옷을 입으세요(창 1:27, 고전 11:7). 가치 없는 죄인으로서 자신을 내려놓으세요(욥 40:6, 사 6:5, 눅 5:8). 구속받은 혼으로서 겸손하게 본성을 죽이고 새로운 생명의 길을 걸으세요(롬 7:18, 고전 15:9,10, 갈 2:20).

이제 은혜의 삶을 만끽하며 믿음을 앞세우세요. 우리 안에서 역사하는 영원한 생명과 삶의 능력을 믿으세요. 우리의 생명이신 예수님의 능력을 믿으세요. 우리 안에 거하는 성령의 능력을 믿으세요. 교만을 뿌리뽑거나 잊거나 숨기려 하지 말고 자백하세요. 그러면 이 죄의 모든 흔적을 보혈이 깨끗이 지우고 성령이 거룩하게 하실 겁니다. 예수님으로부터 배우세요. 그분은 온유하고 겸손한 마음을 지니셨습니다. 그분이 우리의 생명이자 삶이며, 그분의 모든 것이 우리의 것입니다. 이 사실을 잊지 마세요. 그분이 우리에게 겸손한 마음을 주실 겁니다. 이 사실을 믿으세요. **주 예수님께 하라**는 말은 **주 예수님을 옷입으라**는 뜻이며, 예수님을 입으려면 겸손으로 옷입어야 합니다. 걱정하지 마세요. 우리 안에 있는 그리스도가 우리를 겸손으로 가득 채우실 겁니다.

>

1. 타인의 교만을 부추기지 않도록 주의하세요. 자신의 교만이 타인에게 고통을 주지 않도록 조심하세요. 특히, 스스로 교만을 키우지 않도록 유의하세요. 하나님만이 항상 영광을 받으시도록 하세요. 하나님의 자녀들이 선을 행하는 것을 발견하고 진심으로 그분께 감사하세요. 악의를 품은 사람이나 친구의 작은 찬사에 흔들리지 않도록 지켜주시는 하나님께 감사하세요. 어떤 이유로든 자신의 영광에 몰두하지 마세요. 아버지께 자신의 영광을 내려놓고 오직 그분의 영광만을 생각하세요.

2. 소심과 의심을 겸손으로 착각하지 마세요. 깊은 겸손과 강한 믿음은 항상 함께합니다. 백부장의 말을 기억하세요. 주님, 나는 주님을 내 집으로 모셔들일 만한 자격이 없습니다(마 8:8). 여인의 고백을 기억하세요. 주님, 그렇습니다. 그러나 개들도 주인의 상에서 떨어지는 부스러기를 얻어먹습니다(마 15:27). 두 사람 모두 주님으로부터 겸손하고 믿음이 크다는 평을 받았습니다(마 8:10, 15:28). 그 이유는 단순합니다. 우리가 하나님께 더 가까워질수록 우리 자신으로부터 멀어지지만, 그분 안에서는 더욱 강해집니다. 하나님을 더 많이 바라볼수록 우리 자신을 덜 보게 되고, 그분에 대한 확신은 더욱 굳건해집니다. 즉, 겸손해지려면 우리의 눈과 마음이 하나님으로 가득 차야 합니다. 하나님이 우리의 전부가 되면, 나 자신을 위한 시간이나 자리는 자연스럽게 사라지게 됩니다.

주 예수님, 인간의 후손 중 누구도
주님과 같이 거룩하고 영광스러우며 고귀하지 않습니다.
또한, 그 누구도 주님과 같지 않습니다.
모든 인간의 종이 되어
자신을 부인하거나 낮춘 적이 없습니다.
오 주님,
겸손이 은혜라는 진리와 겸손을 통해
거룩한 영광을 입을 수 있다는 진리를
우리가 언제쯤 알게 될까요?
우리에게 이 진리를 가르쳐 주십시오.
아멘.

018

실족

우리는 다 실수를 많이 저지릅니다(약 3:2).

야고보는 사람이 어떠한 존재인지, 그리고 그리스도인이라 하더라도 은혜 안에 있지 않을 때 어떤 상황에 처하는지를 묘사합니다. 그는 우리 안에서 모든 소망이 무너질 수 있음을 경고합니다(롬 7:14,23 갈 6:1). 여러분을 넘어지지 않게 지켜 주시고, 여러분을 흠이 없는 사람으로 자기의 영광 앞에 기쁘게 나서게 하실 능력을 가지신 분, 곧 우리의 구주이시며 오직 한 분이신 하나님께 영광과 위엄과 주권과 권세가 우리 주 예수 그리스도로 말미암아 영원 전에와 이제와 영원까지 있기를 빕니다. 아멘(유 1:24,25). 유다는 하나님께서 우리를 실족하지 않도록 지키시고, 우리 혼에 힘을 주어 그분께 영광과 권세가 있게 하신다고 말합니다. 또한 하나님 안에서 우리의 소망을 바로 세우는 방법을 제시합니다(고후 1:9 살전 5:24, 살후 2:16,17, 3:3). 그러므로 형제자매 여러분, 더욱 더 힘써서, 여러분이 부르심을 받은 것과 택하심을 받은 것을 굳게 하십시오. 그러면 여러분은 넘어지지 않을 것입니다(벧후 1:10). 베드로는 우리가 전능하신 하나님께 동참하고 그분과 같이 행하여 그분의 택하심을 확고히 하는 방법을 가르칩니다(벧후 1:4,8,11). 그리고 우리를 세심한 주의와 근면으로 인도합니다(마 26:41, 눅 12:35, 벧전 1:13, 5:8~10).

어린 그리스도인에게 실족이라는 주제는 어려운 문제입니다. 어린 성도들은 실족에 관해 특히 두 가지 실수를 조심해야 합니다. 첫째, 어떤 그리스도인은 실족할 경우 낙심합니다. 이들은 자신의 헌신이 진실하지 못했다고 생각하며 하나님에 대한 확신을 잃어버립니다(히 3:6,14, 10:35). 반면, 다른 그리스도인들은 실족을 너무 가볍게 여깁니다. 이들은 실족을 어쩔 수 없는 결과로, 사소한 일로 치부하고 계속해서 삶을 이어갑니다(롬 6:1, 갈 2:18, 3:3). 하나님의 말씀은 우리가 실족을 어떻게 마주해야 하는지를 가르쳐줍니다. 이를 세 가지로 나누어 살펴봅시다.

>

1. 실족으로 낙심하지 마십시오. 우리는 **완전하라는** 부르심을 받았습니다. 그러나 이 목표는 단번에 이루어지지 않습니다. 완전에는 시간과 인내가 필요합니다. 그래서 야고보는 이렇게 말합니다. 여러분은 인내력을 충분히 발휘하여, 조금도 부족함이 없이 완전하고 성

숙한 사람이 되십시오(마 5:48, 딤후 3:17, 히 13:20,21, 약 1:4, 벧전 5:10). 여러분의 헌신과 순종을 폄하하지 마세요. 그저 여러분의 연약함을 인정하세요. 실족이 반복될 거라는 생각에 사로잡히지 마세요. 여러분의 구세주가 얼마나 강한 분이신지를 기억하세요.

2. 만약 실족했다면, 그 자리에서 멈추지 말고 우리를 굳건히 지키시는 분을 믿으십시오. 우리는 하나님을 온전히 믿고 신뢰하지 않을 때 걸려 넘어집니다(마 14:31, 17:20). 실족을 통해 하나님과 더 가까워져야 합니다. 실족했을 때 우리가 가장 먼저 해야 할 일은 예수님께 나아가는 겁니다. 그분께 나아가 죄를 솔직하게 고백하세요(시 38:18, 56:6, 요일 1:9, 2:1). 자백하고 용서를 받으세요. 여러분의 연약한 부분을 인정하세요. 그분께서 여러분을 지키실 겁니다. 그 단단한 품에 기대세요. 계속해서 찬양하세요. **여러분을 넘어지지 않게 지켜 주실 능력을 가지신 분**(유 1:24)을 찬양하세요.

3. 실족을 통해 신중한 자세를 견지하십시오(잠 28:14, 빌 2:12, 벧전 1:17,18). 믿음으로 우리는 분투하고 이겨낼 수 있습니다. 하나님의 돕는 손길, 그 손길의 기쁨, 단단한 품 안에서 용기를 얻을 수 있습니다. 부르심과 택하심을 확고히 할수록 우리는 오직 하나님만을 위해, 그분 안에서만, 그분을 통해서만 살게 될 겁니다(대하 20:15, 시 18:30,37, 44:5,9, 요 5:4,5, 롬 11:20, 고후 1:24, 빌 2:13). 하나님의 말씀대로 행하면 절대 실족하지 않을 겁니다.

1. 하나님의 말씀에 나타난 은혜의 역사를 올바르게 받아들이십시오. 대부분의 사람들은 실족을 자연스럽고 필수적인 과정으로 여기지만, 이는 잘못된 생각입니다. 이 생각에는 또 다른 비밀이 숨겨져 있습니다. 바로 불순종입니다. 그리스도인의 실족에 관한 예시는 셀 수 없이 많습니다. 그러나 놀랍게도 그 이면에는 하나님이 우리를 지키실 거라는 진리에 대한 불신이 공통적으로 존재합니다. 우리의 힘으로는 실족을 극복할 수 없습니다. 극복하려고 노력해도 돌아오는 결과는 실망뿐입니다.

2. 사소해 보이더라도 실족은 절대 용납하지 마세요.

주 예수님, 매 순간 넘어질 것 같은 죄인이
항상 제 발을 지켜주시는 주님께 영광을 돌립니다.
주님은 강하시고 능력이 있으십니다.
그리고 그 능력으로 저를 지켜주십니다.
제가 저를 택하신 주님의 사랑을 바라보고
"넘어지지 않을 것이다."라는 말씀이
이루어지는 순간을 기다립니다.
아멘.

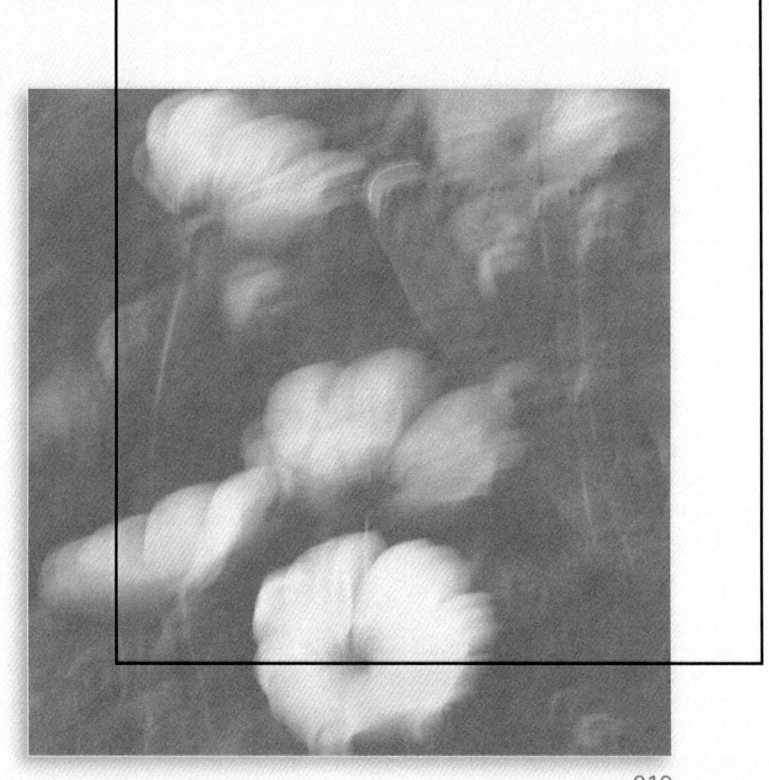

019

우리를 지키시는 예수님

주님은 너를 지키시는 분, 주님은 네 오른편에 서서, 너를 보호하는 그늘이 되어 주시니, 주님께서 너를 모든 재난에서 지켜 주시며, 네 생명을 지켜 주실 것이다(시 121:5,7). 나는, 내가 믿어 온 분을 잘 알고 있고, 또 내가 맡은 것을 그분이 그 날까지 지켜 주실 수 있음을 확신합니다(딤후 1:12).

아직 연약한 그리스도의 어린 제자들에게 이보다 더 중요한 교훈은 없을 겁니다. 주님은 우리를 받아주셨을 뿐만 아니라, 또한 우리를 지키실 겁니다(창 28:15, 신 7:9, 32:10, 시 27:8, 89:33,34, 롬 12:19). 우리는 전능하신 분의 돌보심을 바울처럼 확신할 때까지 너를 지키시는 주님(시 121:5)이라는 사랑스러운 이름을 마음에 새겨야 합니다. 바울은 나는, 내가 믿어 온 분을 잘 알고 있고, 또 내가 맡은 것을 그분이 그 날까지 지켜 주실 수 있음을 확신합니다(딤후 1:12)라고 말합니다. 바울의 고백을 보고 배우세요.

>

우리는 약속을 예수님께 위탁한 바울의 자세를 배워야 합니다. 바울은 몸과 혼을 모두 주 예수님께 드렸고, 완전한 순종으로 그분께 위탁했습니다. 우리도 종종 주님께 복종하지만, 주님의 돌보심을 명확히 이해하지 못할 때가 많습니다. 이제는 예수님이 어떤 분이신지 분명히 알아야 합니다. 우리 혼을 귀중한 보증, 즉 주님이 지켜주실 거라는 약속으로 주님께 의탁하세요. 이 과정을 매일 반복하세요. 마음은 너무 세속적이고(시 31:6, 렘 31:33) 혀는 나태하며(시 51:17, 141:3) 성질은 불같고(시 119:165, 렘 26:3,4, 요 14:27, 빌 4:6,7, 살후 3:16) 어린아이처럼 연약하여 주님의 부르심에 응할 수 없나요?(사 50:7, 렘 1:9, 마 10:19,20) 그렇다면 우리를 지키시는 주님께 혼을 의탁하세요. 그러면 그분이 하나님의 약속을 이루실 겁니다. 우리는 종종 죄에 대항하여 싸우고 기도하느라 헛되이 시간을 쏟습니다. 그 이유는 분명합니다. 하나님이 도우셔야 이겨낼 수 있는 일인데도 스스로 극복하려고 하기 때문입니다. 모든 문제를 예수님께 맡기세요. **전쟁은 너희가 하는 것이 아니라, 나 하나님이 맡아 하는 것이다**(출 14:14, 신 3:22, 20:4, 대하 20:15). 그분의 손에 맡기세요. 그분을 신뢰하세요. **세상을 이기는 승리는 이것이니, 곧 우리의 믿음입니다**(마 9:22, 요일 5:3,4). 손에 쥐고 있는 것을 주님의 손 위에 올려 두세요.

예수님의 능력만을 신뢰한 바울의 자세에서 배우세요. 주님은 우리가 위탁한 것을 확실히 지키실 겁니다. 우리를 지키시는 강한 주님, 그분이 우리의 것입니다. 믿음은 전능하신 하나님께 온전히 집중합니다(창 17:1, 18:14, 렘 32:17,27, 마 8:27, 28:18, 눅 1:37,49, 18:27, 롬 4:21, 히 11:18). 하나님의 전능한 손길을 믿는 믿음이 더욱 강해져야 합니다(롬 4:21, 14:4, 고후 9:8, 딤후 1:12). 하나님께서 우리의 능력 이상으로 위대한 일을 이루실 거라고 확신하고 기대하세요. 그리고 성경을 열어 지속적인 하나님의 능력이 어떻게 하나님 사람들의 믿음의 기반이 되었는지 살펴보세요. 이에 관한 구절들을 마음 깊이 새기세요. 예수님의 능력이 우리 혼을 가득 채우게 하세요. "나의 예수님은 무엇을 할 수 있으신가요?"라고 질문해 보세요. 우리가 진정으로 그분을 신뢰하면, 그분이 우리를 지키실 겁니다(요 13:1, 고전 1:8,9).

바울이 이 확신을 어디에서 얻었는지 배우세요. 예수님에 대한 지식. 바울은 이 지식에서 확신을 얻었습니다. **내가 믿은 분을 안다** (요 10:14,28, 갈 2:20, 딤후 4:18, 요일 2:13,14). 친구이신 예수님과의 교제를 통해 그분이 우리의 것이라는 사실을 알게 되면, 우리는 그분의 능력을 신뢰할 수 있습니다. 그리고 이렇게 고백하게 될 겁니다. **나는, 내가 믿어 온 분을 잘 알고 있고, 또 내가 맡은 것을 그분이 그 날까지 지켜 주실 수 있음을 확신합니다**(딤후 1:12). 충만한 믿음으로 달려가세요. 예수님께 약속을 의탁하고 우리의 전부, 즉 우리 자신을 드려야 합니다. 그분의 위대한 능력을 믿고 기대하세요. 그리고 그분과 함께 삶을 영위하며 우리가 믿는 그분을 온전히 알아가세요.

어린 그리스도인 여러분, 기도하고 이 말씀을 받아들이세요. 주님은 너를 지키시는 분이다(시 121:5). 모든 연약함과 유혹을 이기기 위해 주님께 혼을 의탁하는 법을 배우세요. 그분을 신뢰하고 기쁘게 외치세요. 주님께서 너를 모든 재난에서 지켜 주실 것이다(수 1:9, 시 23:4, 롬 8:35,39).

>

1. 수년 전, 열심히 기도하는 자매를 만나 얻은 귀한 간증을 들려드리겠습니다. 자매는 타고난 성격을 가라앉히기 위해 열심히 기도했지만 큰 진전을 보지 못했습니다. 어느 날, 그녀는 열렬한 기도를 통해 이길 힘을 얻을 때까지 방에서 나오지 않겠다고 결심했고, 잠시 후 성공에 대한 확신을 가지고 방을 나왔습니다. 그러나 집에 있는 동안 감정이 상하는 일이 계속 발생했고, 속에서 화가 끓어올랐습니다. 자매는 자신의 모습이 부끄러워 눈물을 흘리며 곧바로 방으로 들어갔습니다. 그 모습을 본 자매의 딸은 어머니에게 이렇게 말했습니다.

"어머니, 어머니가 괴로워하시는 걸 봤어요. 제 생각을 말씀드려도 될까요?"

"말해주렴."

"어머니는 타고난 성격을 누르려고 주님께 도와달라고 기도하시잖아요.

제 생각에는 이 부분이 잘못된 것 같아요. 이건 주님만이 하실 수 있는 일이 아닐까요? 어머니의 성격을 주님의 손에 온전히 맡기세요. 그러면 주님이 완전히 어머니를 지켜주실 거에요."

처음에는 이 말을 이해할 수 없었지만, 후에 자매는 분명히 깨달았습니다. 이제 자매는 삶의 축복, 즉 예수님이 우리를 지키시며 우리가 믿음으로 승리한다는 축복을 마음껏 누리며 살 수 있게 되었습니다. 자, 이 이야기의 교훈을 잘 생각해보세요.

2. "주님은 내가 죄를 이길 수 있도록 도와주셔야 합니다." 이 표현은 신약의 가르침과는 다소 거리가 있습니다. 혼 안에 있는 하나님의 은혜는 단순히 우리를 도와주는 것에 그치지 않고, 우리를 위해 모든 것을 행하십니다. 성령의 법이 당신을 죄와 죽음의 법에서 해방하여 주었기 때문입니다(롬 8:2).

3. 주님의 손에 무언가를 맡길 때는 다음 두 가지를 명심하세요. 그분의 손에 온전히 맡기고 다시 가져올 생각을 하지 마세요. 그분께 완전히 드리면, 그분이 온전히 지키주실 겁니다.

거룩한 예수님, 주님께서 나를 지키십니다.
주님의 이름은 "지키시는 분"입니다.
제가 이 이름을 온 마음을 다해 매일 찬양합니다.
제가 주님의 가르침을 따라 매일 혼을 의탁하고
주님의 돌보심을 확신할 수 있도록 도와주세요.
아멘.

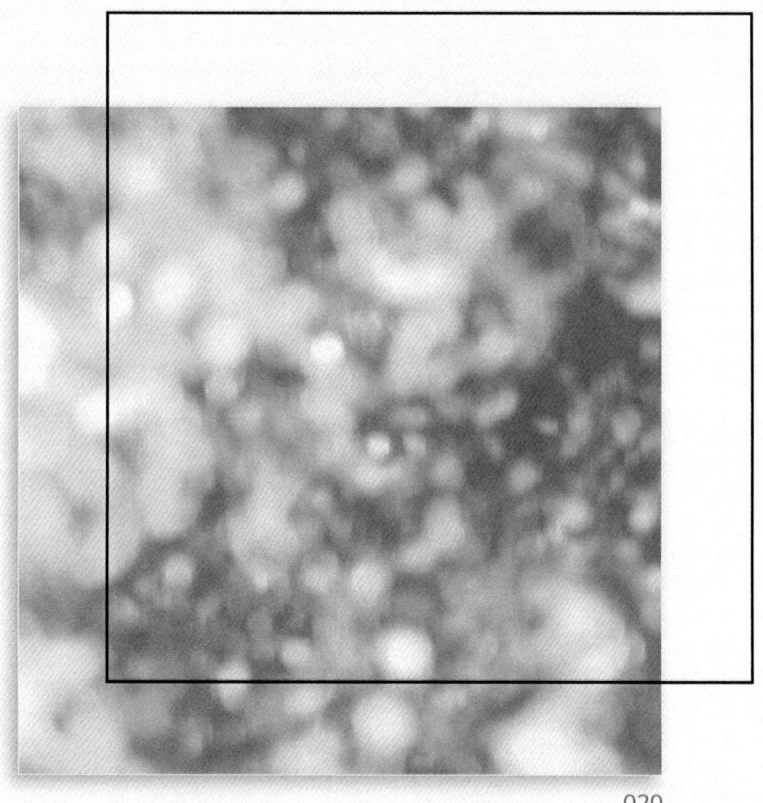

020

능력과 연약함

주님께서는 내게 이렇게 말씀하셨습니다. "내 은혜가 네게 족하다. 내 능력은 약한 데서 완전하게 된다." 그러므로 그리스도의 능력이 내게 머무르게 하기 위하여 나는 더욱더 기쁜 마음으로 내 약점들을 자랑하려고 합니다. 그러므로 나는 그리스도를 위하여 병약함과 모욕과 궁핍과 박해와 곤란을 겪는 것을 기뻐합니다. 내가 약할 그 때에, 오히려 내가 강하기 때문입니다(고후 12:9~10).

그리스도인으로 살아가면서 완전히 이해하지 못하는 단어가 바로 **약함**과 **연약함**입니다. 우리는 종종 연약함을 탓하며 죄, 결핍, 나태, 불순종을 용인합니다. 연약함에 모든 원인을 돌리면 죄책감을 깊이 느끼거나 더 나은 내일을 위해 노력할 수 없게 됩니다. 내 힘으로 할 수 없는 일에 대해 누가 가책을 느끼겠습니까? 아버지는 그분만이 할 수 있는 일을 자녀에게 요구하실 수 없습니다. 그래서 구약의 법은 이 명제를 따랐습니다. 그러나 신약에서는 이 명제가 바뀌게 됩니다. 아버지는 그의 거룩한 영 안에서 우리를 위한 능력을 예비하셨고, 이제 우리는 그 능력을 충분히 활용할 수 있게 되었습니다. 즉, 새로운 삶은 성령을 통해 그리스도의 능력 안에서 살아가는 삶입니다.

사람들은 자신의 연약함을 비열한 방식으로 들먹입니다. 그러면서도 하나님의 도움을 받아 자신의 능력으로 무언가를 해내려 애씁니다. 사람은 하나님 앞에서 아무것도 아닙니다. 그러나 그들은 이 점을 간과하고 있습니다(롬 4:4,5, 11:6, 고전 1:27,28). 어떤 사람들은 자신에게 충분한 능력이 있기 때문에 하나님의 도움만 약간 있으면 모든 일을 할 수 있다고 생각합니다. 결국, 자신은 아무것도 할 수 없다는 사실을 통해 연약함이 드러날 겁니다. 차라리 자신의 무능에 관해 말하는 게 낫습니다. 성경도 이를 증거합니다. 너희는 나를 떠나서는 아무것도 할 수 없다. 아무것도 마음대로 할 수 없다(대하 16:9, 20:12, 요 5:19, 15:5, 고후 1:9).

>

일단, 어린 그리스도인이 자신의 연약함을 인정하면 예수님의 능력과 그 안에 담긴 신비를 깨닫고 개인의 능력 신장을 위해 기다리거나 기도할 필요가 없다는 사실을 알게 됩니다. 이미 우리는 예수님의 능력을 소유하고 있기 때문입니다. 우리는 믿음으로 그 능력을 받았으며, 예수님은 우리 안에서 그리고 우리를 통해 자신의 능력을 드러내십니다(요 15:5, 고전 1:24, 15:10, 엡 1:18,19, 골 1:11). 우리는 내 능력은 약한 데서 완전하게 된다(고후 12:9)는 주님의 말씀을 분명히 이해하고 이에 대해 말씀으로 답해야 합니다. 내가 약할 그 때에, 오히려 내가 강하기 때문입니다(고후 12:10). 그렇습니다. 우리가 약할 때 우리는 더욱 강해집니다. 바울처럼 노래하세요. **나는 더욱더 기쁜 마음으로 내 약점들을 자랑하려고 합니다. 그리스도를 위하여 모욕과 곤란을 겪는 것을 기뻐합니다**(고후 11:30, 12:9,11, 13:4,9).

자신은 아무것도 아니며 자신에게 힘이 없다는 사실을 인정하고 주님의 능력으로 살아가는 사람에게 믿음의 삶은 영광스럽고 경이롭습니다. 하나님이 우리의 힘이라는 진리를 기뻐하세요. **주님은 나의 능력, 나의 노래, 나를 구원하여 주시는 분이시다**(시 89:18, 118:14, 렘 12:2). 시편의 구절 그대로 찬양하며 사세요. **나의 힘이신 주님, 내가 주님을 사랑합니다. 나의 힘이신 주님, 내게 주님을 찬양하렵니다**(시 18:2, 28:7,8, 31:5, 43:2, 46:2, 59:17, 62:8, 81:2). 시편 말씀의 참 의미를 숙고하세요. **오 너희 힘 있는 자들아, 주께 돌리라. 영광과 능력을 주께 돌리라. 주님은 당신을 따르는 백성에게 힘을 주신다. 하나님은 당신의 백성에게 힘과 능력을 주시는 분이시다. 하나님을 찬양하여라!**(시 29:1,11, 68:35,36) 우리가 하나님께 모든 능력을 드리면, 그분은 우리에게 자신의 모든 능력을 주십니다.

어린이 여러분, 내가 여러분에게 이 글을 쓰는 까닭은, 여러분이 강하고 하나님의 말씀이 여러분 속에 있어서, 여러분이 그 악한 자를 이겼기 때문입니다(요일 2:14). 그리스도인은 주님 안에서 강합니다(시 71:16, 요일 2:14). 때때로 우리는 강하거나 약한 것이 아니라, 항상 연약하기 때문에 항상 강합니다. 우리는 이 힘을 사용하는 법을 알아야 합니다. 강건하라는 말씀은 명령이며, 명령은 순종을 요구합니다. 순종하세요. 그러면 더 큰 힘을 얻게 될 겁니다. **너는 주님을 기다려라. 강건하고 담대하게 주님을 기다려라**(시 27:14). 그리스도인은 믿음으로 이 명령에 순종해야 합니다. **주님 안에서 그분의 힘찬 능력으로 굳세게 되십시오**(시 27:14, 31:24, 사 40:31, 엡 6:10).

>

1. 많은 그리스도인들이 하나님을 섬기는 일이나 성화를 어렵고 힘든 일로 간주하여 이로 인해 성장하지 못했습니다. 이를 해결하기 위해서는 스스로의 힘으로는 아무것도 할 수 없다는 점을 분명히 인지해야 합니다. 그 후에는 헛된 노력을 그만두고 그리스도의 능력에 순종해야 합니다. 이 주제에 대해 더 자세히 공부하고 싶다면 호프마이어 교수의 〈The Blessed Life: How to Find and Live It〉 3장을 읽어보시기 바랍니다.

2. 연약함에 대해 불평하는 건 우리의 무가치함에 대한 변명일 뿐입니다. 능력은 그리스도 안에 있으며, 원하는 사람은 누구나 이를 소유할 수 있습니다.

3. 주님 안에서 그분의 힘찬 능력으로 굳세게 되십시오(엡 6:10). 이 말씀을 명심하세요. 우리는 주 안에서 그분의 힘의 능력 안에 거하며 강건해

야 합니다. 어린 그리스도인 여러분, 그분의 능력을 소유하려면 먼저 그분을 소유해야 합니다. 힘은 주님의 것이며, 그 힘을 지속하시는 분도 주님이십니다. 우리는 연약하지만, 강한 분이 약한 우리 안에서 역사하십니다. 약한 우리가 믿음으로 강한 주님 안에 거할 때, 약하면서도 동시에 강한 순간을 경험할 수 있습니다.

4. 주님을 위해 일하려면 힘이 필요합니다. 단순히 경건한 사람이 되고 싶어서 강해지려는 사람은 그 뜻을 이루지 못할 겁니다. 오히려 자신의 연약함을 인정하고 주님을 위해 일하려는 사람은 더욱 강해질 것입니다.

주 예수님의 하나님, 영광의 아버지는 저에게

예수님에 관한 지식을 밝혀주는

계시와 지혜의 영을 주셨습니다.

또한, 이를 믿는 자들에게

그분의 위대한 능력을 주신다고 믿습니다.

아멘.

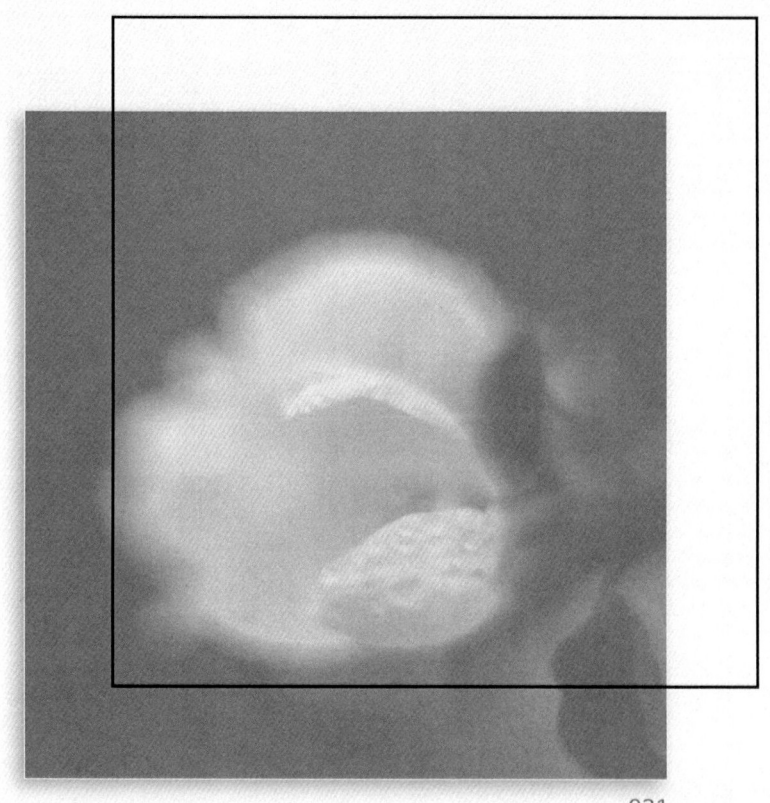

021

감정

우리는 믿음으로 살아가지, 보는 것으로 살아가지 아니합니다(고후 5:7). 보지 않고도 믿는 사람은 복이 있다(요 20:29). 네가 믿으면 하나님의 영광을 보게 되리라고, 내가 네게 말하지 않았느냐?(요 11:40)

구원을 받을 때 가장 큰 걸림돌은 감각을 통한 감정이나 느낌입니다. 아마 여러분은 수년 동안 어떤 경험이나 감정을 느껴야 한다고 생각했을 겁니다. 어떤 느낌 없이 말씀을 믿거나 죄의 용서를 확신하는 것을 위험하게 여기기도 했을 겁니다. 그러나 성령의 가르침을 받고 성장하면서 믿음의 길이 감정이나 느낌이 아닌 하나님의 말씀에 있다는 진리를 깨닫게 되었을 겁니다. 그렇습니다. 구원은 믿음을 통해 이루어집니다. 믿음을 통해 우리는 구원받았고 우리 혼은 화평을 누립니다(요 3:36, 롬 3:28, 4:5,16, 5:1).

감정이나 느낌은 앞으로도 계속 그리스도인의 삶을 끈질기게 괴롭히고 시험할 겁니다. 감정과 느낌이라는 단어는 성경에 등장하지 않지만, 성경은 이를 보는 것이라고 설명합니다. 즉, 성경은 보지 않고 믿는 것, 눈에 보이는 것과는 다른 말씀을 믿는 것이 구원을 가져온다고 말합니다. **아브라함은 자기 몸이 이미 죽은 것이나 다름없는 줄 알면서도, 믿음이 약해지지 않았습니다(롬 4:19). 믿음은 하나님의 말씀에 충실합니다. 불신은 믿음이 보는 것을 보지 못하게 하며, 믿음은 불신이 보지 못하는 하나님의 영광을 봅니다(대하 7:2, 시 27:13, 사 7:9, 마 14:30,31, 눅 5:5).** 느낌을 추구하고 감정에 충실한 사람은 하나님의 영광을 찾을 수 없지만, 감정이나 느낌에 의존하지 않는 사람은 하나님의 영광을 충만히 소유하게 될 겁니다. **누구든지 자기 목숨을 구하고자 하는 사람은 잃을 것이요, 나 때문에 자기 목숨을 잃는 사람은 찾을 것이다(마 16:25). 말씀을 믿는 믿음은 성령을 통한 참된 감각을 보증합니다(요 12:25, 갈 3:2,14, 엡 1:13).**

>

하나님의 자녀 여러분, 믿음으로 사는 법을 배우세요. 믿음은 축복의 삶을 향한 하나님의 길입니다. 이 진리를 잊지 마세요. 기도에 활력이 느껴지지 않거나 내면이 공허하고 흐릿할 때, 믿음으로 사세요. 믿음으로 예수님께 가까이 다가가고 그분의 능력과 신실함을 의지하세요. 우리가 주님께 드릴 게 없더라도, 그분은 우리에게 모든 것을 주실 거라고 믿으세요. 느낌이나 감정은 감정 자체를 파고들지만, 믿음은 예수님께 집중합니다(롬 4:20,21, 딤후 1:12, 히 9:5,6, 수 3:16, 6:16). 말씀을 읽을 때 흥미나 축복이 느껴지지 않으면, 믿음으로 다시 읽어보세요. 분명히, 말씀이 역사하여 축복을 줄 겁니다. **하나님의 말씀은 또한, 성도 여러분 가운데서 살아 움직이고 있습니다** (살전 2:13). 여러분 안에 사랑이 없다면, 예수님의 사랑을 믿으세요. 그리고 여러분의 사랑을 하나님께 믿음으로 고백하세요. 기쁨이 없다면, 예수님 안에 있는 형언할 수 없는 환희를 믿으세요. 믿음은 축복이며, 성공에서 시작된 자기 만족에 취하지 않고 믿음에서 우러나온 하나님의 영광에 집중한 사람에게 기쁨을 줄 겁니다(롬 15:13, 갈 2:20, 벧전 1:5,7,8). 예수님은 확실히 자신의 말씀을 이루실 겁니다. **보지 않고도 믿는 사람은 복이 있다. 네가 믿으면 하나님의 영광을 보게 되리라고, 내가 네게 말하지 않았느냐?**(요 11:40)

그리스도인은 매일 선택의 기로에 서 있습니다. 감정에 따라 살 것인지, 믿음에 따라 살 것인지. 진정한 행복은 하나님의 뜻에 따라 감정에 흔들리지 않고 믿음에 귀를 기울이며 매일 아침 단호하고 새로운 마음으로 선택하는 사람에게 주어집니다. 믿음은 하나님의 말씀에 집중하고, 그 말씀을 통해 하나님과 예수님께 초점을 맞추어 하나님 안에서 삶의 축복을 경험하게 합니다. 반면, 감정과 느낌은 자신에게 몰두하게 만듭니다. 믿음은 하나님을 영화롭게 하고, 하나님으로 영광을 얻습니다. 또한, 하나님을 기쁘게 하며 그분으로부터 은혜에 대한 확증을 받을 겁니다.

1. 어린 그리스도인에게는 분명하지 않을 수 있지만, 새로운 삶에는 참으로 경이로운 요소가 있습니다. 하나님의 영의 가르침을 통해 우리는 은혜로 인내한 후에 이 진리를 온전히 이해하게 됩니다. 예수님은 이 삶의 기초를 산상수훈의 첫 번째 말씀에 두셨습니다. 마음이 가난한 사람은 복이 있다. 하늘 나라가 그들의 것이다(마 5:3). 극심한 빈곤과 넘치는 부, 나약함과 넘치는 힘 등 대조적인 감정은 우리의 내면, 혼에 함께 존재합니다. 아무것도 가지지 않았으나 우리는 그리스도 안에서 모든 것을 소유합니다. 이것이 바로 믿음의 비결입니다. 진정한 믿음의 비결을 실천하기 위해서는 무기력하고 공허한 시간에 이 진리, 즉 우리가 그리스도 안에서 모든 것을 소유한다는 사실을 되새겨야 합니다.

2. 하나님의 말씀이 증거하는 믿음은 행위나 감정, 느낌과는 정반대의 선상에 있으며, 순수한 믿음의 삶은 행위가 아닌 믿음에서 구원을 발견합니다. 항상 믿음은 감정에 반하여 말할 수 있어야 합니다. 감정이 "나는 죄인이며 어둠에 속했고 연약하며 가난하고 슬프다."라고 말할 때, 믿음이 "그리스도 안에서 나는 거룩하고 빛 안에 있으며 강하고 부유하며 기쁘다."라고 증거하도록 하세요.

주 하나님, 주님은 자녀들이 주님을 신뢰하고
항상 믿음으로 주님과 교제하기를 원하십니다.
주님, 제가 보이지 않는 주님을 붙들고
모든 면에서 주님을 신뢰하는 믿음으로
주님을 기쁘시게 하고 영화롭게 할 수 있게 해주시고
그것이 제 행복이 될 수 있도록 저를 가르쳐 주세요.
아멘.

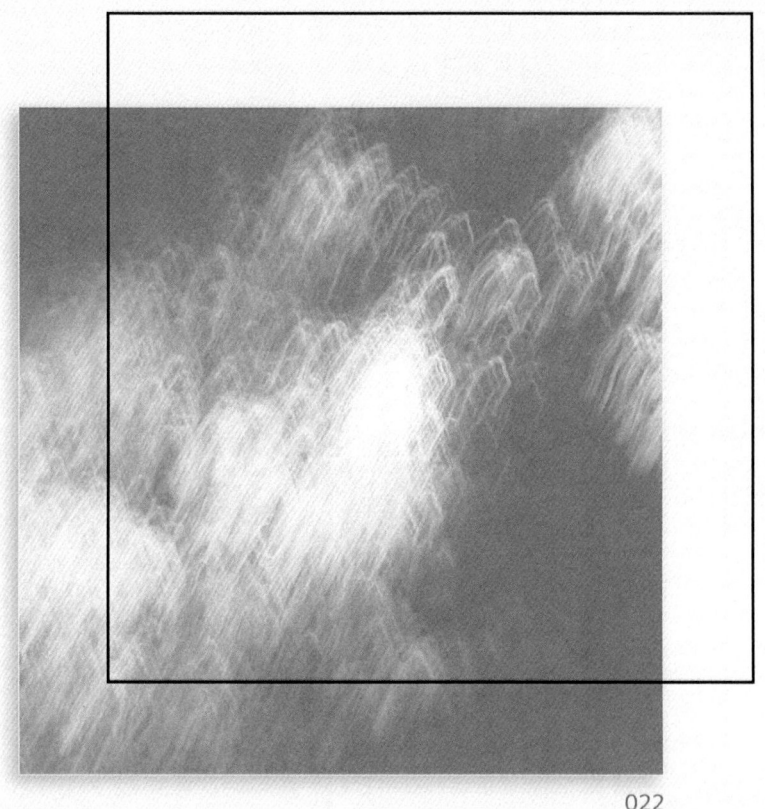

022

성령

여러분은 자녀이므로, 하나님께서 그 아들의 영을 우리의 마음에 보내 주셔서 우리가 하나님을 "아빠, 아버지"라고 부를 수 있게 하셨습니다(갈 4:6).

아버지의 큰 선물은 아들입니다. 아들을 통해 우리는 구원을 받았고 그분께 가까이 다가갈 수 있게 되었습니다. 아들의 큰 선물은 성령입니다. 성령은 아버지로부터 우리에게 내려와 우리 안에서 구원을 완성합니다(요 7:38, 14:16,26, 행 1:4, 2:33, 고전 3:16). 아들이 아버지를 나타내고 영화롭게 하는 것처럼, 성령도 아들을 나타내고 영화롭게 합니다(요 15:26, 16:14,15, 고전 2:8,12, 12:3). 성령은 우리 안에 거하면서 예수님이 예비한 구원과 삶을 우리에게 전달하고, 그것을 온전히 우리의 것으로 만듭니다(욥 14:17,21, 롬 8:2, 엡 3:17,19). 하늘에 계신 예수님은 성령을 통해 우리 안에서 자신의 모습을 나타내고 거하십니다.

우리가 예수님의 동참자가 되려면 두 가지 지식을 알아야 하는데,

하나는 우리 안에 죄가 있다는 것이고, 다른 하나는 예수님 안에 구속이 있다는 겁니다. 성령은 이 두 가지 지식을 우리 안에서 끊임없이 자극하고, 죄를 정의하며 꾸짖고, 우리를 위로하며 그리스도를 영화롭게 하십니다(요 16:9,14).

>

성령은 죄를 정의합니다. 그분은 하나님의 빛이자 불로서 죄를 드러내고 소멸시킵니다. 따라서 하나님은 성령, 즉 심판과 불타는 영으로 자기 백성을 정결하게 하십니다(사 4:4, 슥 12:10,11, 마 3:11,12). 불안한 혼이 죄를 뼈저리게 느끼지 못한다고 불평할 때, 우리는 회개의 깊이에 제한이 없다고 말해줘야 합니다. 매일 자신의 모습 그대로 나아가도 괜찮습니다. 때로는 회개 후에 강한 확신을 얻을 수도 있기 때문입니다. 어린 성도에게 이렇게 말해주세요. "당신 안에 있는 성령이 죄를 짚어 주실 겁니다. 그러면 이전에는 이름만 알던 죄를 미워하게 될 겁니다. 또한 당신의 마음 깊은 곳에 숨어 보이지 않던 죄를 알게 되고, 부끄러운 마음으로 자백하게 될 겁니다. 성령이 빛이 되어 모든 죄를 낱낱이 밝혀 주실 테니 걱정하지 마세요(시 139:7,23, 사 10:17, 마 7:5, 롬 14:4, 고전 2:10, 14:24,25). 성령은 당신에게 회개를 가르치고 양심의 가책을 주며, 은혜를 힘입어 모든 죄를 깨끗이 제거하고 당신을 정결하게 하실 겁니다."

사랑하는 형제 여러분, 성령은 하나님의 빛이자 불로서 우리 안에 거하며 죄를 드러내고 태워 없애십니다. 하나님의 성전은 거룩하며, 바로 우리가 이 성전입니다. 여러분 안에 있는 성령이 죄를 찾아내고 쫓아낼 수 있도록 주도권을 드리세요(시 19:13, 139:23, 미 3:8, 고전 3:17, 고후 3:17, 5:16). 성령은 우리에게 죄를 알려주신 후, 항상 예수님을 우리의 삶과 구원으로 가르치십니다.

성령은 우리를 책망하실 뿐만 아니라 위로도 하십니다. 그분은 우리 안에서 예수님을 영화롭게 하고, 예수님 안에 있는 것을 우리에게 증거하고 가르치십니다. 또한, 예수님의 보혈의 능력도 알려주십니다(요 14:21,23, 엡 3:17, 요일 3:24, 4:13). 예수님은 우리와 함께 하시며 그분의 역사를 이루십니다. 우리는 이 진리를 성령을 통해 분명하고 확실하게 알게 될 겁니다. 살아계시고 영원하시며 위대하신 예수님은 성령 안에서 우리의 것입니다. 거룩한 영으로서 성령은 우리의 죄를 제거하여 예수님이 거하실 수 있는 거룩한 성전으로 우리를 준비시킬 겁니다(롬 1:4, 5:5, 8:2,13, 벧전 1:2).

사랑하는 그리스도인 여러분, 성령이 여러분 안에 거하신다는 진리를 천천히 곱씹어 소화하고 마음에 가득 채우세요. 이 진리를 확증하는 하나님의 말씀을 모두 읽어보세요(롬 8:14,16, 고전 6:19, 고후 1:22, 6:16, 엡 1:13). 성령의 능력을 받지 못하는 삶을 살지 말고 기도하세요. 성령님이 우리 안에 거하시고 능력으로 역사하신다는 진리를 굳게 믿고 이 믿음으로 마음을 가득 채우세요. 성령님이 그 믿음을 보고 역사하실 겁니다(갈 3:2,5,15, 5:5). 우리 안에서 역사하시는 성령님의 역사에 경의를 표하세요. 그분을 매일 찾고, 믿고, 순종하며 신뢰하세요. 그러면 그분이 예수님에 관한 진리를 알려주시고 우리 안에서 그분을 영화롭게 하실 겁니다.

>

1. 성령의 역사는 그리스도의 역사만큼 중요합니다.

2. 하나님은 성령을 예수님의 사역의 결실로 우리에게 주셨습니다. 또한, 성령은 우리 안에 거하시는 예수님의 생명의 권세이며, 그분을 통해 예수님이 우리 안에 온전한 구원을 이루고 거하십니다. 우리는 이 진리를 반드시 붙잡아야 합니다.

3. 이 모든 진리를 기쁨으로 누리기 위해서는 성령으로 충만해야 합니다. 즉, 잡다한 모든 것을 비우고 오직 예수님으로만 채워야 한다는 의미입니다. 우리 자신을 부인하고 십자가를 진 뒤 예수님을 따르세요. 이 길이야말로 성령이 인도하는 길입니다. 성령의 인도를 받는 사람만이 예수님의 죽음 안에 충만히 잠길 수 있습니다. 성령님은 마음으로 원하는 자를 직접 인도하십니다.

4. 구원과 새로운 삶은 모두 믿음을 통해 이루어지며, 성령의 역사와 선물 또한 믿음으로 받을 수 있습니다. 행위나 감정이 아닌 믿음으로 성령을 받아들이고, 그분의 인도를 받으며, 그분으로 온 마음을 가득 채우세요.

5. 예수님의 사역을 분명하고 확실하게 믿었던 것처럼, 성령이 구원을 위해 우리 안에서 이루실 역사와 뜻도 명확히 믿으세요.

아버지, 예수님을 선물로 주셔서 감사합니다.
이제 저는 주님이 주신 영의 전입니다.
그 영이 제 안에 거합니다.
제가 이 진리를 온 마음으로 믿을 수 있도록
저를 가르쳐 주십시오.
하나님, 저에게 하나님의 영이 내주하고
인도하는 것을 올바르게 이해할 수 있도록 도와주시고,
이 지식을 바탕으로 이 세상을 살아갈 수 있게 해주세요.
하나님이 제 안에 계시다는 진리에
깊은 경외심을 가질 수 있도록 도와주세요.
주님, 저는 그분 안에서
제가 거룩해질 수 있다는 진리를 믿습니다.
성령님, 제 안에 있는 모든 죄를 드러내 주세요.
또한, 제 안에 거하시는 예수님에 대해 가르쳐 주세요.
아멘.

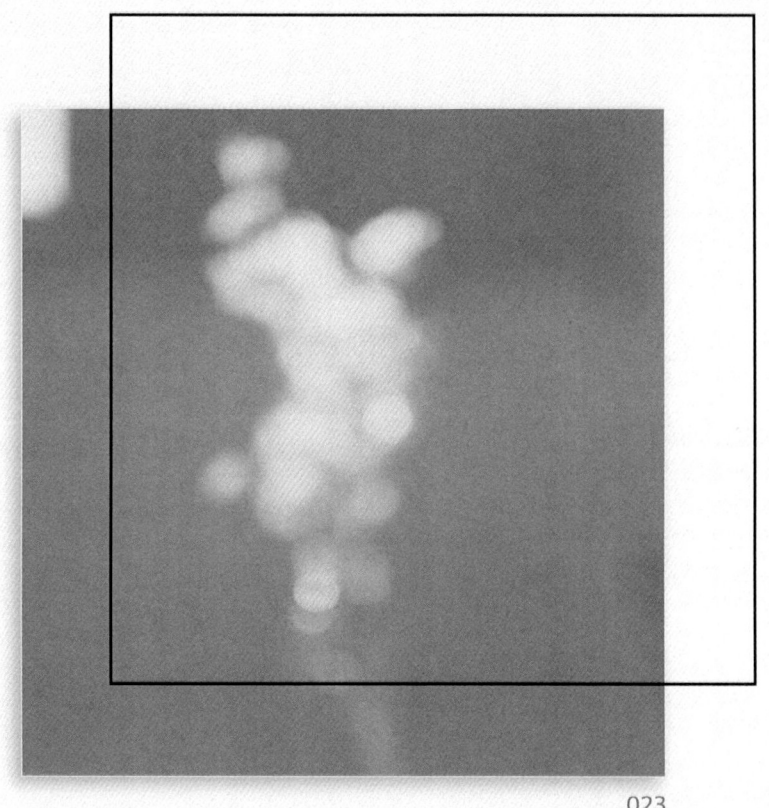

023

성령의 인도

하나님의 영으로 인도함을 받는 사람은 누구나 다 하나님의 자녀입니다. 바로 그 때에 그 성령이 우리의 영과 함께, 우리가 하나님의 자녀임을 증언하십니다(롬 8:14,16).

우리가 하나님의 자녀라는 진리를 확증하고 우리를 인도하시는 분은 성령님이십니다. 그분의 인도가 없다면 우리가 하나님의 자녀라는 사실을 확신할 수 없습니다. 성령의 인도에 자신을 온전히 맡긴 성도는 믿음의 참된 보증을 누립니다.

>

성령의 인도는 무엇일까요? 우리의 내적 삶은 전적으로 성령의 인도를 받아야 합니다. 우리는 이 점을 인정하고 굳게 믿어야 합니다. 우리의 성장, 발전, 진보는 우리의 일이 아니라 성령의 일입니다. 이를 위해 우리는 그분을 믿어야 합니다. 하나님이 주신 생명의 영으로 나무나 동물이 자라고 성장하듯이, 우리 그리스도인도 그리스도 예수 안에 있는 생명의 영으로 자라가야 합니다(호 14:6,7, 마 6:28, 막 4:26,28, 눅 2:40, 롬 8:2). 아버지께서 우리에게 주신 성령은 우리에게 거룩한 지혜와 영적 삶의 방향성을 알려줍니다. 우리는 이 기쁜 보증을 소중히 여기고 실천해야 합니다.

성령은 우리를 특별한 방향으로 인도하십니다. **그가 너희를 모든 진리 가운데로 인도하실 것이다**(요 16:13). 하나님의 말씀을 읽을 때 우리는 성령을 기다리며 하나님이 말씀하시는 본질적인 능력과 진리를 경험해야 합니다. 성령은 말씀을 살아있고 능력 있게 역사하게 합니다. 또한, 우리를 말씀과 일치하는 삶으로 인도합니다(요 6:63, 14:26, 16:13, 고전 2:10,14, 살전 2:13).

우리는 기도할 때 성령의 인도를 받을 수 있습니다. **성령께서도 우리의 약함을 도와주십니다**(롬 8:26). 그분은 우리의 소망을 일깨우고 우리가 꾸준히 믿음을 가지고 기도해야 할 것을 알려주십니다(겔 12:10, 롬 8:26,27, 유 1:20).

성령님이 인도하시는 길은 거룩합니다. 그분은 우리를 의의 길로, 모든 하나님의 뜻으로 이끄십니다(고전 6:19,20, 벧전 1:2,15).

성령님은 주님을 위한 우리의 언행과 사역을 인도하십니다. 역사를 알고 실천하기 위해서는 성령이 필요합니다. 그래서 모든 자녀는 성령을 소유하고 있습니다. 성령이 없이는 아버지를 섬기거나 기쁘게 할 수 없습니다. 성령의 인도는 하나님의 자녀에게 큰 축복이자 특권이며, 확실한 증표이자 힘입니다(마 10:20, 행 1:8, 롬 8:9,13, 갈 4:6, 엡 1:13).

>

그렇다면 어떻게 성령의 인도를 온전히 누릴 수 있을까요? 우선 믿음이 필요합니다. 어린 그리스도인 여러분, 성령님이 우리 안에 계신다는 진리를 분명히 인식하고 이 진리를 마음에 새기세요. 그리고 우리가 진정으로 성령의 전이라는 진리를 온전히 확신할 때까지, 이에 관한 아버지의 모든 말씀을 읽어보세요. 무지나 불신은 성령의 내주와 인도를 방해할 뿐입니다. 그러니 하나님의 영이 우리 안에 거한다는 영원한 보증을 소중히 여기세요(행 19:2, 롬 5:5, 고전 3:16, 고후 5:5, 갈 3:5,14).

또한, 우리는 성령의 음성에 귀 기울이기 위해 스스로를 다잡아야 합니다. 주 예수님이 하시는 대로 성령님도 하십니다. 그는 **외치지 아니하고 음성을 높이지 아니하리라**(사 42:2). 성령님은 조용하고 은밀하게 속삭이십니다. 하나님 앞에 고요한 혼만이 그분의 음성과 인도를 감지할 수 있습니다. 우리가 불필요하게 세상의 일, 관심사, 오락, 문학, 정치에 몰두하면 성령님이 우리를 인도하실 수 없습니다.

겸손한 사람은 성령의 인도를 받습니다. 매일 아침 앉아서 이렇게 고백하세요. 주 예수님, 저는 아무것도 모릅니다. 제가 침묵할 테니 성령이 저를 인도하게 해주세요(대상 19:12, 시 62:2,6, 131:2, 사 43:2, 합 2:20, 슥 4:6, 행 1:4).

그리고 나서 순종하세요. 내면의 목소리에 귀 기울이고 그 음성을 따라 행동하세요. 매일 말씀으로 마음을 가득 채우고 성령님이 말씀을 상기시킬 때 그 말씀대로 실천하세요. 그러면 더 향상된 가르침도 이해할 수 있게 될 겁니다. 분명히, 순종하는 사람은 성령의 축복을 받습니다. 성령께서 이를 약속하고 계십니다(요 14:15,16, 행 5:32).

어린 그리스도인 여러분, 여러분은 성령의 전이며 오직 성령의 인도를 받아야만 하나님의 자녀로서 아버지를 기쁘시게 하는 일을 할 수 있습니다. 이 사실을 잊지 마세요.

>

1. 많은 그리스도인들이 이렇게 묻습니다. "제가 계속 쓰러지지 않고 굳게 서서 보호받을 수 있을까요?" 이러한 질문은 성령을 무시하는 것이

며, 그분을 신뢰하지 않고 잘 알지 못한다는 증거입니다. 또한, 인내를 위한 힘의 비결을 성령이 아닌 자신 안에서 찾고 있다는 것을 보여줍니다.

2. 매일 숨 쉴 공기가 있듯, 성령은 끊임없이 혼의 깊은 곳에 자리한 생명을 돌봅니다. 그분은 결코 자신의 일을 멈추지 않으실 겁니다.

3. 성령을 받은 순간부터 우리는 그분의 역사를 방해하지 말고 온전히 따르며 신뢰해야 합니다.

4. 성령의 역사는 예수님을 우리에게 드러내고, 그분 안에 우리가 거하게 하는 것으로 시작되고 끝납니다. 우리 안에서 일어나는 성령의 역사를 억지로 바라보는 순간, 우리의 존재는 오히려 성령님을 방해할 뿐입니다. 우리가 예수님을 온전히 바라보지 않으면, 그분은 일하실 수 없습니다.

5. 아버지의 음성, 선한 목자의 음성, 성령의 음성은 온유합니다. 우리는 세상과 친구의 입술을 통해 전해지는 세상의 소리, 세상의 생각들, 우리의 자아와 욕망에 귀를 내어주지 않는 법을 배워야 합니다. 또한, 그 가운데서 성령의 음성을 구별하는 방법도 익혀야 합니다. 기도를 통해 고요히 자신을 붙들고 우리의 의지와 생각을 모두 주님께 드리세요. 눈과 귀를 모두 예수님께 고정하고 성령의 음성에 마음을 활짝 여세요.

존귀한 구세주 하나님,
오늘 배운 교훈을 제 마음에 깊이 새겨 주시길 바랍니다.
성령이 제 안에 있습니다.
저는 매일 매 순간 성령의 인도를 받아야 합니다.
고요히 성령을 기다리지 않으면
저는 그분의 음성을 들을 수 없습니다.
주님, 제가 항상 성령의 눈동자가
인도하는 대로 걸어갈 수 있도록
거룩한 눈으로 저를 바라봐 주세요.
아멘.

024

슬퍼하는 성령

하나님의 성령을 슬프게 하지 마십시오. 여러분은 성령 안에서 구속의 날을 위하여 인치심을 받았습니다(엡 4:30).

하나님의 자녀는 성령을 통해 하나님의 소유로 구별되고 인장을 받으며 표식을 지닙니다. 이 도장은 이미 끝난 외적인 행위가 아니라, 혼에 영향을 미치고 믿음의 보증을 확고히 하며 성령의 생명을 통해서만 경험할 수 있는 살아 있는 과정입니다. 그러므로 우리는 성령을 슬프게 해서는 안 됩니다. 오직 그분 안에서만 자녀로서의 기쁜 확신과 풍성한 축복을 누릴 수 있습니다. 그분은 우리가 하나님의 자녀라는 진리를 우리 영에 증거하고 인도하십니다.

그렇다면 사람이 어떻게 성령을 슬프게 할 수 있을까요? 바로 우리가 죄에 굴복하는 겁니다. 그분은 거룩한 영으로 우리를 정결하게 하고 모든 죄에서 우리를 보혈로 씻으며 하나님의 거룩한 생명, 즉 하나님 자신으로 우리를 가득 채우십니다. 죄는 그분을 비통하게 합니다(사 53:10, 행 7:51, 히 10:29). 이러한 이유로 하나님의 말씀은 우리가 특히 경계해야 할 죄를 분명히 알려줍니다. 이번 과에서는 본문에서 바울이 언급하는 네 가지 주요 죄를 살펴보겠습니다.

>

첫 번째는 거짓말입니다. 성경에서도 거짓말은 마귀와 항상 연결되는 죄입니다. 거짓말은 지옥에서 왔고, 지옥으로 돌아갑니다. 하나님은 진리의 하나님이십니다. 그리고 성령은 가식적이고 거짓말하며 진리를 해치는 사람 안에서는 역사하실 수 없습니다. 어린 그리스도인 여러분, 거짓말과 거짓말쟁이에 대해 하나님이 무엇이라고 말씀하시는지 주의 깊게 살펴보고, 여러분의 입술로 오직 진리만을 말할 수 있도록 간구하세요. 하나님의 거룩한 영을 슬프게 하지 마세요(시 5:7, 잠 12:22, 21:28, 요 8:44, 계 21:8,27, 22:15).

두 번째는 분노와 화입니다. 모든 악독과 격정과 분노와 소란과 욕설은 모든 악의와 함께 내버리십시오(엡 4:31). 쉽게 화내는 성향과 경솔한 자세, 분노는 거짓말과 함께 하며 그리스도인을 은혜로부터 멀어지게 하는 가장 흔한 죄입니다(마 5:22,26,27, 고전 1:10,11, 3:3, 13:1,3, 갈 5:5,15,21,26, 골 3:8,12, 살전 5:15, 약 3:14). 그리스도인 여러분, 모든 분노를 멀리하세요. 성령을 슬프게 하지 않기 위해 이 명령을 따르세요. 여러분 안에 있는 성령과 하나님의 놀라운 능력을 믿으세요. 예수님이 성령을 통해 우리를 지키실 것이라는 믿음으로 그분께 매일 복종하세요. 그분이 우리를 온유하게 하실 겁니다. 그렇습니다. 분노를 초월하시는 성령, 예수님, 하나님의 능력을 믿고 기도하세요(마 11:29, 고전 6:19,20, 갈 6:1, 엡 2:16,17, 골 1:8, 딤후 1:12). 죄를 자백하세요. 하나님께서 깨끗이 씻어주실 겁니다. 하나님의 거룩한 영을 슬프게 하지 마세요.

세 번째는 도둑질입니다. 모든 죄는 이웃의 소유나 재산에 대한 반감을 품고 있습니다. 거래의 속임수나 사기 행각은 이웃에게 악을 행하고 자신의 유익만을 추구하는 행위입니다. 그러나 그리스도의 사랑은 다릅니다. 그리스도의 사랑은 자신뿐만 아니라 이웃의 유익도 함께 추구합니다. 돈과 재산에 대한 애정은 이기적인 본성과 맞닿아 있으며 성령의 인도와 정반대 선상에 있습니다. 그리스도인은 뼛속까지 정직하고 의로우며, 이웃을 자신과 같이 사랑하는 사람으로 명성을 얻어야 합니다(눅 6:31, 롬 13:10, 살전 4:6).

바울은 이렇게 말합니다. **나쁜 말은 입 밖에 내지 말고, 덕을 세우는 데에 필요한 말이 있으면, 적절한 때에 해서, 듣는 사람에게 은혜가 되게 하십시오**(엡 4:29). 하나님의 자녀의 혀도 주님의 것입니다. 하나님의 자녀는 그 입술에 담긴 말에 따라 성령을 슬프게 하거나 기쁘게 할 수 있습니다. 거룩한 혀는 듣는 이웃뿐만 아니라 말하는 당사자에게도 축복이 됩니다. 음담패설, 무익한 말, 어리석은 농담은 성령을 슬프게 합니다. 더러운 혀는 성령의 역사, 즉 자녀를 위로하고 거룩하게 하며 하나님의 사랑으로 마음을 가득 채우는 일을 방해합니다(잠 10:19,20,21,31, 18:20, 전 5:1,2, 마 12:36, 엡 5:4, 약 3:9,10).

어린 그리스도인 여러분, 죄로 인해 하나님의 거룩한 영을 슬프게 하지 않기를 바랍니다. 만약 죄를 지었다면 즉시 자백하세요. 하나님께서 깨끗이 제거해 주실 겁니다. 우리는 성령을 통해 인침을 받았기 때문에 믿음의 기쁨과 증거를 누리며 살아가고자 한다면 말씀에 귀 기울여야 합니다. **하나님의 성령을 슬프게 하지 마십시오**(엡 4:30).

>

1. 성령을 슬프게 하지 마십시오(엡 4:30). 이 말씀에 대한 그리스도인의 생각은 믿음의 삶을 이해하는 기준이 됩니다.
어떤 사람들은 이 말씀을 두려워합니다.

한 아버지가 자녀를 기차 여행에 보낼 때 새로운 가정교사와 함께 보내는 상황을 상상해봅시다. 떠나기 전에 아버지는 자녀에게 이렇게 조언합니다. "듣기로는 선생님이 매우 예민하시고 잘못된 행동을 매우 불쾌하게 여기신다고 하더구나. 딸아, 선생님을 슬프게 하지 않도록 주의해라." 주눅이 든 아이는 선생님께 가는 길이 달갑지 않을 겁니다. 예민한 선생님에 대한 걱정으로 머릿속이 복잡할 테니까요.

많은 사람들이 이러한 시각으로 성령님을 바라봅니다. 즉, 그분을 만족시킬 수 없는 존재로, 우리의 노력에도 불구하고 우리의 연약함을 고려하지 않으며, 우리의 일이 완벽하지 않으면 만족하지 않으시는 분으로 생각합니다.

2. 또 다른 아버지를 봅시다. 딸의 기차 여행 날, 딸은 온화한 어머니와 함께 여행을 떠나고 아버지는 집에 남기로 합니다. 아버지는 떠나기 전 딸에게 이렇게 말합니다. "너는 훌륭한 아이가 되어야 해. 그러니 엄마가 기뻐하는 일을 하렴. 그렇지 않으면 엄마나 아빠는 많이 슬플 거란다." 아이는 엄마와 함께하는 것이 무척 행복한 일이며, 당연히 엄마를 기쁘게 하고 싶기 때문에 기쁜 목소리로 답합니다. "그럴게요!"

성령은 온유하고 사랑이 충만하며, 위로자이자 선한 영입니다. 이러한 사실을 아는 하나님의 자녀들도 있습니다. **성령을 슬프게 하지 마십시오**(엡 4:30). 이들에게는 이 말씀이 마음을 온유하게 하고 힘을 줍니다. 그분을 슬프게 하고 싶지 않은 두려움은 신실한 사랑에 대한 어린아이 같은 두려움이 되어야 합니다.

하늘에 계신 주 하나님 아버지,
간구하오니, 경이로운 은혜를 가르쳐 주시기 바랍니다.
주님께서 성령을 제 마음에 주셔서
주님의 모습을 드러내 보이셨습니다.
주님, 믿음의 주장과 능력으로
모든 죄에서 저를 깨끗이 해 주세요.
거룩한 예수님, 저를 거룩하게 해 주세요.
제 생각, 말, 행동을 모두 거룩하게 해 주세요.
주님의 형상을 입게 해 주시길 바랍니다.
아멘.

그리스도인 안에 시기와 갈등이 존재하는 한, 하나님의 말씀은 그를 육신적인 사람이라고 부를 겁니다. 성령의 능력이 아닌 자신의 힘으로 육신을 이기려고 한다면, 선한 일을 하고 싶어도 그것이 행동으로 이어질 수 없고, 오히려 원하지 않는 일을 하게 될 겁니다(롬 7:18, 고전 3:3, 갈 5:15,26).

육신은 법 아래에 있으며, 그 법에 순종하려고 합니다. 그러나 육신으로 인해 법은 힘을 잃고, 선한 일을 위한 노력은 물거품으로 돌아갑니다. 나는 육정에 매인 족재로서, 죄 아래 팔린 몸입니다. 나는 **선을 행하려는 의지는 있으나, 그것을 실행하지는 않으니 말입니다**(롬 6:14,15, 7:4,6, 8:3,8, 갈 5:18, 6:12,13, 히 7:18, 8:9,13).

하나님은 자녀가 이러한 상황에 처하는 것을 원하시지 않습니다. 말씀은 이렇게 전합니다. **하나님은 여러분 안에서 활동하셔서, 여러분으로 하여금 하나님을 기쁘게 해 드릴 것을 염원하게 하시고 실천하게 하시는 분입니다**(빌 2:13). 그리스도인은 성령을 따라 살 뿐만 아니라 성령에 따라 행동해야 합니다. 그리스도인은 영적인 사람이 되어야 하며, 온전히 성령의 인도를 받아야 합니다(롬 8:14, 고전 2:15, 3:1, 갈 6:1). 성령을 따라 행동하면 원하지 않는 일을 그만두게 됩니다. 우리는 갓난아이처럼 로마서 7장의 상황에 머물지 말고, 로마서 8장처럼 성령을 통해 율법과 계명에서 자유로워져 성령의 법을 이루어야 합니다. 율법과 계명은 **하**라고 명령하지만 능력을 주지 못

어린 그리스도인은 우리에게 서로를 거스르려는 두 가지 본성이 있다는 점을 분명히 알아야 합니다(갈 5:17,24,25, 6:8, 엡 4:22,24, 골 3:9,10, 벧전 4:2). 다음 구절들을 깊이 묵상한다면 하나님의 말씀이 우리에게 가르치는 진리를 알게 될 겁니다.

>

죄는 육신에서 비롯합니다. 따라서 그리스도인이라 하더라도 성령을 따르지 않고 육신에 굴복하면 죄를 범하게 됩니다. 그리스도인이라면 누구나 성령을 소유하고 성령에 따라 살아야 하지만, 실제로 모두가 성령을 따르지는 않습니다. 성령을 따라 행할 경우 육신의 욕망을 충족시킬 수 없기 때문입니다(롬 8:7, 고전 3:1,3, 갈 5:16,25).

025

육과 영

형제자매 여러분, 나는 여러분에게 영에 속한 사람에게 하듯이 말할 수 없고, 육에 속한 사람, 곧 그리스도 안에서 어린 아이 같은 사람에게 말하듯이 하였습니다(고전 3:1). 나는 육정에 매인 족재로서, 죄 아래 팔린 몸입니다. 나는 선을 행하려는 의지는 있으나, 그것을 실행하지는 않으니 말입니다. 그리스도 예수 안에서 생명을 누리게 하는 성령의 법이 당신을 죄와 죽음의 법에서 해방하여 주었기 때문입니다. 하나님의 영이 여러분 안에 살아 계시면, 여러분은 육신 안에 있지 않고, 성령 안에 있습니다. 누구든지 그리스도의 영이 없으면, 그리스도의 사람이 아닙니다(롬 7:14,18, 8:2,9). 성령으로 시작하였다가, 이제 와서는 육체로 끝마치려고 합니까? 여러분이 성령의 인도하심을 따라 살아가면, 율법 아래에 있는 것이 아닙니다. 우리가 성령으로 삶을 얻었으니, 우리는 성령이 인도해 주심을 따라 살아갑시다(갈 3:3, 5:18,25).

합니다. 오히려 새로운 성령이 아닌 낡은 문자를 따라 행동하는 사람에게는 죽음을 가져옵니다(롬 7:6, 8:2,13).

그리스도인들 중에는 성령으로 시작하여 육신으로 끝나는 사람들도 있습니다. 이들은 성령을 통해 다시 태어났음에도 불구하고, 자신의 노력으로 죄를 이기고 거룩해지려 합니다. 이들은 자신의 문제를 인식하지 못하고, 오히려 하나님께 자신의 수고나 노력에 힘을 달라고 기도하며 이것이 믿음이라고 생각합니다. 또한, **나는 내 속에 곧 내 육신 속에 선한 것이 깃들여 있지 않다는 것을 압니다**(롬 7:18)라는 말씀, 개인적인 노력을 그만두고 하나님의 뜻을 따르기 위해 성령을 따라 행해야 한다는 진리를 이해하지 못합니다(롬 7:18, 갈 3:3, 4:9, 5:4,7).

하나님의 자녀는 새로운 출생 이후에도 **나는 육정에 매인 족재로서, 죄 아래 팔린 몸입니다**(롬 7:14)라는 말씀을 어떻게 받아들일지, 그리고 어떤 교훈을 얻을 수 있는지에 대해 공부하고 기도해야 합니다. 혼자서 최선을 다하려 하지 말고 하나님께 기도하며 그분을 신뢰하여 도움을 받으세요. 성령이 매일 우리 안에서 역사하도록 하십시오. 성령을 따라 행하세요. 그러면 **나는 선을 행하려는 의지는 있으나, 그것을 실행하지는 않으니 말입니다**(롬 7:18)라고 투덜거리는 불평의 삶에서 벗어나 하나님의 관장을 받으며 그분의 뜻을 따르는 믿음의 삶을 살게 될 겁니다.

1. 육신과 성령의 대립을 이해하려면 로마서 7장과 8장의 관계를 파악하는 분명한 통찰력이 있어야 합니다. 로마서 7장 6절에서 바울은 하나님을 섬기는 두 가지 방식, 즉 낡은 법문과 새로운 영에 대해 설명합니다. 로마서 7장 14절과 16절에서는 전자의 방식을, 로마서 8장 1절부터 16절까지는 후자의 방식을 다룹니다. 7장을 살펴보면 이 두 방식의 차이가 극명하게 드러나는데, 율법은 20회 이상 등장하는 반면, 성령은 단 한 번만 언급됩니다. 반면, 로마서 8장 1절부터 16절까지는 성령이 16번 나타납니다. 로마서 7장에서는 새롭게 된 혼이 새로운 본성에도 불구하고 계명을 지키지 못해 죄의 법에 나를 포로로 만드는 것을 봅니다(23절)라고 울부짖습니다. 그러나 동일한 혼이 로마서 8장에서는 **그리스도 예수 안에서 생명을 누리게 하는 성령의 법이 당신을 죄와 죽음의 법에서 해방하여 주었기 때문입니다**(2절)라고 선언합니다. 즉, 로마서 7장은 새롭게 되었으나 성령의 능력을 체험하지 못한 그리스도인을 보여주는 반면, 로마서 8장은 하나님의 영의 능력으로 자유로워진 그리스도인을 묘사합니다.

2. 그리스도인은 은혜와 행위, 믿음과 개인의 능력, 성령과 자기 자신에 대한 신뢰 사이에 끊임없는 갈등이 존재한다는 사실을 인식해야 합니

다. 이 지식은 하나님의 의를 받아들이고 구원받는 것뿐만 아니라, 그 의에 따라 행동하는 것과도 깊은 연관이 있습니다. 따라서 그리스도인은 자신 안에 잘못된 것이 없는지 확인할 때, 혹은 거룩한 뜻을 따르려 할 때 예수 그리스도를 신뢰하지 않고 자신의 능력만을 의지하고 있는 것은 아닌지, 그 마음의 의도를 신중하게 살펴보아야 합니다.

3. 하나님을 섬기는 두 가지 방식을 명확히 구분하기 위해 특별한 차이를 알려드리겠습니다. 신중히 비교해보고 하나님께 지각을 열어 달라고 기도하세요. 그리고 하나님을 잘 섬기는 방법을 마음에 새기세요.

- 법문이 아니라 영에 있는 마음의 할례(롬 2:29)
- 행위가 아니라 믿음으로! 믿음이 의로 여겨진다(롬 4:5).
- 율법 아래 있지 않고 은혜 아래 있다(롬 6:14).
- 우리는 율법에서 구속받았고 이제는 낡은 법문이 아니라 새로운 성령을 따라 섬긴다(롬 7:6).
- 율법은 영적이지만, 나는 육신적이며 죄 아래 팔렸다(롬 7:14).
- 율법의 법령은 육신이 아니라 성령을 따라 행하는 사람 안에서 이루어졌다(롬 8:4).
- 우리는 다시 두려워하는 종의 영이 아니라 양자가 되는 영을 받았다(롬 8:15).
- 율법에서 난 의는 율법을 행한 사람은 그것으로 살 것이다(롬 10:5)라고 말하지만, 믿음에서 난 의는 너는 마음 속으로 '누가 하늘에 올라갈 것이냐'하고 말하지 말아라. 또 '누가 지옥에 내려갈 것이냐'하고 말하지도

말아라. 하나님의 말씀은 네게 가까이 있다. 네 입에 있고, 네 마음에 있다(롬 10:6~8)라고 한다.

- 은혜로 된 것이라면 더 이상 행위가 아니다(롬 11:6).
- 영적인 사람을 대하듯이 말할 수 없기 때문에, 육신적인 사람, 즉 그리스도 안에서 어린 아기들을 대하듯 한다(고전 3:1).
- 내가 사는 것이 아니라 그리스도께서 내 안에 사신다(갈 2:20).
- 의인은 믿음으로 살지만, 율법은 믿음에서 비롯되지 않는다. 율법을 행하는 사람은 그 안에서 살아야 한다(갈 3:11,12).
- 상속이 율법에 의해 이루어진 것이라면, 더 이상 약속에 의한 것이 아니다(롬 3:18).
- 이제 우리는 더 이상 종이 아니라 아들이다(갈 4:7).
- 형제여, 우리는 여종의 자녀가 아니라 자유로운 여자의 자녀이다(갈 4:31).
- 성령 안에서 행하라. 그러면 육신의 정욕을 이루지 않게 될 것이다(갈 5:16).
- 하나님의 영을 따라 경배하고 그리스도 예수 안에서 영광을 돌리며 육신을 신뢰하지 마라(빌 3:3).
- 다른 제사장은 육신적인 계명의 율법에 따라 된 것이 아니라 끝없는 생명의 능력에 따라 된 것이다(히 7:16).

4. 사랑하는 그리스도인 여러분, 주 예수님께서 우리에게 성령을 주셨습니다. 성령은 우리 안에서 예수님과 그분의 생명을 나타내고 죄의 몸의

행실을 죽입니다. 성령 충만을 간구하세요. 위로자이자 인도자이신 성령이 여러분 안에 계시니, 그분을 통해 모든 일이 잘 되리라는 믿음으로 사세요. 다음 말씀을 마음에 새기고 이 말씀을 따라 사세요. **하나님의 영으로 예배하며, 그리스도 예수 안에서 자랑하며, 육신을 의지하지 않는 우리들이야말로, 참으로 할례 받은 사람입니다**(빌 3:3).

주 하나님,

제 안에, 제 육신 안에 선한 것이 거하지 않는다는 진리를
온 마음을 다해 인정하는 법을 가르쳐 주세요.

제 노력으로 주님을 섬기고 기쁘게 할 수 있다는 생각을
멈출 수 있도록 가르쳐 주세요.

성령은 무력함에 대한 불안이나 두려움으로부터 해방시키고
그리스도의 능력으로 제 안에서 역사하는 위로자라는 사실을
이해할 수 있도록 가르쳐 주시기 바랍니다.

아멘.

026

믿음의 삶

의인은 믿음으로 산다(합 2:4). 지금은, 우리를 옭아맸던 것에 대하여 죽어서, 율법에서 풀려났습니다. 그래서 우리는 문자에 얽매인 낡은 정신으로 하나님을 섬기지 않습니다(롬 7:6). 이제 살고 있는 것은 내가 아닙니다. 그리스도께서 내 안에서 살고 계십니다. 내가 지금 육신 안에서 살고 있는 삶은, 나를 사랑하셔서 나를 위하여 자기 몸을 내어주신 하나님의 아들을 믿는 믿음 안에서 살아가는 것입니다(갈 2:20).

신약에서는 그리스도 안에서 믿음으로 받는 구원에 대해 하박국의 말씀을 세 번 인용합니다(롬 1:17, 갈 3:11, 히 10:38). 그러나 이 말씀이 종종 우리 마음에 온전히 남지 않고 흩어져 버리곤 합니다. 우리는 믿음으로 의롭게 되어야 합니다. 말씀은 이 진리를 전달하며, 표면적인 진리 외에도 더 깊은 의미를 담고 있습니다. 말씀에 따르면 의인은 믿음으로 삽니다. 따라서 의인의 삶은 매 순간 믿음으로 바로 섭니다(롬 5:17,21, 6:11, 8:2, 갈 2:20, 요일 5:11,12).

하나님은 말씀을 통해 믿음에 따른 은혜와 행위를 요구하는 율법의 차이를 분명하게 구분하십니다. 우리는 이 점을 잘 알고 있습니다. 의에 대해 이야기할 때 이 진리를 인정하지 않는 사람은 없습니다. 그러나 말씀에서 보여주는 명확한 차이가 거룩한 삶에 큰 영향을 미친다는 사실을 잘 알지 못합니다. 의인이 믿음으로만 산다는 것은 의인이 하나님의 뜻에 따라 살아갈 힘을 얻는다는 의미입니다. 구원받았을 때 우리 안에 선한 것이 없고 아무것도 아닌 존재임을 깨달아 은혜를 받아야 했던 것처럼, 지금도 우리는 이 점을 분명히 인식하고 하늘로부터 매 순간 능력을 받아야 합니다(롬 7:18, 8:2,13, 히 11:38). 또한 매 순간 하늘에 계신 주님으로부터 나오는 능력을 받고, 믿고, 의지하여 일해야 합니다. 이 말씀을 오해하여 "내가 할 수 있는 일을 하지 않고 주님의 능력을 바라겠습니다."라고 말하지 마십시오. "제 안에 선이 없다는 사실을 인정하고 저를 죽은 존재로 여기며 모든 삶을 주님께 맡깁니다. 주님이 제 안에서 능력으로 역사하시리라는 진리를 믿습니다."라고 고백하세요(롬 4:17, 고후 1:9, 골 1:20, 2:3).

그리스도인이 율법 아래에서 굴복하여 육신의 힘으로 하나님을 섬기려 할 때, 위기가 찾아옵니다. 우리는 힘없는 육신의 행위를 요구하는 율법이 아니라, 은혜를 받아야 합니다. 그리스도 안에서 성령의 약속이 우리에게 부어졌습니다. 이제 우리는 낡은 법문이 아니라 새로운 성령으로 섬기고, 믿음으로 살아야 합니다. 이 점을 아는 그리스도인은 행복합니다(롬 7:4,6, 12:5,6, 갈 5:18, 빌 3:3).

바울의 고백을 마음에 새기세요. 이 고백은 참된 믿음의 삶을 분명히 보여줍니다. 나는 그리스도와 함께 십자가에 못박혔습니다. 이제 살고 있는 것은 내가 아닙니다(갈 2:20). 우리의 죄뿐만 아니라 우리의 육신, 모든 것, 삶, 의지, 능력, 그리고 행위는 모두 죽은 것으로 여겨야 합니다. 이제 나라는 존재는 아무것도 할 수 없습니다(요 15:4,5, 고전 15:10, 고후 12:10). 그리스도만이 내 안에 거하십니다. 그분의 영을 통해 오직 그분만이 나의 능력이십니다. 그분은 내 삶의 방향을 인도하시고 나를 강건하게 하십니다. 비록 내가 여전히 육신을 입고 있지만, 그분 안에서 믿음으로 살아갑니다. 그래서 그분이 내 안에서 살아 역사하시고 일을 완성하실 때, 나는 그 기쁨을 누립니다.

어린 그리스도인 여러분, 믿음으로 믿음의 삶을 사세요.

>

1. "주님께서 저를 도와주시면" "주님은 저를 도와주셔야 합니다." 다음 문장에서 부적절한 표현을 찾을 수 있나요? 우리는 자연스럽게 이러한 표현을 사용합니다. 각자 어느 정도 능력을 갖추고 있으며, 그 능력을 주님께서 극대화해 주실 것이라고 생각하기 때문입니다. 그러나 신약 성경은 혼 안에서 역사하는 하나님의 은혜에 대해 돕다라는 표현을 절대 사용하지 않습니다. 우리에게는 어떤 힘도 없습니다. 이 말을 오해하지 마세요. 우리가 연약하기 때문에 하나님이 우리를 돕지 않는다는 의미

가 아닙니다. 분명히, 하나님은 우리에게 그분의 생명과 능력을 주십니다. 이 점을 분명히 이해하면 믿음으로 사는 법을 배우게 될 겁니다.

2. **믿음이 없이는 하나님을 기쁘게 해드릴 수 없습니다.** 믿음에 근거하지 않는 것은 다 죄입니다(히 11:6). 하나님의 영의 역사는 우리 삶의 모든 행위와 방향이 믿음을 따르는 법을 가르쳐줍니다.

3. 이 때문에 우리는 매일 하루를 시작할 때 그분이 우리 안에 거하시며 모든 것을 이루어 주실 것이라는 사실을 믿고, 그 믿음으로 행동해야 합니다. 이 믿음은 우리 혼의 감정상태를 결정짓는 기준이 되어야 합니다. 예수님과 친밀하게 교제하지 않는다면 이 믿음을 지속할 수 없습니다.

4. 이 믿음은 예수님의 순종을 이끌어낼 뿐만 아니라 성도들 간의 신뢰를 형성합니다. 우선, 예수님은 우리를 위해 자신을 온전히 드리십니다. 그리고 성도는 예수님의 인도를 받으며 그분의 것이 되기 위해 자신을 완전히 헌신합니다. 그러면 혼은 그분의 역사와 능력을 의심하지 않게 됩니다.

오 주 예수님, 주님은 제 삶의 전부입니다.

그렇습니다. 주님은 제 삶의 중심입니다.

주님께서 제 안에 거하시며,

제 삶을 온전히 책임져 주십니다.

주님, 제 안에서 일어나는 주님의 역사를

매일 신뢰하고 온전히 경험하기를 원합니다.

믿음의 삶을 살겠습니다.

주님께 순종하겠습니다.

그러므로 주님께서 저를 가르쳐 주시기를 바랍니다.

주님을 제 안에서 온전히 드러내 보여주세요.

아멘.

027

사탄의 권세

시몬아, 시몬아, 보아라. 사탄이 밀처럼 너희를 체질하려고 너희를 손아귀에 넣기를 요구하였다. 그러나 나는 네 믿음이 꺾이지 않도록, 너를 위하여 기도하였다(눅 22:31,32).

숨어 있는 적을 그대로 두거나 잊어버리는 것만큼 위험한 태도는 없습니다. 그리스도인의 세 가지 대적은 세상, 육신, 마귀이며, 그 중에서도 마귀가 가장 위험한 존재입니다. 엄밀히 말하면, 마귀는 자신의 힘을 다른 사람에게 빌려줄 뿐만 아니라, 눈에 보이지 않아 정보가 적고 더 두려운 존재로 인식되기 때문에 더욱 경계해야 합니다. 마귀는 흑암의 권세를 가지고 있습니다. 그래서 사람의 눈을 어둡게 하여 그를 인지하지 못하게 하고, 흑암으로 사람을 둘러싸 시야를 차단해 버립니다. 또한, 빛의 천사로 가장하여 나타나기도 합니다(마 4:6, 고후 4:4, 11:14). 믿음을 통해 우리는 보이지 않는 것을 볼 수 있습니다. 그리스도인은 성경의 조명을 통해 사탄을 알아야 합니다.

>

주 예수님이 지상에 계실 때, 그분의 위대한 사역 중 하나는 사탄을 이기는 것이었습니다. 그분은 침례를 받을 때 성령으로 충만해졌고, 충만한 영의 인도를 받아 악한 영의 세상, 즉 그 세상의 우두머리인 사탄과 대립하셨습니다(마 4:1,10). 이 이후로 주님의 눈은 사탄의 역사와 권세에 항상 밝으셨습니다. 그분은 모든 죄와 불행 속에서 동일한 권세, 즉 사탄의 강력한 왕국을 발견하셨고, 마귀 들린 사람뿐만 아니라 병자 안에서도 하나님과 인류의 대적을 보셨습니다(마 12:28 막 4:15, 눅 13:16, 행 10:38). 베드로는 피하라고 조언하지만, 이 조언에 담긴 베드로의 성향도 고려해야 합니다. 주님은 사탄의 역사를 직시하셨습니다(마 26:23, 눅 22:31,32). 예수님의 희생에 대해 우리는 인류의 죄나 하나님의 허락에 관해 이야기하지만, 예수님은 흑암의 권세를 간파하셨습니다. 예수님의 지상 삶과 죽음은 전부 사탄의 역사를 무너뜨리기 위한 것이었습니다. 그분의 재림도 사탄을 완전히 부수기 위한 것입니다(눅 10:18, 22:3,53, 요 12:31, 14:30, 16:11, 롬 16:20, 골 2:15, 살후 2:8,9, 요일 3:8).

주님의 개인적인 경험과 비교할 때, 예수님이 베드로에게 하신 말씀은 대적의 역사를 꿰뚫어 볼 수 있는 통찰력을 제공합니다. 예수님은 **사탄이 밀처럼 너희를 체질하려고 너희를 손아귀에 넣기를 요구하였다**(눅 22:31)고 말씀하십니다. 이후 베드로는 사탄에 대해 이렇게 언급합니다. 우는 사자 같이 삼킬 자를 찾아 두루 다닙니다(고전 7:5, 고후 2:10, 벧전 5:8). 사탄의 권세는 무한하지 않지만, 항상 연약하거나 방심하는 순간을 노립니다. **밀처럼 체질하려고**(눅 22:31). 이는 꼼꼼한 설계의 결과입니다! 이 세상, 심지어 교회조차도 사탄의 타작마당입니다. 곡식은 하나님의 소유이고, 쭉정이는 사탄의 것입니다. 사탄은 끊임없이 체질하며, 쭉정이와 함께 떨어져 나온 것들을 주워 담으려 합니다. 주님의 중보기도를 무시하고 사탄의 체질에 빠져버린 그리스도인의 육신은 영원히 멸망하게 될 겁니다(고전 5:5, 딤전 1:20).

>

사탄은 끊임없이 체질합니다. 우선, 세속적인 마음가짐과 세상에 대한 사랑으로 체질합니다. 대부분의 사람들은 가난할 때는 독실한 척하다가 부유해지면 세상의 사랑을 받으려 애씁니다. 또한, 구원을 받았을 때는 열정적이지만, 세상에 대한 관심으로 길을 잃기도 합니다(마 4:9, 8:22, 딤전 6:9,10, 딤후 4:10).

그 다음으로는 자신에 대한 사랑과 이기심으로 체질합니다. 주님과 이웃을 온전히 섬길 수 없고, 주님 안에서 이웃을 사랑할 수 없다면, 잠시 내면을 들여다보세요. 머지않아 중요한 진리가 충분히 뿌리내리지 못했다는 사실이 드러날 겁니다. 많은 사람들이 이 진리를 간과한 채 하나님을 섬기겠다고 고백합니다. 우리 안에 있는 쭉정이를 끄집어내세요. 사랑의 결핍은 사탄의 권세를 보여주는 확실한 증거입니다(요 8:44, 요일 3:10,15, 4:20).

사탄은 우리의 자만을 이용해 체질하기도 하는데 이는 매우 위험합니다. 어떤 그리스도인은 성령의 이름을 따르겠다고 주장하면서도 자신의 마음속 생각에만 귀를 기울입니다. 이러한 사람은 하나님의 어린 양이 지닌 온유함이 아니라 육신적인 열정으로만 주님께 헌신합니다. 보이지 않지만, 육신의 행위와 성령의 역사가 뒤섞여 혼란을 초래합니다. 그러나 이들은 상황을 즉시 파악하지 못합니다. 눈 깜짝할 사이에 사탄의 덫에 걸려들었음에도 불구하고, 사탄을 이기고 있다고 자랑합니다(갈 3:3, 5:13).

하나님의 허락하에 사탄은 이 세상, 심지어 교회까지도 타작마당으로 삼았기 때문에 이 땅에 사는 동안 수많은 위기가 닥칠 수밖에 없습니다. 겸손하고 두려워하며 떨고 있는 그리스도인, 자신을 신뢰하지 않는 그리스도인은 행복합니다. 우리의 피난처는 사탄을 이기신 주님이며, 그분의 중보와 인도 안에 거할 때 우리는 안전합니다(엡 6:10,12,16). 사탄에 대한 지식, 그의 교활한 술수를 모두 안다고 자부하지 마세요. 사탄의 역사와 능력은 영적인 일이기 때문에 보이지 않으면서도 분명히 드러나기도 합니다. 우리가 사탄을 잘 알고 이길 수 있다고 생각하는 순간, 그는 영적으로 우리를 잠식해 나갈 겁니다. 그러니 자신의 연약함과 부족함을 알고 겸손한 마음으로 주님만을 신뢰하세요.

>

1. 사탄에 대한 지식과 존재는 우리에게 어떤 위안을 줄 수 있을까요? 우리는 죄가 처음부터 우리에게 속한 것이 아니라, 우리 자연 세계에 침투하려는 외부의 힘에서 비롯된다는 사실을 알고 있습니다. 또한, 주 예수님이 그를 완전히 무너뜨리셨기 때문에 우리가 그리스도 안에 거하는 한, 그는 우리를 지배할 수 없습니다.

2. 이 세상과 그 안에 있는 모든 것은 사탄의 지배 아래 있습니다. 이로 인해 선하고 공정해 보이는 것조차 우리에게 위험할 수 있습니다. 옳고 합법적이라고 하더라도, 우리는 모든 일을 할 때 성령의 인도를 받고 정결하게 되어야 합니다. 계속해서 사탄의 권세에서 자유로워지고 싶다면 말입니다.

3. 사탄은 악한 영입니다. 오직 선한 영, 즉 하나님의 영만이 사탄을 이길 수 있습니다. 하나님은 사탄을 대적하기 위해 눈에 보이지 않는 영적 세계에서 역사하십니다. 우리는 기도를 통해 이 보이지 않는 영적 세계에 들어가야 합니다. 사탄은 강력한 왕이기 때문에, 더 위대한 분인 주님의 이름으로만, 그리고 그분과의 교제를 통해서만 승리할 수 있습니다.

4. 사탄의 권세에 사로잡힌 혼들, 잃어버린 자들, 주정뱅이들, 이방인들

을 구원해 주신 주님의 놀라운 역사를 생각해 보세요(행 26:18).

5. 계시록에 따르면, 어린양의 보혈로 사탄을 이길 수 있습니다(계 12:11). 그리스도인들은 사탄이 이미 보혈 앞에 물러섰기 때문에 여러 악한 시험이 힘을 발휘할 수 없다는 것을 증명합니다. 우리는 죄가 완전히 깨끗해졌다는 진리를 믿으며, 그로 인해 사탄의 권세로부터 완전히 자유로워졌습니다.

주 예수님, 두 눈을 열어

우리의 대적과 그의 책략을 보게 해주세요.

그를 두려워하지 않도록 그의 왕국을 분명히 보여주세요.

그리고 주님께서 우리의 대적을 어떻게 이기시는지,

그 무한한 능력을 보여주시길 바랍니다.

주님 안에 거하는 것이 어떤 의미인지 가르쳐주세요.

자아와 육신의 뜻을 무시하게 해주세요.

약할 때 강하다는 진리를 가르쳐 주세요.

우리의 발 아래 사탄을 부수실 수 있음을 믿습니다.

그의 요새에 맞서 싸울 때,

하나된 믿음으로 기도할 수 있도록 도와주세요.

아멘.

028

그리스도인의 싸움

좁은 문으로 들어가기를 힘써라(눅 13:24). 믿음의 선한 싸움을 싸우십시오(딤전 6:12). 나는 선한 싸움을 다 싸우고, 달려갈 길을 마치고, 믿음을 지켰습니다(딤후 4:7).

본문은 두 가지 양상의 싸움을 언급합니다. 첫 번째는 구원받지 않은 사람의 싸움입니다. **좁은 문으로 들어가기를 힘써라**(눅 13:24). 이 문으로 들어가는 것은 인생에서 가장 중대한 일입니다. 죄인은 평생 이 문으로 들어가지 않으려 하다가 깨달음을 얻고 나서 이 문으로 들어가려고 하며, 그 즉시 이 문을 통과합니다. 이 문에 들어갈 마음을 먹었다면 그 무엇도 방해할 수 없습니다. 반드시 들어가야 하는 문이기 때문입니다(창 19:22, 요 10:9, 고후 6:2, 히 4:6,7).

이 문으로 들어가면 또 다른 싸움이 기다리고 있습니다. 좁은 문을 통해 새로운 길에 들어서도 적은 항상 그 자리를 지키고 있습니다. 이 싸움에 관해 바울은 이렇게 말합니다. **나는 선한 싸움을 다 싸우고, 달려갈 길을 마치고, 믿음을 지켰습니다**(딤후 4:7). 또한, 지속되는 싸움에 대해 믿음의 선한 **싸움**을 싸우십시오(딤전 6:12)라고 당부합니다.

세상에는 이 두 싸움에 대한 오해가 만연해 있습니다. 많은 사람들이 일생 동안 주님과 그분의 부르심을 온 힘을 다해 거부합니다. 이로 인해 그들은 안정감을 찾지 못하고 계속해서 내적으로 갈등하게 됩니다. 이들은 이 갈등이 그리스도인의 싸움이라고 생각하지만, 사실 그렇지 않습니다. 이 싸움은 주님께 모든 것을 바치라는 명령을 거부하는 죄인의 고군분투일 뿐입니다(행 5:39, 고전 10:22). 이 싸움은 하나님에게서 비롯된 것이 아닙니다. 주님께서 말씀하신 싸움은 문에 들어가는 것과 관련된 문제이지, 평생을 고민해야 할 문제가 아닙니다. 그분은 우리가 적의 유혹을 뿌리치고 즉시 문으로 들어가기를 바라십니다.

문으로 들어온 후에는 평생 인내해야 하는 두 번째 싸움이 모습을 드러냅니다. 바울은 이 싸움을 두 번이나 믿음의 **싸움**이라고 부릅니다. 이 싸움의 승패가 믿음에 달려 있기 때문입니다. 이 싸움에서 중요한 요소는 바로 믿음과 그에 따른 행동입니다. 이를 잘 이해하는 사람은 분명히 승리할 것입니다. 바울도 이 점을 그리스도인들에게 증거합니다. 모든 것에 더하여 믿음의 방패를 손에 드십시오. 그것으로써 여러분은 악한 자가 쏘는 모든 불화살을 막아 꺼버릴 수 있을 것입니다(엡 6:16, 요일 3:4,5).

>

그렇다면 **믿음의 싸움**은 무슨 뜻일까요? 싸우는 동안 주님께서 우리를 도와주실 것이라고 믿어야 한다는 의미일까요? 많은 사람들이 보통 이렇게 이해하지만, 좀 더 깊이 들여다볼 필요가 있습니다.

싸움에서는 빼앗기지 않을 요새를 차지하고 그 요새에 주둔하는 것이 중요합니다. 강한 요새를 점령하면 수비대가 다소 약하더라도 강력한 적에 대항할 수 있기 때문입니다. 그리스도인은 이제 더 이상 요새에 들어가기 위해 고군분투할 필요가 없습니다. 우리는 이미 요새 안에 있습니다. 요새 안에 거하는 한, 우리는 무적입니다. 우리가 거하는 강한 요새는 그리스도입니다(시 18:3, 46:2, 62:2,3,6,7,8, 144:2, 엡 6:10). 믿음으로 우리는 그분 안에 거할 뿐만 아니라 적이 우리 요새 안으로 들어올 수 없다는 사실도 알고 있습니다. 사탄은 우리를 요새에서 나오도록 유혹하고 넓은 평원에서 공격하기 위해 계략을 세우고 전진합니다. 그리고 항상 이 전략으로 승리를 거머쥡니다. 그러나 우리가 믿음으로 그리스도 안에 거하고 고군분투하면, 사탄은 그리스도를 상대로 싸워야 하므로 승리는 우리의 것입니다(출 14:14, 수 5:14, 대하 23:15, 요 16:33, 롬 8:37, 고후 2:14). **세상을 이기는 승리는 이것이니, 곧 우리의 믿음입니다**(요일 5:4). 우리가 가장 먼저 해야 할 일은 믿는 겁니다. 바울의 말처럼 그리스도인의 전쟁 무기는 그리스도 안에 있습니다. **여러분은 주님 안에서 그분의 힘찬 능력으로 굳세게 되십시오**(엡 6:10).

믿음으로만 승리할 수 있는 이유는 무엇일까요? 왜 믿음의 싸움이 선한 싸움일까요? 주 예수님이 승리하셨기 때문입니다. 이제 승리는 주님의 것이며, 우리는 그분으로부터 적을 무찌를 힘과 능력을 받습니다. 우리가 그분 안에 거하고 그분께 헌신하며 믿음으로 그분을 신뢰할 때, 승리는 우리의 것입니다. 곧 이 진리를 이해하게 될 것입니다. **전쟁은 너희가 하는 것이 아니라, 나 하나님이 맡아 하는 것이다**(대하 20:15). 하나님을 등지고 서 있는 한 선한 열매를 맺을 수 없지만, 사탄의 반대편에 서서 그리스도 안에 거하면 그분을 기쁘시게 할 수 있습니다. 우리 안에는 선한 것이 없고, 우리 힘으로는 승리할 수 없지만, 그리스도 안에서는 승리 그 이상을 쟁취할 수 있습니다. 믿음으로 그분 안에서 바로 서고 하나님 앞에 의인으로 발견되면, 아무리 강한 적이라 해도 우리는 무적입니다(시 44:4,9, 사 45:24).

이 빛 안에서 우리는 구약의 귀한 말씀으로 돌아가 진리를 발견할 수 있습니다. 그 중에서도 시편은 자기 백성을 위한 하나님의 영광스러운 싸움에 관해 기록해 놓았습니다. 두려움, 영의 결핍, 불신은 우리를 약하게 하여 패배로 이끕니다. 살아계신 하나님을 믿는 믿음은 모든 것의 근본이라 할 수 있습니다(신 20:3,8, 수 6:20, 삿 7:3, 시

18:32~40, 히 11:23). 그리스도 안에서 이 진리는 이제 더욱 분명히 드러납니다. 하나님은 우리 곁에 계십니다. 그분을 믿으면 그분의 능력이 우리 안에서 역사합니다. 진실로, 주님은 우리를 위해 싸우십니다.

>

1. 믿음의 싸움은 하나의 왕국이 두 개로 분열된 내전이 아닙니다. 이 싸움은 반란이 아니라 많은 그리스도인이 알고 있듯이, 선을 인정하지만 행하지 않는 의지의 무력한 싸움이자 양심의 불안입니다. 그리스도인은 이 싸움을 혼자서 해낼 수 없습니다. 우리가 주님께 복종할 때, 그분이 싸우십니다. 주님께 모든 일을 맡기면 우리는 주님과 왕국의 적들을 물리칠 수 있습니다. 그러나 우리는 하나님의 인도를 바라다가도 다시 하나님의 뜻을 거스르려 합니다. 이러한 갈등 또한 싸움이지만, 믿음의 선한 싸움이라고 말할 수는 없습니다.

2. 갈라디아서 5장은 갈라디아 사람들이 아직 성령님께 자신을 완전히 드리지 않거나 성령을 따라 행하지 않아서 발생하는 내적인 갈등에 대해 언급합니다. 노르웨이의 역사학자 랑게는 내적인 갈등의 원인을 갈

라디아서와 동일한 관점에서 지적합니다. "이러한 연관성은 육신과 하나님의 영 간의 싸움이 끝이 없다는 점, 그리고 그리스도인이 성령의 인도를 받기 위해 성령님께 완전히 복종할 때 육신에게 굴복하지 않을 수 있다는 점을 보여줍니다." 성도는 스스로 육신을 이길 수 없습니다. 그저 복종할 대상을 선택할 수 있을 뿐입니다. 우리는 그리스도께 믿음으로 순종함으로써 성령의 능력을 힘입어 육신을 물리칠 수 있습니다.

3. 새로운 삶의 시작과 관련하여 믿음의 선한 싸움을 살펴보았으니, 우리가 해야 할 일은 하나님을 믿는 겁니다. 믿음에서 모든 축복, 능력, 승리가 나오기 때문입니다.

주님의 군대 대장이자, 영웅이며 승리자이신 주 예수님,

제 요새이신 주님 안에서, 주님의 위대한 능력으로

저를 강건하게 해 주세요.

믿음의 선한 싸움을 가르쳐 주시고

주님만을, 믿음의 인도자만을 항상 바라보게 해주세요.

또한, 믿음으로 세상을 이길 수 있도록 도와주세요.

아멘.

029

복이 되리라

너는, 네가 살고 있는 땅과, 네가 난 곳과, 너의 아버지의 집을 떠나서, 내가 보여 주는 땅으로 가거라. 내가 너로 큰 민족이 되게 하고, 너에게 복을 주어서, 네가 크게 이름을 떨치게 하겠다. 너는 복의 근원이 될 것이다(창 12:1,2).

하나님이 아브라함에게 말씀하신 내용을 살펴보면, 하나님이 우리를 부르신 목적, 그 목적으로 우리를 이끄는 능력, 그 능력의 원천까지 총 세 가지로 요약할 수 있습니다.

복이 될 것이다(창 12:2). 이를 위해 하나님은 아브라함과 우리 성도들을 세상으로부터 구분하십니다.

>

하나님이 우리를 축복하실 때는 단순히 우리의 행복만을 위한 것이 아니라, 타인을 위해 그 축복을 알리고 전하라는 의미입니다. 우리는 이 점을 분명히 인지해야 합니다(마 5:34,35, 10:8, 18:33). 하나님은 사랑 그 자체이시기 때문에 항상 복을 주십니다. 사랑은 자신의 유익을 추구하지 않습니다. 따라서 하나님의 사랑이 우리에게 임할 때, 그 사랑은 우리를 통해 다른 사람에게 전해집니다(사 43:10,11, 고전 13:5, 요일 4:11). 어린 그리스도인은 처음부터 다른 사람에게 복이 되라는 확고한 목적을 가지고 은혜를 받았다는 사실을 알아야 합니다. 자신을 위해서가 아니라 다른 사람을 위해 기도하세요. 자신을 주님께 완전히 드려 다른 사람을 가득 채우세요. 그러면 넘치도록 복을 받고, 또 다른 이에게 복이 될 겁니다(시 112:5,9, 잠 11:24,25, 마 25:40, 고전 15:58, 고후 9:6, 히 6:10).

또한, 이를 위한 능력도 받게 될 겁니다. 주님은 **복이 될 것이다. 네게 복을 주리라**(창 12:2)고 말씀하십니다. 여러분은 복이 될 사람이며, 성령과 화평과 주님의 능력으로 충만하고 거룩하게 되어 축복의 능력을 지니게 될 겁니다(눅 24:49, 요 7:38, 14:12). 그리스도 안에서 하나님은 **모든 영적인 복으로 우리에게 복을 주십니다**. 예수님은 우리를 이 영적인 복들로 채우시고 우리를 복으로 삼으실 겁니다. 그러니 의심하거나 두려워하지 마세요. 하나님의 복은 확장되고 널리 퍼져가는 생명의 능력을 담고 있습니다. 성경에서 번성과 축복이 어떻게 조화를 이루는지 보세요(창 1:22,28, 9:1, 22:17, 26:24). 복은 항상 타인을 축복하는 능력을 품고 있습니다. **내가 네게 복을 주리라** (창 12:2). 전능하신 하나님의 말씀이 우리 영에 깊이 가라앉을 시간을 주세요. 하나님이 **내가 네게 복을 주리라**(창 12:2)고 말씀하시면,

하나님을 기다리세요. 믿음으로 이 말씀을 붙드세요. 하나님은 우리의 생각과 바람을 초월하여 우리에게 복을 주실 겁니다(고후 9:8,11, 엡 1:3, 히 6:14).

그러나 이로 인해 우리는 축복의 자리인 약속의 땅에 거하며, 약속을 믿는 단순한 삶을 살아야 합니다. 주님은 **내가 난 곳과, 너의 아버지의 집을 떠나라**(창 12:1)고 말씀하십니다. 아담에서 시작된 자연인, 즉 육신의 삶에서 떠나 분리되는 것은 하나님의 뜻입니다. 가장 소중한 것을 드리는 것이야말로 하나님의 축복을 받을 수 있는 길이기 때문입니다(눅 18:29,30, 요 12:24,25, 고후 6:17,18). **네가 난 곳을 떠나, 내가 보여 주는 땅으로 가거라**(창 12:1) 이제 우리는 홀로 걸어가던 이전의 삶에서 벗어나, 주님이 이끄시는 새로운 삶, 하나님의 약속만을 따라 행하는 믿음의 삶을 살아야 합니다.

그리스도인 여러분, 하나님은 그분의 방법으로 약속을 성취하실 겁니다. **내가 네게 복을 주리라**(창 12:2). 지금 당장 기도하고, 여러분의 고향과 아버지의 집, 육신과 자연인의 삶, 육신과 세상의 교제에서 떠나 새로운 삶, 즉 성령의 삶, 하나님과 교제하고 그분의 인도를 받는 삶에 뛰어드세요. 그러면 그분의 축복을 받을 뿐만 아니라 온 마음으로 주님의 말씀을 믿게 될 겁니다. 또한, 주님께서 약속을 이루어 주시고, 여러분을 통해 그분의 복과 능력이 다른 사람에게 전해지게 될 겁니다. 세상으로부터 분리되어 하나님과 함께 사세요. 그러면 내가 너에게 복을 주리라. 너는 복의 근원이 될 것이다(창 12:2)라고 말씀하시는 하나님의 음성을 듣게 될 겁니다.

>

1. 하나님은 축복의 유일한 원천이십니다. 하나님이 우리 안에서 더 큰 비중을 차지할수록, 우리는 더 많은 축복을 경험하게 됩니다. 물론, 축복이 없는 상태에서도 다른 사람을 위해 많은 일을 할 수는 있습니다. 그러나 진정한 축복이 되는 일은 **내가 네게 복을 주리라**(창 12:2)는 말씀에서 시작해야 합니다. 그래야만 다른 사람에게도 축복이 될 수 있습니다.

2. 복이 되는 일은 아주 작은 일에서 시작됩니다. 타인을 위해 자신을 드리세요. 타인에게 기쁨이 되세요. 하나님의 사랑이 성령을 통해 여러분 안에 거한다는 진리를 믿고, 주변 사람들에게 복과 기쁨이 될 수 있도록 하나님께 자신을 맡기세요. 성령을 통해 하나님의 사랑이 여러분 안에 드리울 수 있도록 기도하세요. 그리고 하나님의 능력을 믿으세요. 끝까지 하나님을 신뢰한다면, 그분께서 우리를 큰 복으로 삼으실 겁니다.

3. 그러나 이 헌신은 조용한 기도로 다져져야 합니다. 그 기도의 시간에 하나님께서 우리 영을 온전히 주관하시기 때문입니다. 하나님은 우리의 유익을 위해 아버지의 집에서 떠나라고 명하십니다. 수많은 사람들로부

터 떠나 하나님의 음성에 귀 기울이십시오.

4. 아브라함은 하나님의 인도를 온전히 받을 때 후회했을까요, 아니면 기뻐했을까요? 한번 생각해보세요. 아브라함의 모습이 여러분의 모습과 같을 테니까요.

5. 이제 두 단어, 아브라함의 자녀들에게 주어진 모든 명령과 약속의 근본을 이해했나요? 약속은 내가 네게 복을 주리라(창 12:2)는 말씀이고, 명령은 복이 되라(창 12:2)는 말씀입니다. 이 두 가지를 모두 굳게 붙잡고 기도하세요.

6. 그렇다면 아브라함에게 주어진 이 두 단어는 언제 성취되었을까요? 아버지의 집을 떠나 하나님과 동행했을 때, 바로 그 순간 하나님의 약속과 명령이 이루어졌습니다.

오, 아버지, 주님의 백성이 주님의 인도에 따라
이르렀던 약속의 땅으로 가는 길을 보여주세요.
제 모든 것을 버리고 주님을 따르겠습니다.
오직 주님의 음성만 따르겠습니다.
그러니 저에게 복을 주세요.
주님, "내가 네게 복을 주리라."는 말씀이
제 마음 속에 살아있게 해주세요.
그래서 그 복을 다른 사람에게 나누어 주고
복이 되게 해주세요.
아멘.

030

개인적인 사역

주님께서 베푸시는 구원의 기쁨을 내게 회복시켜 주시고, 내가 지탱할 수 있도록 내게 자발적인 마음을 주십시오. 반역하는 죄인들에게 내가 주님의 길을 가르치게 하여 주십시오. 죄인들이 주님께로 돌아올 것입니다(시 51:12,13). "내 인생이 왜 이렇게 고통스러우냐?" 하고 생각할 때에도, 나의 믿음은 흔들리지 않았습니다(시 116:10). 그러나 성령이 너희에게 내리시면, 너희는 능력을 받을 것이다(행 1:8).

구원받은 사람이라면 모두 주님을 증거해야 마땅합니다. 거룩한 행실뿐만 아니라 개인적인 노력으로 주님을 알리고 섬겨야 합니다. 혀와 입술은 다른 사람들과 교류하고 그들에게 영향을 미치는 중요한 수단 중 하나입니다. 주님을 위해 입술을 열어 말하지 않는다면 그 헌신은 반쪽자리일 뿐입니다(시 40:10,11, 66:16, 71:8,15,24, 히 13:15).

개인적이고 개별적인 사역은 반드시 필요합니다. 수많은 그리스도인이 말씀을 통한 설교를 누리면서도 구원의 방법을 이해하지 못하는 이유 중 하나는 개별적인 말씀의 부재 때문입니다. 주 예수님은 대중에게 설교할 뿐만 아니라, 각 개인의 필요에 따라 개별적으로 말씀하시기도 하셨습니다(눅 7:40, 요 3:3, 4:7). 성경에는 하나님과의 개인적인 교제를 간증으로 드러내고, 이로 인해 다른 사람에게 복이 되는 여러 예시들이 나옵니다(출 18:1,8, 대하 5:3). 목자가 홀로 이 모든 일을 감당할 수는 없습니다. 구원받은 혼이라면 모두 해야 할 책임이 있습니다. 예수님은 하나님을 증거하는 증인으로 세상에 계셨습니다. 주님이 아버지를 증거하고 그분을 위해 일하지 않았다면 온전한 삶에 이를 수 없었을 겁니다.

주님을 증거하는 일은 개인적인 사역입니다. 우리는 담대하게 말해야 합니다. "그분이 저를 구속하셨습니다. 이 놀라운 구원을 받아들이시겠습니까? 이리 오세요, 제가 방법을 알려드리겠습니다(요 1:42~46, 4:28,39, 행 11:19)." 이러한 개인적인 질문을 던지면 기쁘게 받아들일 사람들이 얼마나 많은지 아시나요? "구원받으셨나요? 무엇 때문에 망설이시는 건가요? 제가 도와드려도 될까요?" 부모님들은 자녀들에게 개인적으로 물어봐야 합니다. "애야, 주 예수님을 이미 받아들였니?" 주일학교 교사들도 하나님의 말씀을 가르칠 때 개인적인 질문을 먼저 던져 아이들이 이미 구원을 받았는지 확인하고, 개인적으로 교제할 수 있는 기회를 만들어야 합니다. 또한, 친구가 있다면 주변 친구들에게 주님을 증거해야 합니다. 무엇보다도 우선되어야 할 일입니다.

>

개인적으로 주님을 증거하는 사역은 사랑의 일입니다. 다른 혼들이 여러분의 사랑을 느끼고, 예수님 안에서 발견되는 온유한 사랑과 겸손이 여러분 안에서도 드러나야 합니다. 또한, 주님 앞에 나아가 헌신할 때마다 그분의 사랑으로 가득 채워져야 합니다. 이는 단순한 감정이 아니라 믿음을 통해 사랑 안에 거하며 개인적인 사역을 이끌어 나가야 함을 의미합니다. **사랑하는 여러분, 하나님의 사랑 안에 머무르면서 자기를 지키고, 의심하는 사람들을 동정하십시오. 또 어떤 부류의 사람들에 대해서는 그들을 불에서 끌어내어 구원해 주십시오**(유 1:20~23). 육신은 사랑과 인내보다 힘과 능력이 더 중요하다고 생각합니다. 그러나 이는 잘못된 생각입니다. 사랑은 모든 것을 완수해냅니다. 사랑은 십자가 위에서 승리했습니다(히 3:13, 10:24, 유 1:21~23).

개인적으로 주님을 증거하는 사역은 사랑으로 이루어지는 믿음의 일입니다. 주님께서 우리를 사용하시기를 원하신다는 믿음을 가져야 합니다. 연약함 때문에 두려워하지 마세요. 하나님께서 때때로 자녀에게 주시는 영광스러운 약속을 성경에서 배우세요(출 4:11,12, 수 1:9, 사 50:4,11, 렘 1:6,7, 마 10:19,20). 하나님께서 우리를 혼의 구원의 도구로 사용하실 수 있도록 지속적으로 그분께 복종하세요. 또한, 그분이 이를 위해 우리를 구원하셨고 앞으로 축복하실 것이라는 진리를 믿고 그 위에 굳건히 서세요. 여러분의 사역이 연약하고 쉽게 두려움을 느낀다 해도, 축복이 조금도 보이지 않는다 해도 용기를 가지세요. 때가 되면 반드시 거두게 될 겁니다(대하 15:7, 시 126:5,6, 학 2:5, 갈 6:9, 요일 5:16). 하나님의 능력과 축복과 기도의 확신 안에서 믿음으로 충만하세요. 누구든지 어떤 교우가 죄를 짓는 것을 볼 때에, 그것이 죽음에 이르게 하는 죄가 아니면, 하나님께 간구하십시오. 그리하면 하나님은, 죽을 죄는 짓지 않은 그 사람들에게 생명을 주실 겁니다(요일 5:16~17). 자신의 죄를 모르는 자가 무심하든지, 품위 있든지, 불행하든지, 버려졌든지 상관없이 우리는 용기를 가져야 합니다. 그러면 하나님께서 우리의 기도를 들으시고 능력을 주실 겁니다.

우리는 주님과의 교제를 통해 이 일을 이루어 나가야 합니다. 이 점이 무엇보다도 중요합니다. 주님과 함께 하세요. 전적으로 그분을 위해 사세요. 예수님이 여러분의 삶에 거하시도록 하세요. 그러면 그분이 여러분에게 말씀하시고, 여러분 안에 사실 겁니다(행 4:13, 고후 3:5, 8:3). 주님의 축복과 충만한 성령, 그분의 사랑을 마음껏 누리세요. 이보다 더 큰 축복은 없습니다. 주님으로 충만한 사람은 그분이 자신을 위해 무엇을 하시는지 지속적으로 이야기할 겁니다. 또한, 사랑과 용기, 겸손을 지니고 혼에 질문을 던질 겁니다. "혼아, 주 안에서 쉬고 있니? 주 예수님을 진정 너의 구주로 삼았니?" 그리고 주님은 약속된 풍요로운 축복을 누리게 하실 겁니다.

어린 그리스도인 여러분, 예수님을 위해 증인이 되세요. 그분의 영광을 위해 일하고 전적으로 그분을 위해 사세요.

>

1. 종종 사람들은 이런 질문을 던집니다. "제가 주님을 위해 무엇을 할 수 있나요?" 주일학교에서 이러한 내용을 배우지 않았나요? 물론, 여러분이 사는 지역의 아이들은 주일학교에 참석하지 않을 수도 있고, 어른이나 아이 할 것 없이 교회에 가지 않을 수도 있습니다. 이들은 예수님의 이름으로 모일 수 있을지 두고 보아야 합니다. 이 일은 기도와 믿음에 달려 있습니다. 처음에는 떨리더라도 일단 시작하면 하나님께서 힘을 주실 겁니다.

책이나 전도지를 나누어 줄 수 있습니다. 여러분에게 도움이 되었던 책을 6권 또는 12권 구매하여 다른 사람에게 나누어 주세요. 책이나 전도지를 통해 큰 일을 이룰 수 있습니다. 만약 경제적으로 어려워 전도지나 책을 구매하는 것이 걱정된다면, 판매하여 수익을 얻으세요. 하나님은 여러분의 손길에 복을 주실 겁니다. 책의 내용을 바탕으로 대화를 시작하면 편하게 이야기의 물꼬를 틀 수 있을 겁니다.

2. 그러나 더욱 중요한 것은 개인적인 고백입니다. 물러서지 마세요. 주님께서 적절한 때에 기회를 주실 겁니다. 지금도 무지로 인해 많은 사람

들이 혼의 구원을 받지 못하고 있습니다. 이는 그 누구도 이들에게 개인적으로 간증하지 않았기 때문입니다. 스스로 변화를 갈구하고 느껴야 한다는 생각이 깊이 박혀 있어 좋은 설교조차도 힘을 발휘하지 못합니다. 이러한 잘못된 생각 때문에 많은 부분이 오해받고 있습니다. 혼이 예수님을 받아들일 수 있도록 혼에 말을 걸고 도움을 주세요. 예수님이 우리를 받아주신다는 점을 분명히 알려주고, 이것이 바로 새롭고 거룩한 삶의 능력임을 강조해 주세요.

아버지를 섬길 수 있도록 저를 구원하시고
사랑을 선언하신 주님,
저는 구원 사역을 위해 기꺼이 제 자신을 드리겠습니다.
제 마음을 주님에 대한 사랑과
혼에 대한 사랑으로 가득 채워주세요.
구속하신 사랑의 일을 실천하는 것이
얼마나 영광스러운 일인지 깨닫게 해주세요.
주님께서 제 안에서 능력으로 역사하신다는 확신과
용기를 주시길 바랍니다.
혼을 주님께 인도하는 일이 제 기쁨이 되게 해주세요.
아멘.

031

전도 사역

또 예수께서 그들에게 말씀하셨다. "너희는 온 세상에 나가서, 만민에게 복음을 전파하여라." 주님께서 그들과 함께 일하시고, 여러 가지 표징이 따르게 하셔서, 말씀을 확증하여 주셨다(막 16:15,20).

예수님의 모든 친구는 전도자입니다. 건강한 영적 생활에는 반드시 전도에 대한 사랑과 열망이 필요합니다. 전도의 영광과 하나님의 부르심을 깊이 통찰해보면, 왜 영적 생활에서 전도가 중요한지 이해할 수 있을 겁니다. 이번 과에서는 전도 사역이 얼마나 영광스럽고 귀중한지 살펴보겠습니다.

>

　1. 전도 사역은 예수님이 하늘의 보좌를 떠나신 이유입니다. 죄인들은 하나님이 아들에게 주신 유산입니다. 그리고 사탄의 권세는 죄인들의 세계를 지배해왔습니다. 따라서 예수님은 정복자이자 승리자로서 자신을 입증해야 했습니다. 결론적으로, 예수님의 영광

과 예수님의 왕국의 현현은 전도에 달려 있습니다(사 2:8, 마 24:14, 28:18,20, 막 13:10, 눅 21:24, 롬 11:25).

2. 전도 사역은 교회의 주요 목적입니다. 주 예수님의 마지막 말씀은 이 점을 분명히 가르칩니다(막 16:15, 눅 24:47, 막 13:10, 눅 21:24, 롬 11:25). 주님은 모든 것을 홀로 하실 수 있으시지만, 머리로서 자신의 몸인 교회의 지체들에게 의지하십니다(고전 12:21). 그리스도의 지체로서 함께하지 않는다면, 어떻게 이 목적에 도달할 수 있겠습니까?

3. 하나님은 전도 사역을 위해 우리에게 성령을 주셨습니다. 베드로, 바나바, 사울이 받은 성령의 인도와 약속에서 이 점을 발견할 수 있습니다(행 1:8, 11:12,23,24, 8:2,4, 22:21). 교회의 역사를 살펴보면, 부흥은 전도 사역에 대한 새로운 열정과 함께 일어납니다. 성령은 항상 왕국의 확장을 위해 거룩한 열정을 불어넣으십니다.

4. 전도 사역은 교회에 축복을 가져다줍니다. 또한, 믿음과 자기 부인에 기반한 용감한 행동을 촉발할 뿐만 아니라, 주님의 경이로운 능력을 드러내고, 사랑과 기도로 하나님을 받아들인 죄인들에게 천상의 기쁨을 선사하며, 그들의 마음을 씻어 하나님의 위대한 계획을 깨닫게 하고 넘치도록 필요를 채워 주실 때까지 기다리게 합니다. 전도 사역은 교회 내에서 생명의 상징이며, 더 많은 생명을 가져옵니다

(행 14:27, 15:4,5, 롬 11:25,33, 15:10, 엡 3:5,8,10).

5. 전도 사역은 세상에 큰 축복입니다. 과거 유럽에서 우리 조상들이 전도하지 않았다면 어떻게 되었을까요? 이미 선교와 전도 사역이 활발히 이루어진 지역은 참으로 큰 복을 받았습니다. 전도하지 않고 어떻게 수백만의 죄인들을 도울 수 있겠습니까(사 49:6,12,18,22, 54:1,2)? 하늘나라와 지옥은 전도 사역을 사탄과 예수 그리스도의 권세가 충돌하는 전장으로 여깁니다. 그런 전장에서 힘없는 모습을 보여서는 안 됩니다.

6. 하나님은 전도 사역에 열정이 있는 혼에게 큰 복을 주실 겁니다(잠 11:24,25, 사 58:7,8). 믿음으로 전도하세요. 전도 사역은 인간의 욕망을 따르지 않는 믿음의 여정이며, 모든 일이 더디게 진행됩니다. 이를 통해 하나님과 그분의 말씀을 붙드는 법을 배우게 됩니다. 또한 사랑을 깨닫고, 홀로 또는 함께 나가는 법을 배우며, 밝은 눈과 큰 마음으로 왕이신 주님의 뜻 안에서 살아가게 됩니다. 이 과정에서 자신의 부족한 사랑을 발견하고, 더 많은 사랑을 주님으로부터 받게 될 겁니다. 변화는 여기서 그치지 않습니다. 더욱 기도에 몰입하게 되고, 대사로서 받은 부르심과 능력이 더욱 확고해지며, 이에 따라 왕국을 위한 축복도 분명해집니다. 전도 사역을 통해 잃어버린 혼을 찾으시는 하나님과 온전히 일치하게 되고, 자신의 편의를 넘어서 사랑 안에서 죄인들을 위해 기도하며 사탄에 맞서 싸우게 됩니다.

어린 그리스도인 여러분, 전도 사역은 여러분이 예상하는 것보다 훨씬 더 영광스럽고 거룩한 일입니다. 또한, 여러분이 아는 것보다 더 많은 축복을 담고 있습니다. 새로운 삶은 전도 사역에 따라 크게 달라질 수 있습니다. 말씀에 순종하여 전도 사역을 수행하고 온 마음으로 기도하세요. 그러면 주님께서 여러분에게 더 많은 가르침과 축복을 주실 겁니다.

주님의 일, 전도 사역에 더 큰 열정과 사랑을 갖고 싶다면 다음의 조언에 귀 기울이세요. 우선, 선교 사역의 동기를 이해하고 죄인들의 필요와 상태를 다룬 책을 읽어보세요. 그리고 하나님의 축복을 통해 이미 이루어진 일이 무엇인지, 지금도 일어나고 있는 역사가 무엇인지 숙고해보세요. 그 후, 자신의 묵상과 깨달은 바를 다른 사람과 나누세요. 이웃에 작은 선교 집단이 있을 수 있으니, 선교 집단이나 기도 모임에서 복음 전파에 관한 간증을 나누는 것도 좋습니다. 이를 통해 서로에게 동기를 부여할 수 있습니다. 또한, 이를 위해 은밀히 기도하세요. 여러분의 기도로 하나님의 왕국이 이 땅에 임할 수 있도록 힘쓰세요. 죄인들을 위해 선지자 이사야처럼 기도하세요(사 49:6,18,21,22, 54:1,3, 60:1,3,11,16, 62:2). 주변의 요청이 있을 때 기꺼이 나가 복음을 전하고 간증하세요. 사소한 감정은 잠시 내려두고 전도 사역을 위한 시간을 확보하세요. 주님께 성실한 모습을 보이세요. 주변에 전도 사역에 열심인 일꾼들이 있다면 친절히 대하세요. 전도 사역에서 약간의 실수가 있더라도 불평하지 말고, 주님의 명령에 순종하는 마음과 동기를 볼 줄 알아야 합니다. 부족한 부분은 여러분의 기도와 도움으로 충분히 해결될 수 있습니다. 예수님의 친구라면 누구나 전도자입니다. 복음 전파에 대한 사랑은 새로운 삶의 필수 요소입니다.

>

1. "알지 못하면 사랑할 수 없다." 이는 전도 사역의 진리입니다. 하나님이 행하신 기적을 아는 사람은 하나님께 감사드리고 찬양을 드릴 뿐만 아니라, 기적을 통한 하나님의 복음 사역 방식에 힘을 얻고 더욱 정진해 나갈 겁니다.

전도자들의 전기를 읽어보면 복음 전파에 눈 뜰 수도 있습니다. 〈헨리 마틴의 삶〉도 유명하고, 〈삼촌 찰스〉라는 책도 남아프리카의 복음 사역을 잘 다루고 있습니다. 주일학교 도서관에서 쉽게 찾을 수 있으니, 읽어보세요.

2. 복음 전파는 믿음에서 시작됩니다. 우리는 이 점을 잊지 말아야 합니다. 복음은 하나님의 약속과 능력에 대한 믿음을 요구합니다. 그리고 하나님의 영광, 사랑, 소망으로 충만한 마음에서 우러나오는 예수님에 대한 사랑이 복음을 완성합니다. 이는 세상이 받아들일 수 없는 하나님의

영의 역사입니다. 따라서 세상은 큰 번영을 향해 나아갈 때만 복음을 수단으로 이용합니다.

3. 복음 전파로 당장 많은 열매를 맺지 못한다고 해서 조급해하지 마세요. 침례를 받아도 완전히 돌아서지 않는 사람도 있고, 온전히 구원을 받아도 여전히 약한 사람이 있으며, 어떤 사람은 신앙 고백 후에 실족하기도 합니다. 과거에 유럽에 있던 우리 조상들은 기독교의 등장에 열광했습니다. 그러나 많은 나라가 30년, 40년 후에 다시 원래 상태로 돌아가 버렸습니다. 우리가 지금의 성장을 이루기까지 약 천 년의 시간이 걸렸습니다. 죄인들이 단번에 변하기를 기대하기보다는 사랑과 인내와 굳건한 믿음으로 기도하고 일하며 하나님의 축복을 바라보세요.

하나님의 아들은 제자들에게 숨을 내쉬며 말씀하셨습니다.
"성령을 받아라. 아버지께서 나를 보내신 것 같이,
나도 너희를 보낸다."
주님, 제가 여기 있습니다.
저도 보내주십시오.
주님의 영을 저에게 불어넣어 주셔서
하나님의 나라를 위해 살 수 있도록 도와주세요.
아멘.

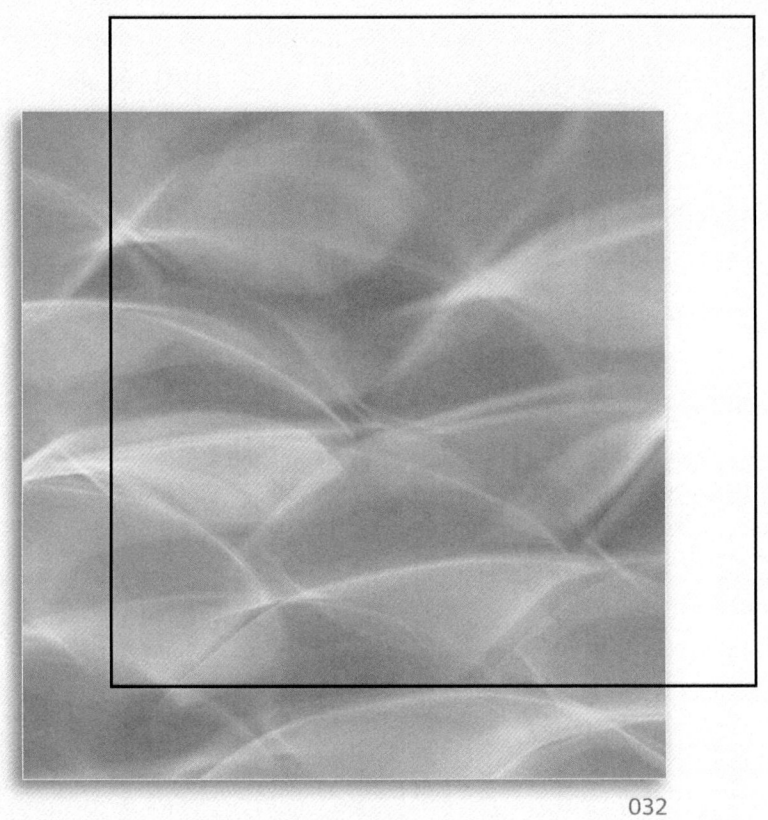

032

빛과 기쁨

축제의 함성을 외칠 줄 아는 백성은 복이 있습니다. 주님, 그들은 주님의 빛나는 얼굴에서 나오는 은총으로 살아갈 것입니다. 그들은 주님의 의로우심을 기뻐할 것입니다(시 89:15,16). 빛은 의인에게 비치며, 마음이 정직한 사람에게는 즐거움이 샘처럼 솟을 것이다(시 97:11). 나는 세상의 빛이다. 나를 따르는 사람은 어둠 속에 다니지 아니하고, 생명의 빛을 얻을 것이다(요 8:12). 이와 같이, 지금 너희가 근심에 싸여 있지만, 내가 다시 너희를 볼 때에는, 너희의 마음이 기쁠 것이며, 그 기쁨을 너희에게서 빼앗을 사람이 없을 것이다(요 16:22). 근심하는 사람 같으나 항상 기뻐하고(고후 6:10)

아버지는 항상 자녀들이 기뻐하는 모습을 보고 싶어 하십니다. 그분은 자녀들의 행복을 위해 할 수 있는 모든 것을 다 하십니다. 또한, 이로 인해 하나님은 자녀들이 즐거운 마음으로 그분 앞에 나아가기를 바라십니다. 그분은 자녀들에게 기쁨을 약속하셨고, 그 약속대로 주실 겁니다(시 89:16,17, 사 29:19, 요 16:22, 벧전 1:8). 하나님이 명령하시면 우리는 그분이 주시는 기쁨을 받아 그 안에서 온종일 거해야 합니다(시 32:1, 사 12:5,6, 살전 5:16, 빌 4:4).

이러한 작용의 원리는 분명합니다. 기쁨은 항상 우리를 만족시키고 큰 가치를 부여합니다. 사람은 누구나 자신이 누리는 기쁨을 다른 사람에게 권합니다. 기쁨은 다른 어떤 것보다도 이러한 특징이 두드러집니다. 그리고 하나님 안에 있는 즐거움은 가장 강력한 증거입니다. 우리는 이 기쁨을 통해 하나님 안에서 만족하고, 공포나 억압 없이 자유롭게 그분을 섬깁니다. 그분이 우리의 구원이시기 때문입니다. 즐거움은 우리가 하나님의 뜻 안에서 기뻐한다는 것을 보여주는 진리의 증거이자 순종의 가치입니다(신 28:47, 시 40:9, 119:11). 따라서 하나님 안에 있는 기쁨은 그분께 받아들여지며, 그리스도인들을 강건하게 하고 주변 모든 사람에게 가장 고상한 간증이 됩니다(느 8:11, 시 68:4, 잠 4:18).

>

성경에서 빛과 기쁨은 자주 함께 등장합니다(에 8:16, 잠 13:9, 15:30, 사 60:20). 이는 매우 자연스러운 일입니다. 아침의 즐거운 빛은 새들을 깨워 노래하게 하고, 어둠 속에서 아침을 기다리는 파수꾼에게 기쁨을 줍니다. 하나님의 얼굴빛은 그리스도인에게 즐거움을 주며, 그분과의 교제 속에서 우리는 항상 행복할 수 있고 앞으로도 행복할 겁니다. 아버지의 사랑은 해처럼 자녀들을 비춥니다(출 10:23, 삼하 23:4, 시 36:10, 사 60:1,20, 요일 1:5, 4:16). 죄나 불신이 틈을 파고들면 혼에는 어둠이 드리워집니다. 죄는 어둠이며, 어둠을 만들어냅니다. 불신 또한 어둠을 생성하고 홀로 빛이신 아버지를 등집니다.

문제는 그리스도인이 항상 빛 가운데 행할 수 있는가 하는 것입니다. 우리 주님의 답변은 분명합니다. **나를 따르는 사람은 어둠 속에 다니지 않을 것이다**(요 8:12). 예수님으로부터 등을 돌리게 하는 모든 것이 죄이며 죄는 어둠을 만들어냅니다. 그러나 우리가 죄를 자백하고 보혈로 씻어내는 순간, 우리는 다시 빛 가운데 있게 됩니다(수 7:13, 사 58:10, 59:1,2,9, 마 15:14,15, 고후 6:14, 엡 5:8,14, 살전 5:5, 요일 2:10). 죄뿐만 아니라 불신도 어둠을 야기합니다. 우리는 우리 자신과 힘에 의존하고, 우리의 감정이나 업적을 통해 위로를 받으려 합니다. 이러한 모든 행위 역시 어둠을 불러옵니다. 우리가 하나님, 즉 충만히 채우시는 분을 바라볼 때 비로소 모든 것이 환해집니다. 그분은 이렇게 말씀하십니다. **나는 세상의 빛이다. 나를 따르는 사람은 생명의 빛을 얻을 것이다**(요 8:12). 우리가 이 진리를 믿기만 하면, 빛과 기쁨은 우리의 소유가 됩니다(요 12:36, 11:40, 롬 15:13, 벧전 1:8).

하나님의 뜻에 따라 행하는 그리스도인 여러분, 그분의 말씀에 귀 기울이세요. 끝으로, 나의 형제자매 여러분, 주 안에서 **기뻐하십시오. 주님 안에서 항상 기뻐하십시오. 다시 말합니다. 기뻐하십시오** (빌 3:1, 4:4). 주 예수님 안에는 말로 다 설명할 수 없는 기쁨과 충만한 영광이 있습니다. 그분을 믿고 이 진리 안에서 기뻐하세요. 믿음의 삶을 사세요. 이 삶은 구원이자 영광스러운 기쁨입니다. 주님을 따르기 위해 온 마음을 다하고 그분과 그분의 사랑을 믿으며 살아가면, 빛과 기쁨을 마음껏 누리게 될 겁니다. 그러니, 혼은 그저 믿기만 하면 됩니다. 기쁨을 얻으려고 애쓰지 마세요. 그런 방식으로는 진정한 기쁨을 찾을 수 없습니다. 여러분이 찾으려 애쓰는 기쁨은 감정에 불과한 기쁨이기 때문입니다. 그저 주님을 찾고 따르며 믿으세요. 그러면 기쁨이 더해질 겁니다. **보지 못하면서도 믿으며, 말로 다 표현할 수 없는 즐거움과 영광을 누리면서 기뻐하고 있습니다**(벧전 1:8).

>

1. 어떤 대상으로부터 얻는 기쁨은 각 개인이 그 대상에 대해 느끼는 가치의 정도를 나타냅니다. 특정 사람에게서 느끼는 기쁨은 그 사람에 대한 내 애정의 크기를, 일에서 느끼는 기쁨은 그 일에 대한 내 성취의 크기를 보여줍니다. 하나님 안에서, 그리고 그분을 섬길 때 얻는 기쁨은 건강한 영적 생활의 가장 확실한 특징 중 하나입니다.

2. 기쁨은 무지에 가려집니다. 하나님과 그분의 사랑, 섬김의 축복을 온전히 이해하지 못할 때, 무지는 기쁨을 가로막습니다. 기쁨은 불신에 가려집니다. 여전히 우리의 힘이나 감정에서 무언가를 찾으려 애쓸 때, 불신은 기쁨을 차단합니다. 기쁨은 이중적인 마음에 가려집니다. 주님을 위해 모든 것을 내려놓고 싶은 마음과 손에 쥔 것을 포기하고 싶지 않을 때, 이중적인 마음은 기쁨을 방해합니다.

3. 이 문장을 자세히 살펴보세요. **기쁨을 구하는 자는 찾지 못할 것이다. 주님과 그분의 뜻을 구하는 자는 기쁨을 찾을 것이다.** 이 말을 곱씹어 보세요. 감정의 일환으로 기쁨을 추구하는 사람은 자기 자신을 얻고자 합니다. 그들은 진정한 행복을 느끼거나 기쁨을 찾을 수 없습니다. 그러나 주님과 그분의 뜻 안에서 살기 위해 자신을 잊은 사람은 주님 안에서 기뻐하는 법을 배울 겁니다. 우리 기쁨의 근원은 주님이십니다. 주님을 찾으세요. 그러면 기쁨을 소유하게 될 겁니다. 우리는 그저 주어진 기쁨을 믿음으로 누리면 됩니다.

4. 하나님과 그분이 이루신 일에 감사하며, 하나님의 말씀과 그분이 앞으로 이루실 일을 믿는 것이야말로 기쁨을 소유하는 방법입니다.

5. **밝은 얼굴은 사람을 기쁘게 한다**(잠 15:30). 하나님은 자녀들이 어둠 가운데 행하는 것을 원하지 않으십니다. 사탄은 흑암의 왕이고 하나님은 빛이십니다. 그리스도는 세상의 빛이며 우리는 빛의 자녀들입니다. 우리는 빛 가운데 행해야 합니다. 하나님의 약속을 믿으세요. **주님께서 몸소 너의 영원한 빛이 되시며, 네가 곡하는 날도 끝이 날 것이므로, 다시는 너의 해가 지지 않으며, 다시는 너의 달이 이지러지지 않을 것이다**(사 60:20).

주 예수님, 주님은 세상의 빛이자
감히 다가갈 수 없는 광채이십니다.
그 안에서 우리는 하나님의 빛을 봅니다.
주님의 얼굴은 하나님의 영광과
사랑의 지식의 빛을 우리에게 비춥니다.
그리고 그 빛은 우리의 것입니다.
우리의 빛이자 구원입니다.
주님, 주님과 함께한다면
절대 어둠 속에 있을 수 없다는 진리를
더욱 굳건히 믿을 수 있도록 가르쳐 주세요.
주님 안에 있는 기쁨이 바로,
주님은 우리의 전부이며
모든 것을 할 수 있는 힘을
우리에게 주셨다는 증거가 되게 해주세요.
아멘.

033

징계

주님, 주님께서 꾸짖으시고 주님의 법으로 친히 가르치시는 사람은 복이 많은 사람입니다. 이런 사람에게는 재난의 날에 벗어나게 하시고 악인들을 묻을 무덤을 팔 때까지 평안을 주실 것입니다(시 94:12,13). 내가 고난을 당하기 전까지는 잘못된 길을 걸었으나, 이제는 주님의 말씀을 지킵니다. 고난을 당한 것이, 내게는 오히려 유익하게 되었습니다. 그 고난 때문에, 나는 주님의 율례를 배웠습니다(시 119:67,71). 하나님께서는 우리를 자기의 거룩하심에 참여하게 하시려고, 우리에게 유익이 되도록 징계하십니다(히 12:10). 나의 형제자매 여러분, 여러 가지 시험에 빠질 때에, 그것을 더할 나위 없는 기쁨으로 생각하십시오. 여러분은 믿음의 시련이 인내를 낳는다는 것을 알고 있습니다(약 1:2,3).

하나님의 모든 자녀는 반드시 한 번은 시련의 과정을 거쳐야 합니다. 성경은 이 점을 경험으로 증명하고 가르칩니다. 더 나아가 본문에서는 이 시련의 과정 속에서 모든 것을 기쁨으로 여기는 법을 배우라고 가르칩니다. 시련을 통해 아버지에게 배우고 정결해지는 것은 하늘의 축복입니다.

시련 자체는 복을 주지 않습니다(사 5:3, 호 7:14,15, 고후 7:10). 비로 질척해진 땅이나 쟁기질로 엉망이 된 땅에서는 열매를 거둘 수 없듯이, 하나님의 자녀들도 고난을 당할 때 그 시련 속에서 복을 얻기 어렵습니다. 마음이 잠시 부드러워져도 고난 속에서 어떻게 복을 얻어야 할지 알지 못하며, 시련의 과정을 견디는 자신의 모습을 아버지의 시선으로 바라보지 못하기 때문입니다.

좋은 훈련을 위해서는 다음 네 가지가 필요합니다. 바로 분명한 목적, 우수한 교과서, 능력 있는 선생님, 의지가 강한 학생입니다.

>

1. 우리는 시련의 목적을 분명히 해야 합니다. 거룩함은 아버지의 고귀한 영광이며, 이는 자녀에게도 동일하게 적용됩니다. 아버지는 우리의 유익을 위해 우리를 징계하시고, 우리를 자신의 거룩함에 참여하는 자로 만드십니다(사 27:8,9, 고전 11:32, 히 2:10, 12:11). 종종 그리스도인은 고난 속에서 위로만을 찾거나 평안과 만족을 구하기도 합니다. 그러나 이러한 태도는 시작에 불과합니다. 아버지는 더 높은 차원의 축복을 바라십니다. 아버지는 자녀를 거룩하게 하여 그의 온 생을 정결하게 하기를 원하십니다. 욥이 **주님의 이름을 찬양할 뿐입니다**(욥 1:21)라고 말했을 때, 그는 고난의 시작점에 있었습니다. 그리고 주님은 욥에게 더 많은 것을 가르치셔야 했습니다. 하나님은 우리의 뜻과 그분의 거룩한 뜻을 일치시키십니다. 단순히 시험뿐만 아니라 모든 것에서 하나 되기를 원하십니다. 또한, 우리를 그분의 거룩한 영과 거룩함으로 채우기를 원하십니다. 이것이 바로 하나님의 목적입니다. 우리는 고난의 훈련 속에서 하나님의 목적을 우리의 목적으로 삼아야 합니다.

2. 하나님의 말씀을 교과서로 삼으세요. 우리는 하나님이 고통 속

에서 어떻게 그분의 법을 가르치시는지를 이해해야 합니다. 말씀은 아버지가 왜 우리를 징계하시는지, 고난 가운데 그분이 우리를 얼마나 사랑하시는지를, 그리고 그분의 위로의 약속이 얼마나 풍요로운지를 보여줍니다. 시련은 아버지의 약속에 새로운 영광을 부여할 겁니다. 징계 중에는 말씀에 의지해야 합니다(시 119:49,50,92,143, 사 40:1, 43:2, 살전 4:8).

3. 예수님은 우리의 선생님이십니다. 그분은 스스로 고난을 통해 거룩하게 되셨습니다. 그분은 시련 가운데 완전한 순종을 배우셨으며, 우리를 동정하십니다. 그분과 깊이 교제하세요. 사람과의 대화를 통해 위로를 받으려 하지 말고, 예수님이 여러분에게 가르치실 수 있도록 기회를 드리세요. 홀로 그분과 많은 교제를 나누세요(사 26:16, 61:1,2, 히 2:10,17,18, 5:9). 아버지는 우리를 거룩하게 하시기 위해 말씀, 성령, 주 예수님을 주셨습니다. 하나님의 거룩함에 참여하게 하기 위해 고통과 징계가 따르며, 이는 우리로 하여금 말씀과 예수님을 바라보게 합니다. 예수님과 참된 교제를 나눌 때, 우리는 비로소 위로를 받습니다(고후 1:3,4, 히 13:5,6).

4. 우리는 의지가 강한 학생이 되어야 합니다. 자신의 무지를 인정할 뿐만 아니라, 섣불리 하나님의 뜻을 모두 알았다고 생각하지 말고, 주님께서 가르쳐주실 것들을 기대하고 간구해야 합니다. 온화한 사람들에게는 가르침에 관한 약속과 지혜가 있습니다. 귀를 열

고 마음을 조용히 하여 하나님을 바라보세요. 시련의 훈련장 한가운데에 우리를 두신 분은 아버지이십니다. 하나님의 가르침에 귀 기울이고 순종하세요. 그러면 그분이 우리를 축복하실 겁니다(시 25:9, 39:2,10, 사 50:4,5).

주님께서 꾸짖으시고 주님의 법으로 친히 가르치시는 사람은 복이 많은 사람입니다. 여러 가지 시험에 빠질 때에, 그것을 더할 나위 없는 기쁨으로 생각하십시오. 조금도 부족함이 없이 완전하고 성숙한 사람이 되십시오(약 1:2~4). 고난의 시간을 축복의 시간으로, 아버지와 가까워지는 시간으로, 그분의 거룩함에 참여하는 날로 여기세요. 그러면 기쁘게 고백하게 될 겁니다. 고난을 당한 것이, 내게는 오히려 유익하게 되었습니다(시 119:71).

>

1. 징계를 받을 때 우리는 가장 먼저 이 점을 생각해야 합니다. '징계는 하나님의 뜻이다.' 비록 시련의 원인이 우리의 어리석은 행동이나 인간의 비뚤어진 행위일지라도, 이 모든 시련은 하나님의 뜻입니다. 우리는 우리의 악을 수단으로 삼아 시련을 겪어야 합니다. 그리고 이것 또한 하

나님의 뜻입니다. 우리는 요셉과 주 예수님을 통해 이 진리를 분명히 알 수 있습니다. 이 진리를 확실히 이해하고 하나님께 열렬히 감사할 때, 우리는 평안을 누릴 수 있습니다. 이 또한 하나님의 뜻입니다.

2. 첫 번째 생각이 바로 잡혔다면, 다음으로 '**하나님은 시련뿐만 아니라 고난 속에서도 위로, 능력, 축복을 주신다**'는 진리를 생각해야 합니다. 징계 가운데 하나님의 뜻을 아는 사람은 위로, 능력, 축복을 보고 경험할 수 있습니다. 그리고 이 모든 축복 또한 하나님의 뜻입니다.

3. 하나님의 뜻은 그분 자신만큼이나 완벽합니다. 순종을 두려워하지 마세요. 하나님의 뜻이 무조건적으로 선하다고 믿는 사람은 결코 손해를 보지 않습니다.

4. 하나님의 뜻을 알고 사랑하며 그 뜻과 완전히 일치하는 사람은 거룩합니다.

5. 고난을 당할 때 사람에게서 위로를 받으려 하지 말고 기도하세요. 사람들과 너무 많이 어울리지 마세요. 여러분을 향한 하나님의 말씀과 그분의 존재에 집중하세요. 징계의 목적은 세상의 것들로부터 여러분을 끌어내어 하나님을 바라보게 하고, 그분의 완벽한 뜻과 여러분의 뜻을 온전히 일치시키기 위함입니다.

아버지, 아버지의 말씀은 어두운 시련의 시기에
영광스러운 빛을 내려 주시니 감사합니다.
아버지는 고난을 통해 저를 가르치고
아버지의 거룩함에 참여하게 하십니다.
아버지께서 우리를 거룩하게 하시려고
자신의 사랑하는 아들의 고난과 죽음을 개의치 않으셨다면,
내가 그 의를 얻기 위해 하나님의 징계를
견디지 못할 이유가 있을까요?
아버지, 주님의 고귀한 역사에 감사드립니다.
아버지의 뜻을 제 마음속에서 이루어 주시길 바랍니다.
아멘.

034

기도

너는 기도할 때에, 골방에 들어가 문을 닫고서, 숨어서 계시는 네 아버지께 기도하여라. 그리하면 숨어서 보시는 너의 아버지께서 너에게 갚아 주실 것이다(마 6:6).

영적인 삶과 그 성장은 많은 부분 기도에 따라 좌우됩니다. 기도를 많이 하는지 적게 하는지, 기쁨으로 하는지 의무적으로 하는지, 하나님의 말씀에 따라 하는지 개인적인 성향에 따라 하는지에 따라 삶의 풍요와 부패가 나뉩니다. 본문에서 인용한 예수님의 말씀을 통해 우리는 참된 기도의 핵심을 알 수 있습니다.

>

'하나님과 단 둘이'라는 전제는 가장 우선시되어야 합니다. 바깥 세상과 사람들에 대한 문을 꼭 닫아야 방해 받지 않고 하나님과 교제할 수 있습니다. 과거에 하나님은 자신의 종들이 홀로 있을 때 그들을 만나러 오셨습니다(창 28:12,13, 22:5, 32:24, 출 33:11). 그러므로 기도할 때는 작은 방 안에서 하나님과 단 둘이 있는 시간을 가지세요. 함께하시는 하나님에 대한 확신은 기도의 능력이 될 겁니다.

'아버지의 임재 가운데 기도하자.' 다음으로 우리가 염두에 두어야 할 점입니다. 마음속의 골방에 들어가면 아버지와 그분의 사랑이 여러분을 기다리고 있을 겁니다. 비록 여러분이 춥고 어둡고 죄로 얼룩져 있으며 기도에 대한 확신이 없더라도, 아버지는 그 방 안에서 여러분을 바라보며 기다리고 계십니다. 그러니 들어가세요. 그분의 눈이 비추는 빛 아래로 나아가세요. 아버지의 온유한 사랑을 믿으세요. 그러면 그 믿음에서 기도가 우러나올 겁니다(마 6:8, 7:11).

'응답을 굳게 믿자.' 본문의 세 번째 핵심입니다. 너의 아버지께서 너에게 갚아 주실 것이다(마 6:6). 어떤 구절에서도 위 본문처럼 예수님이 기도에 대한 확실한 응답을 긍정적으로 말씀하신 적이 없습니다. 기도하고 약속들을 복습해보세요(마 6:7,8, 11:24, 눅 18:8, 요 14:13,14, 15:7,16, 16:23,24). 하나님의 종들이 쓴 기도의 책인 시편을 살펴보세요. 계속해서 하나님을 기도에 귀 기울이고 응답하시는 분으로 강조하고 있습니다(시 3:5, 4:4, 6:10, 10:17, 20:2,6,9, 27:6,7,13, 34:5,7,18, 38:16, 40:2, 65:3, 66:19).

>

여러분 안에 있는 무언가가 응답을 방해하는 경우가 종종 있습니다. 응답이 지체될 때 우리는 그 자체에서 귀중한 교훈을 배울 수 있습니다. 이 시간 동안 자신을 돌아보며 잘못된 방향으로 기도하고 있지는 않은지, 우리의 삶이 진정으로 기도와 조화를 이루고 있는지를 숙고할 수 있기 때문입니다. 이러한 시간은 성도의 믿음을 정결하게 합니다(수 7:12, 삼상 8:18, 14:37,38, 28:6,15, 잠 21:13, 사 1:15, 미 3:4, 학 1:9, 약 1:6, 4:3, 5:16). 또한, 하나님과의 지속적인 교제를 통해 더욱 가까워지게 합니다. 응답에 대한 확신은 강력한 기도의 비결입니다. 기도할 때 항상 이 점을 명심하세요. 기도하는 도중 잠시 멈추고 자신에게 물어보세요. "나는 내가 구하는 것을 이미 받고 있다고 믿는가?" 믿음으로 응답을 받고 그 응답을 붙잡으세요. 기도의 응답은 우리의 믿음에 따라 이루어질 겁니다(시 145:9, 사 30:19, 렘 33:3, 말 3:10, 마 9:29, 15:28, 요일 3:22, 5:14,15).

사랑하는 어린 그리스도인 여러분, 하나님과의 은밀한 교제를 세심히 들여다 봐야 합니다. 여러분의 생명은 그리스도와 함께 하나님 안에 숨겨져 있습니다. 매일 하늘에 있는 것들을 구하고 믿음으로 일상의 필요를 받아야 합니다. 또한, 매일 아버지와 주 예수님과 개인적으로 교제하여 새롭게 되고 강건히 자라가야 합니다. 하나님은 우리의 구원이자 힘이십니다. 그리고 그리스도는 우리의 생명이자 거룩함입니다. 살아계신 하나님과의 개인적인 교제를 통해서만 진정한 축복을 발견할 수 있습니다.

그리스도인 여러분, 멈추지 말고 꾸준히 기도하세요. 많이 기도하세요. 기도할 수 없을 때는 마음속 깊은 곳에 자리한 방으로 들어가세요. 아버지께 아무것도 드릴 수 없는 사람으로 나아가 아버지의 사랑을 믿으며 그분 앞에 자신을 내려놓으세요. 아버지께 다가가 그분 안에 거한다면, 그것만으로도 이미 기도를 다한 겁니다. 하나님은 우리를 이해하십니다. 비록 수동적일지라도 하나님 앞에 나아간다면 항상 복을 받게 될 겁니다. 아버지는 우리의 기도에 경청하실 뿐만 아니라, 은밀히 보시고 드러나게 갚아주실 겁니다.

>

1. 기도에서 가장 중요한 부분은 바로 믿음입니다. 구원과 새로운 삶의 시작은 믿음에 뿌리를 두고 있으며, 기도 또한 마찬가지입니다. 믿음이 결여된 기도가 세상에 만연해 있으며, 이는 어떤 결과도 가져오지 못합니다. 기도하기 전, 중, 후에 항상 자신에게 이 질문을 던져야 합니다. "나는 믿음으로 기도했는가?" 그리고 이렇게 고백할 수 있어야 합니다. "나는 온 마음을 다해 믿는다."

2. 이 믿음에 이르기 위해서는 기도에 시간을 투자해야 합니다. 하나님을 신뢰하며 고요히 기도하는 시간, 그분의 임재 앞에 깨어 있는 시간,

교재를 통해 혼을 정결하게 하는 시간, 성령님으로부터 말씀을 굳게 붙드는 법을 배우는 시간이 필요합니다. 세상의 지식, 재산, 음식, 사교도 충분한 시간을 들여야 얻을 수 있습니다. 하나님과 시간을 보내기 전에 기도하는 법이나 기도의 축복과 힘을 누리는 법을 먼저 배우려고 하지 마세요.

3. 그러나 중요한 것은 시간만이 아닙니다. 하루, 또 다른 하루를 기다리는 인내가 필요합니다. 우리가 아버지를 기쁘게 하고 기도에 힘을 얻으며 그분의 뜻에 따라 기도하고 응답을 받으며 믿음을 다지려면 분명 시간이 필요합니다. 우리는 자만해서는 안 됩니다. 기도하는 법을 충분히 안다고 하거나, 기도를 요청하는 것만으로 끝났다고 생각해서는 안 됩니다. 기도는 하나님과의 교제이자 동행입니다. 하나님은 기도를 통해 우리 안에서 역사하십니다. 하나님께는 이 시간이 우리를 다지실 수 있는 기회입니다. 우리의 혼은 기도를 통해 자신의 뜻과 힘을 죽은 것으로 여기며 하나님과 하나가 됩니다.

4. 지속적인 기도에 힘을 돋우기 위해 한 가지 이야기를 들려드리겠습니다. 1884년, 캘커타에 있던 조지 뮬러는 다섯 사람의 구원을 위해 기도하기 시작했습니다. 18개월이 지난 후, 처음으로 마음의 문을 연 사람이 나타났고, 그로부터 5년 후에 또 다른 사람이 기도에 응답했습니다. 12년 반이 흐른 뒤에는 세 번째 사람이 구원받았습니다. 그러나 여전히 두 사람은 40년이 지나도 변화가 없었고, 그는 하루도 빠짐없이 기도하고 있

다고 이야기했습니다. 그럼에도 불구하고 조지 뮬러는 이 두 사람 모두 구원을 받을 것이라고 강하게 확신하며, 충만한 용기로 기도했습니다.

아버지, 아버지는 믿음의 기도에 귀 기울이신다고
말씀으로 약속하셨습니다.
제가 기도하는 법을 깨우칠 수 있도록
기도의 영을 주십시오.
아버지의 놀라운 사랑을 은혜로 드러내 주세요.
그리스도 안에서 제 죄를 완전히 덮어주세요.
모든 방해물을 제거해 주세요.
성령님과의 교제 중에
제 무지와 연약함이 복을 앗아가지 못하게 해주세요.
믿음으로 주 안에서 기도하는 방법을 가르쳐 주세요.
삼위일체이신 하나님과의 교제 방법을 가르쳐 주세요.
굳건하고 살아있는 확신,
즉 믿음으로 응답받을 것이라는 확신을 주세요.
아멘.

035

기도 모임

내가 거듭 너희에게 말한다. 땅에서 너희 가운데 두 사람이 합심하여 무슨 일이든지 구하면, 하늘에 계신 내 아버지께서 그들에게 이루어 주실 것이다. 두세 사람이 내 이름으로 모여 있는 자리, 거기에 내가 그들 가운데 있다(마 18:19,20).

주 예수님은 마음 깊은 곳에 자리한 방에 들어가 사람들의 눈에 띄지 말고 은밀히 하나님과 개인적인 교제를 나누라고 말씀하셨습니다. 그러나 본문에서는 다른 사람들과 함께 모여 기도하라고 말씀하십니다(마 6:6, 눅 9:18,28). 주님이 승천하셨을 때, 백여 명의 무리가 십일 동안 한마음으로 모여 기도하였고, 이 기도 모임에서 교회가 탄생했습니다(행 1:14). 오순절 성령 강림은 모두가 합심하여 끈질기게 기도한 끝에 얻어진 결실이었습니다. 주 예수님을 기뻐하고 교회나 회중을 돕기 위해 성령의 은사를 열망하며 하나님의 자녀들과 교제하는 복을 누리길 원하는 사람은 기도 모임의 중요성을 알고 참여할 뿐만 아니라 주님을 증거해야 합니다. 그분의 뜻은 말씀을 선하게 이루고 특별한 복을 부어주십니다(대하 20:4,17, 느 9:2,3, 욜 2:16,17, 행 12:5). 주님께서 기도에 힘을 주셔야 기도 모임에서 주님을 나타낼 수 있습니다.

>

기도 모임이 큰 복을 받으려면, 우선 모든 회원이 기도 제목에 동의해야 합니다. 이를 위해서는 모든 회원이 하나님으로부터 간절히 원하는 무언가가 있어야 하고 이에 대해 논의하여 화합을 이루어야 합니다. 또한, 회원 간의 사랑과 결속의 끈이 필요합니다. 갈등, 시기, 분노, 무정함은 기도의 능력을 앗아갑니다(시 133:1,3, 마 5:23,24, 막 11:25). 이러한 문제들이 해결되면, 모든 회원이 분명한 목적에 대해 동의해야 합니다(렘 32:39, 행 4:24). 이를 위해 회원들이 기도하는 내용을 기도 모임에서 명확히 제시해야 합니다. 복음 사역, 하나님의 자녀들의 부흥, 가르치는 사람들을 위한 기름부음, 왕국의 확장 등 다양한 기도 제목이 포함되어야 하며, 회원 소수의 개인적인 기도부터 다수의 보편적인 기도까지 모두 공유할 수 있어야 합니다. 그러나 회원들이 이 같은 기도 제목에 동의한다고 해도, 그것이 우리 하나됨의 증거는 아닙니다. 진정한 기도는 단지 말로 동참하는 데 그치지 않습니다. 우리는 그 기도의 제목을 마음에 깊이 품고, 날마다 주님 앞에 아뢰며, 그분이 이루어주시기를 간절히 사모해야 합니다. 그럴 때 비로소, 기도가 능력을 발휘할 겁니다.

올바른 기도 모임을 보여주는 두 번째 특징은 예수님의 이름과 그분의 존재를 의식하며 함께 모인다는 겁니다. 성경은 이렇게 말씀합니다. **주님의 이름은 견고한 성루이므로, 의인이 그 곳으로 달려가면, 아무도 뒤쫓지 못한다**(잠 18:10). 이름은 그 사람을 나타냅니다. 성도가 함께 모일 때, 그들은 예수님의 이름으로 들어가 집이자 요새인 이 이름에 자신을 의탁합니다. 성도들은 이 이름으로 아버지 앞에 함께 모이며, 이 이름을 부르며 기도합니다. 또한, 이 이름은 성도들을 진정으로 하나로 만듭니다. 성도들이 그렇게 할 때, 살아게신 주님이 그들 가운데 거하십니다. 주님은 그분의 이름 때문에 아버지가 우리의 기도에 응답하신다고 말합니다(요 14:13,14, 15:7,16, 16:23,24). 성도는 그리스도 안에 있고, 그리스도는 성도 안에 거하며, 성도는 그분의 이름으로 기도하고, 성도의 기도는 그분의 능력으로 아버지 앞에 상달됩니다. 아, 예수님의 이름이 단체, 기도 모임, 모임 장소의 핵심이 되게 하시고, 우리가 주님이 우리 가운데 계신다는 사실을 잊지 않게 해주세요.

주님께서 우리에게 말씀하신 하나된 기도 모임의 세 번째 특징은 하늘에 계신 아버지가 우리의 기도를 반드시 이루실 것이라는 점입니다. 기도는 분명 응답을 받게 될 겁니다. 하나님은 응답하시는 분이시기에 우리는 탄식하며 외칠 수밖에 없습니다. "엘리야의 하나님이 어디 계신가요?" 엘리야는 백성들에게 이렇게 말했습니다. **응답하는 신이 있으면, 바로 그분이 하나님이십니다**(왕상18:24). 그리고 하나님께 이렇게 기도했습니다. 주님, 응답하여 주십시오. 응답하여

주십시오. 이 백성으로 하여금, 주님이 주 하나님이심을 알게 하여 주십시오(왕상 18:37, 약 5:16). 우리가 응답을 받지 못한 채 기도의 양이나 지속성에만 만족한다면, 대부분의 기도에 대해 응답을 받지 못할 겁니다. 그러나 기도 응답이 우리 기도에 대한 하나님의 기쁨을 보여주는 증거라는 것을 깨닫는다면, 기도에서 부족한 점이 무엇인지 발견하고 고쳐서 응답을 받을 수 있는 기도를 하게 될 겁니다. 우리는 이 점을 굳게 믿어야 합니다. 주님은 우리 기도에 답하는 걸 기뻐하십니다. 하나님의 자녀가 예수님의 이름으로 기도하면, 그들의 소원을 들어주고 원하는 것을 주시는 것, 그 자체가 하나님께는 기쁨입니다(행 12:5, 고후 1:11, 약 4:8, 5:16,17).

그러나 아직 어리고 연약한 하나님의 자녀들을 위해 주 예수님께서 기도 응답을 받기 위한 지침서를 직접 준비해 두셨습니다. 기도 모임을 활용하세요. 군건한 믿음으로 기도 모임에 참석하여 주님의 이름과 존재를 구하세요. 형제자매와 함께 기도하고, 영광스러운 응답을 기대하세요.

>

1. 기도 모임이 큰 축복이 되는 장소는 전국 각지에 많이 있습니다. 독실한 형제자매들은 일주일에 한 번 또는 안식일 날 정오에 근처에 사는 이

웃들과 함께 기도 모임을 가지며, 이를 통해 큰 축복을 누리고 있을 겁니다. 주변에 이러한 필요가 있는 이웃이 없다면, 신실한 독자 여러분이 주 예수님의 이름으로 직접 기도 모임을 시작해 보는 것도 필요합니다. 진심으로 독자 여러분에게 묻고 싶습니다. 여러분의 지역에 기도 모임이 있나요? 있다면, 신실하게 참여하고 계신가요? 하나님의 자녀들과 함께 예수님의 이름으로 모여 그분의 임재와 응답을 체험하는 것이 무엇인지 알고 계신가요?

2. 기도 모임을 위해 읽기 좋은 책으로 〈기도의 시간 *The Hour of Prayer*〉이 있습니다. 또는 본 책을 꼼꼼히 읽고 복습하는 것도 좋은 방법입니다. 이 책은 기도하는 사람들에게 유익한 양분이 될 수 있습니다.

3. 때때로 "기도 모임이 내면의 골방에 해를 끼치지는 않을까요?"라는 질문을 받기도 합니다. 그러나 제 경험상 해를 끼치기는커녕 오히려 그 반대입니다. 기도 모임은 기도의 훈련입니다. 연약한 성도는 더 성숙한 성도로부터 배우게 되어 있습니다. 좋은 본을 보고 자신을 돌아볼 기회를 얻고, 동기를 부여받기 때문입니다.

4. 기도 모임에서는 함께 기도할 구체적인 제목들을 나누는 것이 일반적으로 더 좋습니다. 이렇게 하면 우리가 하나님의 응답을 믿고 확신하며 기다릴 수 있고, 언제 응답을 받았는지도 분명히 알 수 있습니다. 이런 기도 제목을 나누면 한 마음으로 기도하고 믿음으로 응답을 기대하게 될 겁니다.

고요한 내면의 골방에서나 공개적인 친교의 장소에서나
기도하라고 명령하신 주 예수님,
이 습관이 항상 다른 성도를 굳건하고 온전하며
귀중하게 하는 데 쓰이게 해주세요.
내면의 골방을 우리에게 준비해 주시고
성도들이 하나가 되기 위해
필요한 기도가 무엇인지 알려주세요.
우리의 축복에 아버지께서 임재하여 주시기를 바랍니다.
성도들과의 교제를 통해 우리를 강건하게 해주서서
응답을 기대하고 받을 수 있도록 해주세요.
아멘.

036

하나님에 대한 두려움

주님을 경외하는 사람은 복이 있다. 그는 나쁜 소식을 두려워하지 않는다. 그의 마음은 확고하여 두려움이 없다(시 112:1,7,8). 교회는 주님을 두려워하는 마음과 성령의 위로로 정진해서, 그 수가 점점 늘어갔다(행 9:31).

성경은 **두려움**이라는 단어를 두 가지 의미로 사용합니다. 첫 번째로, **두려움**이 잘못된 방향, 즉 죄와 관련된 맥락에서 언급될 때, 성경은 강하게 두려워하지 말라고 권고합니다(창 15:1, 사 8:13, 렘 32:40, 롬 8:15, 벧전 3:14, 요일 4:18). 성경의 대부분은 **두려워 말라**고 말하지만, 이 단어가 정반대의 의미, 즉 주님을 받아들이는 경건한 태도와 신실한 축복의 확실한 증거로 사용될 때도 종종 있습니다(시 22:24,26, 33:18, 112:1, 115:13, 잠 28:14). 하나님의 사람들은 주를 두려워하는 사람들로 불립니다. **두려움**이라는 단어가 나타내는 차이는 단순한 사실에 기반합니다. 전자는 불신에서 오는 두려움이고, 후자는 믿음에서 오는 두려움입니다. 하나님과의 신뢰가 결여될 때 나타나는 두려움은 악하고 해롭습니다(마 8:26, 계 21:9). 반면, 하나님을 신뢰하고 소망할 때 나타나는 두려움은 영적 삶에 필수적입니다. 세상에 속한 대상에 대한 두려움은 책망받을 죄이지만, 순수한 확신과 아버지를 영화롭게 하는 사랑에서 우러나오는 두려움은 명령입니다(시 33:18, 147:11, 눅 12:4,7). 주님에 대한 두려움은 믿음에서 비롯되며, 이는 주종의 관계가 아닌 부모와 자녀의 관계에서 나타납니다. 성경은 이 두려움을 축복과 능력의 근원이라고 말합니다. 주님을 두려워하는 사람은 그 외에 것을 두려워하지 않습니다. 주님에 대한 두려움은 모든 지혜의 시작이 될 겁니다. 또한, 이 두려움은 하나님의 친절과 보호를 누리는 확실한 길입니다(시 56:5,12 잠 1:7, 9:10, 10:27, 19:23, 행 9:31, 고후 7:1).

자녀들이 믿음에 이르기 전에, 먼저 주님에 대한 두려움으로 인도하는 그리스도인들이 있습니다. 이는 자녀들에게 큰 복이 됩니다. 부모가 자녀에게 주님에 대한 두려움을 가르치는 것보다 더 큰 가르침이나 축복은 없을 겁니다. 이러한 양육은 자녀들이 믿음에 이를 때 큰 도움이 됩니다. 즉, 이 자녀들이 주님의 기쁨 안에서 행할 준비가 되었다는 것입니다. 반면, 이 준비 과정을 거치지 않은 채 믿음에 이르려는 아이들은 거룩한 두려움을 깨우치고 그 두려움을 바탕으로 기도하기 위해 특별한 가르침과 주의가 필요합니다.

>

이 두려움을 구성하는 요소들은 매우 다양하며 모두 영광스럽습니다. 원칙은 다음과 같습니다. 하나님의 영광스러운 위엄과 지극히 높으신 분 앞에는 거룩한 경외가 있습니다. 이러한 자세는 허울뿐인 겉치레, 즉 하나님이 어떤 분이신지를 잊고 하나님을 섬기기 위해 어떤 고통도 감수하지 않는 태도와 대비되는 모습을 보여줍니다(욥 42:6, 시 5:8, 사 6:2,5, 합 2:20, 슥 2:3).

두려움에는 깊은 겸손과 하나님에 대한 확고한 신뢰가 있습니다. 연약함을 인식하는 것은 마음의 미묘한 부분을 이해하는 것이며, 이를 깨닫게 되면 하나님의 영광이나 뜻에 반하는 행동을 매우 두려워하게 됩니다. 그러나 오직 하나님만을 두려워하기 때문에 그분의 보호 아래에서 그분을 온전히 알 수 있습니다. 이러한 겸손은 다른 성도들과의 교제에도 영향을 미칩니다(눅 18:2,4, 롬 11:20, 벧전 3:5).

두려움에는 신중함과 방심하지 않는 태도가 필요합니다. 하나님이 주시는 거룩한 예지로 올바른 길을 알고 적을 경계하며, 경솔하고 조급한 언행, 결심, 행동으로부터 자신을 지키려고 합니다(잠 2:5,11, 8:12,13, 13:13, 16:6, 눅 1:74).

또한, 두려움에는 거룩한 열정과 용기가 있습니다. 종으로서 맡은 바를 다하지 못해 주님을 불쾌하게 할까 두려워하는 마음은 신실한 자세를 불러일으킵니다. 그리고 주님에 대한 두려움은 다른 모든 두려움을 없애고, 승리에 대한 확신으로 가득 찬 용기, 상상할 수 없을 만큼 강한 용기를 줍니다(신 6:2, 사 12:2).

이 두려움은 기쁨을 낳습니다. **떨리는 마음으로 주를 찬양하여라**(시 2:11). 주님에 대한 두려움은 깊고도 견고한 기쁨을 줍니다. 두려움은 뿌리이며, 기쁨은 열매입니다. 두려움이 깊을수록 기쁨은 더욱 강렬해집니다. 이 때문에 성경은 다음과 같이 말합니다. **주를 두려워하는 사람들아, 너희는 그를 찬양하여라. 주님을 경외하는 사람들아, 주님을 송축하여라**(시 22:23, 135:20).

그리스도의 어린 제자 여러분, 아버지의 목소리에 귀 기울이세요. **주님을 믿는 성도들아, 그를 두려워하여라**(시 34:9). 주님에 대한 두려움, 그분을 불쾌하게 하거나 슬프게 할까 두려운 마음으로 여러분을 가득 채우세요. 그러면 악한 무엇에도 두려워하지 않을 겁니다. 주를 두려워하고 그분을 기쁘게 하려는 자는 하나님께서 그의 모든 바람을 들어주실 겁니다. 순수하게 하나님을 믿고 두려워하는 자세는 비굴하고 불신으로 가득한 두려움을 완전히 내던지고, 하나님의 사랑과 기쁨으로 여러분을 인도할 겁니다.

>

1. 하나님에 대한 두려움이 주는 축복은 무엇일까요(시 31:20, 115:13, 145:19, 잠 1,7,8,13,14,27장, 행 10:35)?

2. 왜 하나님을 두려워해야 할까요(신 10:17,20,21, 수 4:24, 삼상 12:24, 렘 5:22, 10:6,7, 마 10:28, 계 15:4)?

3. 특히 하나님, 그분의 위대함, 능력, 영광에 대한 지식은 혼을 두려움으로 가득 채웁니다. 이 때문에 우리는 주님 앞에서 고요히 있어야 하며, 우리의 혼이 그분의 위엄에 깊이 감명을 받을 수 있도록 충분한 시간을 주어야 합니다.

4. **주님께서 내 모든 두려움에서 나를 건져내셨다**(시 34:4). 여러분을 방해하는 다양한 두려움에 이 말씀을 적용할 수 있을까요? 주님은 사람에 대한 두려움(사 41:12,13, 히 13:6), 무거운 시험의 두려움(사 40:1,2), 우리의 연약함에서 오는 두려움(사 41:10), 하나님의 일에 대한 두려움(대상 28:20), 그리고 죽음의 두려움(시 23:4)으로부터 우리를 건져내십니다.

5. 이제 이 말씀을 이해하시겠습니까? 주님을 경외하는 사람은 복이 있다. 그의 마음은 확고하여 두려움이 없다(시 112:1,8).

오, 나의 하나님, 내 마음이 하나가 되어
주의 이름을 두려워하게 하소서.
항상 주님을 두려워하고
주님의 자비를 바라는 마음 안에 거하게 하소서.
아멘.

037

완전한 성별

그러나 잇대는 왕에게 대답하였다. "주님께서 확실히 살아 계시고, 임금님께서도 확실히 살아 계심을 두고 맹세합니다만, 그럴 수는 없습니다. 임금님께서 가시는 곳이면, 살든지 죽든지, 이 종도 따라가겠습니다." (삼하 15:21) 그러므로 이와 같이, 너희 가운데서 누구라도, 자기 소유를 다 버리지 않으면, 내 제자가 될 수 없다(눅 14:33). 그러므로 너희는 그들 가운데서 나오너라. 그들과 떨어져라. 부정한 것을 만지지 말아라. 그리하면 내가 너희를 영접할 것이다. 그리하여 나는 너희의 아버지가 될 것이다(고후 6:17,18). 실로 내 주 예수 그리스도를 위해 나는 그 밖의 모든 것을 해로 여깁니다 (빌 3:8).

우리는 이미 주님을 향한 복종이 그리스도인에게 항상 새롭고 깊은 의미가 있다고 배웠습니다. 한 성도가 주 앞에 복종하게 되면, 그는 한 가지 사실을 깨닫게 될 겁니다. 바로 복종에는 오직 주님만을 위해 살기로 결심한 완전한 성별이 뒤따른다는 점입니다. 성전이 하나님을 섬기기 위한 공간으로만 사용되는 것처럼, 우리도 이 목적을 위해 존재하며, 제단에 놓인 제물이 하나님의 명령에 따라 사용되는 것처럼, 우리에게는 주님의 명령에 반하여 행동할 권리가 없습니다. 우리는 완전히 주님의 것이기 때문에 여러분의 성별도 완전해야 합니다. 하나님은 이스라엘을 구원하고 자신의 소유로 삼으셨다는 사실을 지속적으로 이스라엘에게 상기시키셨습니다(출 19:4,5, 레 1:8,9, 신 7:6, 롬 12:1, 고전 3:16,17). 이 말씀의 의미를 함께 살펴봅시다.

성별에는 예수님과의 깊은 교제와 개인적인 결합이 포함됩니다. 그분은 반드시, 그리고 앞으로도 우리의 혼의 기쁨이자 열망이며 사랑이 되십니다. 물론 하나님께 경배드릴 때도 성결해야 하지만, 그보다 먼저 우리 친구이자 왕, 구원자, 하나님이신 예수님 앞에서 성결해야 합니다(요 14:21, 15:14,15, 21:17, 갈 2:10). 진심 어린 사랑에서 우러나오는 영적인 자극만이 완전한 성별의 삶을 위한 환경을 조성할 수 있습니다. 예수님은 '**나를 위하여, 나를 따르라, 내 제자**'라는 말씀을 반복해서 사용하십니다. 이는 예수님 자신이 중심점이 되어야 한다는 의미입니다(마 10:32,33,37,38,40, 눅 14:26,27,33, 18:22). 예수님은 자신을 우리에게 주셨습니다. 그분을 열망하고 사랑하며 의지하는 것은 제자의 특징입니다.

성별에는 공개적인 고백이 있습니다. 만약 누군가가 어떤 사람에게 무엇을 주면, 다른 사람들은 그것을 그 사람의 소유로 인정할 겁니다. 그분의 소유는 그분의 영광입니다. 주 예수님께서 혼을 구원함으로써 위대한 은혜를 보여주실 때, 온 세상이 이 은혜를 보고 알기를 바라십니다. 그분은 우리의 소유주로 알려지고 영광을 받으실 것입니다. 그분은 그분께 속한 모든 사람이 그분을 고백하고, 그분이 왕이라는 사실이 드러나기를 원하십니다(출 33:16, 수 24:15, 요 13:35). 이러한 공개적인 고백이 없는 헌신은 반쪽짜리일 뿐입니다.

우리가 하나님의 사람들과 결합하여 서로를 하나로 인식하는 것도 공개적인 고백에 포함됩니다. 형제 사랑은 주님이 주신 새로운 언약이자, 그분의 제자로서 반드시 인지해야 하는 확실한 증거입니다. 여러분 주변에 있는 하나님의 자녀들이 적거나 멸시를 받거나 결함이 많더라도, 그들과 하나 되어야 합니다. 그들을 사랑하고, 그들과 교제하며, 기도 모임에서 그들에게 애정을 가지세요. 열렬히 사랑하세요. 형제 사랑은 하나님의 내주와 사랑을 받아들이기 위해 기꺼이 마음을 여는 놀라운 능력을 가지고 있습니다(룻 1:16, 요 15:12, 롬 7:5, 고전 12:20,21, 엡 4:14,16, 벧전 1:22).

완전한 성별에는 죄와 세상으로부터의 분리가 반드시 따릅니다. **부정한 것을 만지지 말라**(고후 6:17). 이 말씀을 기억하세요. 세상이 악한 자의 권세 아래 있다는 사실을 잊지 마세요. 세상을 붙잡고도 구원의 길을 걸을 수 있을지 묻지 마세요. 무엇이 죄인지, 무엇이 합법적인지에 대해 질문하지 마세요. 합법적이라 하더라도 하나님만을 위해 살기 위해 그리스도인은 종종 자발적으로 포기할 수 있어야 합니다(고전 8:13, 9:25,27, 10:23, 고후 6:16,17, 딤후 2:4). 합법적인 것에 대해서도 금욕하는 자세는 주 예수님을 본받기 위해 꼭 필요한 태도입니다. 하나님과 그분의 거룩함을 위해 완전히 분리된 삶을 사세요. 예수님을 위해 모든 것을 포기하고 손실로 여긴 사람은 그와 비교할 수 없는 큰 복을 받을 겁니다(창 22:16,17, 대하 25:9, 눅 18:29, 요 12:24, 빌 3:8).

따로 분리해 두는 이유는 사용할 곳이 있기 때문입니다. 완전한 성별은 우리를 하나님을 위해, 그리고 그분을 섬기는 데 적합하도록 준비시키는 과정입니다. "정말 하나님께서 나를 필요로 하실까? 내게 큰 복을 주실까?" 하고 의심하지 마세요. 여러분을 완전히 그분의 손에 맡기세요. 그분이 여러분을 그분의 축복, 사랑, 영으로 가득 채우실 수 있도록 여러분을 그분께 드리세요. 그것이 곧 복이 될 겁니다(딤후 2:21).

완전한 성별이 너무 높은 기준처럼 느껴진다고 두려워하지 마세요. 여러분은 율법이 아닌 은혜 아래 있습니다. 율법은 능력을 주지 않고 행실만을 요구하지만, 은혜는 우리가 하나님의 뜻을 행할 수 있는 능력도 함께 제공합니다(고후 9:8, 살후 1:11,12). 처음 예수님을 구주로 영접했을 때처럼, 그분께 언제나 새롭게 헌신해야 합니다. 아버지는 우리를 위해 예수님께 모든 것을 주셨습니다. 성별은 믿음의 실행이자 영광스러운 삶의 일부분입니다.

이 때문에 여러분은 이렇게 고백해야 합니다. "내가 아니라, 내 안에 있는 하나님의 은혜가 이것을 이룰 것이다. 나는 그분을 믿는 믿음으로만 산다. 그분은 내 안에서 역사하시어 내 의지와 행실을 주관하신다(고전 15:10, 갈 2:20, 빌 2:13)."

1. 하나님께 눈을 뜨게 해달라고 간구하는 것과 하나님이 바라시는 완전한 성별 중, 그리스도인의 삶에서 무엇이 더 중요한지는 사실상 의미가 없는 질문입니다. 하나님이 어떻게 우리의 의지를 완전히 소유하시고 우리 안에 거하실 수 있는지, 우리의 생각만으로는 이해할 수 없는 진리입니다. 저는 이 점을 제 자신과 타인으로부터 배웁니다. 성령은 우리 안에서 이 역사를 드러내십니다. 그럴 때면 우리가 이 진리에 대해 얼마나 적게 알고 있는지를 확신하게 됩니다. 완전히 하나님을 위해 살아야 한다는 것은 알지만, 그렇게 할 수 없다고 생각하지 마세요. 그저 이렇게 고백하세요. "저는 여전히 눈이 멀었습니다. 아직도 하나님이 전부인 삶의 영광이 무엇인지 보지 못하고 있습니다. 만약 제가 그 영광이 무엇인지 본다면, 하나님이 제 안에서 역사하셔야만 그 일이 가능하다는 진리를 믿고 간절히 바라게 될 겁니다."

2. 하나님의 것으로, 그분만을 위해 살기로 결심하고 그분께 자신을 완전히 드릴 때, 조금도 의심하지 마세요. 그분 앞에 이에 대한 확신을 보이세요. 비록 여러분이 아직 완전한 성별의 의미를 이해하지 못했더라도, 이를 간절히 바라고 인정하세요. 성령이 여러분을 완전한 하나님의 소유로 인치셨다는 점을 깊이 숙고하세요. 비록 여러분이 고집으로 인해 비틀거릴지라도, 진실한 마음을 붙들고 여러분의 마음이 모든 면에서

하나님을 위해 살기로 굳게 선택했다고 신실하게 주장하세요.

3. 주님은 여러분을 위해 자신의 모든 것을 주셨고, 그분이 여러분의 전부입니다. 이 진리는 능력의 원천이며, 주님께 여러분의 모든 것을 드리고 그분을 위해 모든 일을 할 수 있게 하는 힘의 시작점입니다. 항상 이 진리에 여러분의 시선을 고정하세요. 그분께서 여러분을 위해 하신 일에 대한 믿음은 곧 여러분이 그분을 위해 할 수 있는 능력입니다

주님, 제 마음의 눈을 열어 주시옵소서.
주님, 제가 완전히 주님의 소유가 되었음을 깨닫게 하소서.
내 마음속 깊은 곳에 계신 주님,
저를 능력으로 삼아 사용하시고 소유하여 주시옵소서.
주님이 나의 왕이심을,
내가 오직 주님의 뜻만을 구하고 있음을
모든 사람이 알게 하소서.
세상으로부터의 성별, 하나님의 뜻과 자녀들에 대한 헌신으로
주님, 제가 완전히 그리고 전적으로
주님의 것임이 드러나게 하소서.
아멘.

038

믿음의 확신

그는 하나님의 약속을 믿고 의심하지 않았습니다. 오히려 그는 믿음이 굳세어져서 하나님께 영광을 돌렸습니다. 그는, 하나님께서 스스로 약속하신 바를 능히 이루실 것이라고 확신하였습니다(롬 4:20,21). 자녀 된 이 여러분, 우리는 말이나 혀로 사랑하지 말고, 행동과 진실함으로 사랑합시다. 이렇게 함으로써 우리는 우리가 진리에서 났음을 알게 될 것입니다. 또 우리는 하나님 앞에서 확신을 가지게 될 것입니다(요일 3:18,19). 그리스도께서 우리 안에 계시다는 것을, 그가 우리에게 주신 성령으로 우리는 압니다(요일 3:24).

하나님의 모든 자녀는 믿음의 확신이 필요합니다. 이 믿음은 주님이 성도를 받아주시고 그의 자녀로 만드셨다는 사실을 믿는 겁니다. 거룩한 말씀은 그리스도인들이 구원을 받고 하나님의 자녀가 되어 영원한 생명을 받았으며, 이 사실을 알아야 한다고 항상 강조합니다(신 26:18,19, 사 44:5, 갈 4:7, 요일 5:12). 진정 아버지가 자신을 자녀로 인정하시는지 확신하지 못한다면, 어떻게 기도로 아버지를 섬기고 사랑할 수 있겠습니까? 이미 이 부분에 대해 이전 과에서 언급했습니다. 그러나 무지와 불신으로 인해 그리스도인은 종종 어둠에 휩싸이곤 합니다. 이 때문에 우리는 확고한 목적을 가지고 이 주제를 다시 다루고자 합니다.

>

성경은 우리가 다음 세 가지를 통해 확신을 얻는다고 말합니다. 첫째는 믿음이고, 둘째는 역사이며, 마지막으로는 이 모든 것과 함께 하시는 성령입니다.

우선, 믿음을 살펴봅시다. 아브라함은 위대한 믿음의 본보기이자 확신의 상징입니다. 그렇다면 성경은 그가 가진 확신에 대해 무엇이라고 말할까요? 그는 하나님이 약속하신 바를 반드시 이루실 거라고 완전히 확신했습니다. 그의 기대는 오직 하나님과 그분의 약속에서만 비롯되었습니다. 그는 하나님의 말씀을 이행하기 위해 오직 그분만을 의지했습니다. 그에게 하나님의 약속은 유일하고도 충만한 믿음의 확신이었습니다(요 3:33, 5:24, 행 27:25, 롬 4:21,22, 요일 5:10,11).

많은 어린 그리스도인들은 믿음이 완전한 확신을 주기에 충분하지 않다고 생각합니다. 그들은 더 많은 것을 원합니다. 확신, 즉 확실한 내면의 감정이 믿음을 넘어서는 것이라고 생각하기 때문입니다. 그러나 이는 잘못된 생각입니다. 믿을 만한 사람의 말보다 더 강한 확신을 주는 것은 없듯이, 하나님의 말씀도 우리의 확신이 되어야 합니다. 사람들은 자신과 자신의 감정에서 무언가를 찾기 때문에 실수합니다. 그러지 마세요. 모든 구원은 하나님으로부터 옵니다. 혼은 자신의 일에 몰두하지 말고 하나님께 집중해야 합니다. 하나님의 말씀에 귀 기울이고 그분의 약속을 신뢰하기 위해 자신을 잊은 사람은 믿음으로 충만한 확신을 소유합니다(민 23:19, 시 89:35). 그는 약속을 의심하지 않고 오히려 강한 믿음으로 하나님께 영광을 돌리며 그분의 약속이 이루어질 것이라고 완전히 확신합니다.

다음으로 역사를 살펴봅시다. 우리는 꾸밈없는 사랑으로 인해 마음에 확신을 가집니다(요일 3:18,19). 자, 이 점을 유념해 보세요. 약속에 대한 믿음, 그리고 그 믿음에서 오는 확신이 먼저입니다. 행위는 그 이후에 따라옵니다. 은혜를 받은 죄인은 이 진리를 단순히 말씀으로만 이해합니다. 그러나 이후에 이어지는 역사를 통해 확신하게 될 겁니다. **행함으로 믿음이 완전하게 되었습니다**(요 15:10,14, 갈 5:6, 약 2:22, 요일 3:14). 나무는 믿음에 심겨졌습니다. 그리고 심겨질 때는 열매가 없는 것이 당연합니다. 그러나 열매를 맺어야 할 때에 열매가 없다면 의심을 품을 수 있습니다. 처음에 말씀만을 향한 믿음의 확신을 더욱 분명히 붙잡을수록, 역사도 더욱 확실히 뒤따를 겁니다.

마지막으로 성령에 대해 살펴보겠습니다. 믿음과 역사를 통한 확신은 성령으로부터 옵니다. 하나님의 자녀는 자신의 말이나 행동이 아니라, 성령의 증거인 말씀과 성령의 열매인 역사를 통해 자신이 하나님의 소유라는 확신을 가집니다(요 4:13, 롬 8:13,14, 요일 3:24). 우리의 생명이신 예수님을 믿고 그분 안에 거하세요. 그러면 믿음의 확신이 결코 부족하지 않을 겁니다.

\>

1. 하나님께서 나를 자녀로 인정하고 사랑하신다는 확신이 없이는 하나님의 자녀로서 사랑하거나 섬길 수 없습니다. 믿음의 확신에 대한 중요성은 이 진리에 기반합니다.

2. 성경 전체는 믿음의 확신을 위한 하나의 위대한 증거입니다. 그리고 이는 단순한 말뿐만 아니라 실제로 이 진리를 입증하고 있습니다. 아브라함과 모세는 하나님이 자신들을 받아주셨다는 사실을 잘 알고 있었습니다. 만약 이 사실을 몰랐다면 그들은 하나님을 섬기거나 신뢰하지 못했을 겁니다. 이스라엘도 하나님이 그들을 구원하셨다는 사실을 알고 있었고, 이 때문에 하나님을 섬겼습니다. 신약의 구원은 이보다 더 위대하기 때문에 굳이 더 설명할 필요가 없습니다. 모든 사도 서신은 자신이 구원받은 거룩한 하나님의 자녀임을 알고 고백하는 사람들을 위해 기록되었습니다.

3. 믿음과 순종은 뿌리와 열매처럼 분리할 수 없습니다. 우선, 뿌리가 있어야 합니다. 그리고 뿌리는 열매가 없는 시간을 견뎌야 합니다. 그 시간을 견디고 나면 분명히 열매가 찾아오게 되어 있습니다. 열매 없이 가지는 첫 확신은 말씀에 대한 살아 있는 믿음에서 비롯됩니다. 이후 예수님과 함께하는 삶 속에서 믿음의 확신이 커지면 열매를 맺고, 그 열매를 통-

해 다시 확신을 얻게 됩니다.

4. 우리의 고백으로 인해 믿음의 확신이 더욱 뚜렷해집니다. 입으로 고백하는 순간, 확신은 더욱 강해집니다. 이로 인해 우리는 더욱 성장하고 단단해집니다.

5. 예수님의 발 앞에서 그분의 다정한 얼굴을 바라보고, 그분의 애정 어린 약속에 귀 기울이며 기도로 그분과 교제하세요. 그러면 모든 의심이 사라질 겁니다. 충만한 믿음의 확신을 가지고 나아가세요.

> 오, 나의 아버지, 아버지와 함께 하는 삶,
> 약속에 대한 순수한 신뢰,
> 명령에 대한 진심 어린 복종을 통해
> 믿음의 확신을 갖게 해 주세요.
> 성령께서 내가 하나님의 자녀임을
> 내 영혼에 증거해 주시기를 바랍니다.
> 아멘.

039

예수님과의 일치

자기 아들의 형상과 같은 모습이 되도록 미리 정하셨으니(롬 8:29). 내가 너희에게 한 것과 같이, 너희도 이렇게 하라고, 내가 본을 보여 준 것이다(요 13:15).

성경은 우리가 이루는 두 가지 일치, 두 가지 초상에 대해 설명합니다. 우리가 세상과 예수님 중 하나를 선택하면 나머지는 제외되고 힘을 발휘하지 못합니다. 예수님과의 일치는 세상과의 일치를 막는 강력한 방어막입니다. 반면, 세상과 일치할 때 이를 극복하려면 예수님과의 일치가 필요합니다.

어린 그리스도인들이 참여하게 된 새로운 생명은 하늘에 계신 하나님의 생명입니다. 그리스도 안에서 이 생명이 나타나고 구현되었습니다. 예수님 안에 있던 영원한 생명의 역사와 열매가 지금 여러분 안에 있습니다. 그분의 삶 속에서 우리는 영원한 생명이 우리 안에서 어떻게 역사할 것인지 알 수 있습니다. 그렇기 때문에 우리가 예수님께 전적으로 헌신하고 영원한 생명의 지배에 순종하면, 예수님과 일치하는 삶의 놀라운 역사가 이루어질 겁니다(마 20:27,28, 눅 6:40, 요 6:57, 요일 2:6, 4:17).

　예수님의 본을 따라 그분과 닮아가고, 그분과 일치하며 내면의 성장을 이루기 위해서는 두 가지가 꼭 필요합니다. 첫째, 내가 이를 위해 부름을 받았다는 분명한 통찰력과 둘째, 이러한 역사를 이루실 것이라는 확고한 신뢰입니다.

　영적인 삶에서 가장 큰 걸림돌은 하나님이 바라시는 우리의 모습을 모르고 보지 못하는 무지입니다(마 22:29, 눅 24:16, 고전 3:1,2, 히 5:11,12). 우리의 지성이 아직 낮은 수준에 머물러 있기 때문에 하나님을 진정으로 섬기는 일에 대해 인간적인 생각이나 사고 방식으로 접근하며, 홀로 우리를 가르치실 수 있는 성령님을 기다리는 것이 무엇을 의미하는지 잘 알지 못합니다. 또한, 하나님의 분명한 말씀이 그분이 바라시는 뜻과 능력을 우리에게 주지 못할 때도 이를 알아차리지 못합니다. 우리가 영적으로 예수님을 닮아가는 것이 무엇인지 모르고 그분과 같은 삶을 살도록 부름받았다는 사실을 인지하지 못하는 한, 진정으로 예수님과 일치할 수는 없습니다. 따라서 우리는 특별한 영의 가르침이 필요합니다(고전 2:12,13, 엡 1:17,18).

>

하나님이 말씀하신 바를 이해하고 그리스도와 일치하기 위해 우리는 성실하게 성경을 살펴보아야 합니다(요 13:15, 15:10,12, 17:18, 엡 5:2, 빌 2:5, 골 3:18). 끊임없이 성경의 말씀을 숙고하고 마음을 성경에 두어야 합니다. 또한, 신실하게 기도해야 합니다. 그러면 성령님이 우리를 일깨우고 예수님의 삶 전체를 면밀히 살펴보게 하실 겁니다(고전 11:1, 고후 3:18). 성령님은 예수님과 마찬가지로 아버지의 뜻과 영광만을 위해 살도록 부름받았다는 사실을 깨닫게 하실 겁니다. 예수님처럼 이 세상에 발을 딛고 서 있으면서 말입니다.

우리에게는 믿음이 필요합니다. 이 믿음을 통해 우리는 주님의 형상을 그분과 동일하게 지닙니다. 불신은 무능의 원인입니다. 우리는 이 문제를 다른 시각에서 바라보아야 합니다. 우리는 무력하기 때문에 감히 주님과 일치할 수 없으며, 이를 믿을 수도 없다고 생각합니다. 이러한 생각은 하나님의 말씀과 상충됩니다. 우리는 우리 자신의 능력으로 예수님의 형상을 따를 수 없습니다. 그분은 우리의 머리이자 생명이십니다. 그분은 우리 안에 거하시며, 성령을 통해 그분의 생명이 우리 안에서 거룩한 능력으로 역사하게 하실 겁니다(요 14:23, 고후 13:3, 엡 3:17,18).

우리는 이 역사를 믿음과 분리하여 생각할 수 없습니다. 믿음은 마음의 동의이자 하나님을 향한 순종이며, 그분의 역사에 대한 환영입니다. **너희 믿음대로 되어라**(마 9:29). 이 말씀은 하나님 나라의 헌법 중 하나입니다(슥 8:6, 마 8:29, 눅 1:37,45, 17:19, 갈 2:20). 불신은 실로 놀라울 정도로 위대한 하나님의 축복과 역사를 강력하게 방해합니다. 그리스도와 일치하기를 원하는 그리스도인은 특별히 단단한 신뢰를 소중히 여겨야 합니다. 이 신뢰는 이 축복이 자신의 손 안에 있으며 온전히 이루어질 것이라고 믿는 겁니다. 예수님은 하나님의 은혜를 통해 우리를 그분과 같이 만드실 수 있습니다. 우리는 이 예수님을 바라보는 법을 배워야 합니다. 예수님 안에 계셨던 성령이 우리 안에도 계시며, 예수님을 인도하고 강건하게 하신 아버지께서도 우리를 돌보고 계십니다. 지상에 사셨던 예수님은 이제 우리 안에 살아계십니다. 우리는 이 진리를 믿어야 합니다. 즉, 삼위일체 하나님께서 우리를 아들의 형상으로 변화시키기 위해 일하고 계신다는 진리에 대한 강한 확신과 보증을 소중히 붙들어야 합니다(요 14:19, 17:19, 롬 8:2, 고후 3:18, 엡 1:19,10).

이 사실을 믿는 사람은 주님과 일치하게 될 겁니다. 이는 많은 기도가 필요한 일입니다. 특히 하나님과 예수님과의 끊임없는 교제가 필수적입니다. 이를 간절히 바라고 시간을 쏟으며 희생한다면, 분명히 주님과 일치하게 될 겁니다.

>

1. 예수님과 일치하라. 우리는 이 말씀을 이해했다고 생각하지만, 진정으로 하나님이 우리에게 예수님과 같이 살기를 바라신다는 점은 깨닫지 못하고 있습니다. 이를 위해서는 그분과 많은 시간을 보내고, 기도하며, 그분의 본을 깊이 생각하는 시간이 필요합니다. 그러나 사람들은 종종 이렇게 소리치고 싶은 순간을 마주합니다. "정말 그런가요? 하나님이 정말로 예수님과 같은 삶을 살라고 우리를 부르셨나요?"

2. **'예수님과 같이 하나님 아들의 형상을 생각하고 그분과 일치하라.'** 이 말은 예수님의 형상의 다양한 특징과 그 형상을 받기 위한 확실한 방법을 제시하는 이번 과의 제목입니다.

3. 세상과의 일치는 세상과의 밀접한 소통을 통해 더욱 굳건해집니다. 예수님과의 깊은 교제를 통해 우리는 그분의 생각, 방식, 결정을 받아들이게 될 겁니다.

4. 예수님의 삶의 핵심은 그분이 인류를 위해 아버지께 자신을 완전히 드렸다는 겁니다. 이것이야말로 예수님과 일치하기 위해 우리가 갖추어야 할 중요한 요소입니다. 잃어버린 혼들의 복과 구원을 위해 하나님께 우리 자신을 드려야 합니다.

5. 예수님의 성품 중 두드러진 특징은 어린아이와 같은 모습입니다. 그분은 아버지께 완전히 의지하며, 아버지의 뜻을 이루기 위해 기꺼이 자신을 준비하고 가르침을 받으려 합니다. 우리는 특히 이러한 모습을 닮아야 합니다.

하나님의 아들, 하나님의 영광의 광채, 그분의 형상,

저는 주님의 형상으로 변화되어야 합니다.

주님을 통해 하나님의 형상을 봅니다.

태초에 우리는 그분의 형상을 닮도록 창조되었습니다.

이제 그분을 통해 새롭게 창조되었습니다.

주 예수님, 주님과 일치하는 것이 저의 열망이 되게 하소서.

내 혼의 소망이 되게 해 주세요.

아멘.

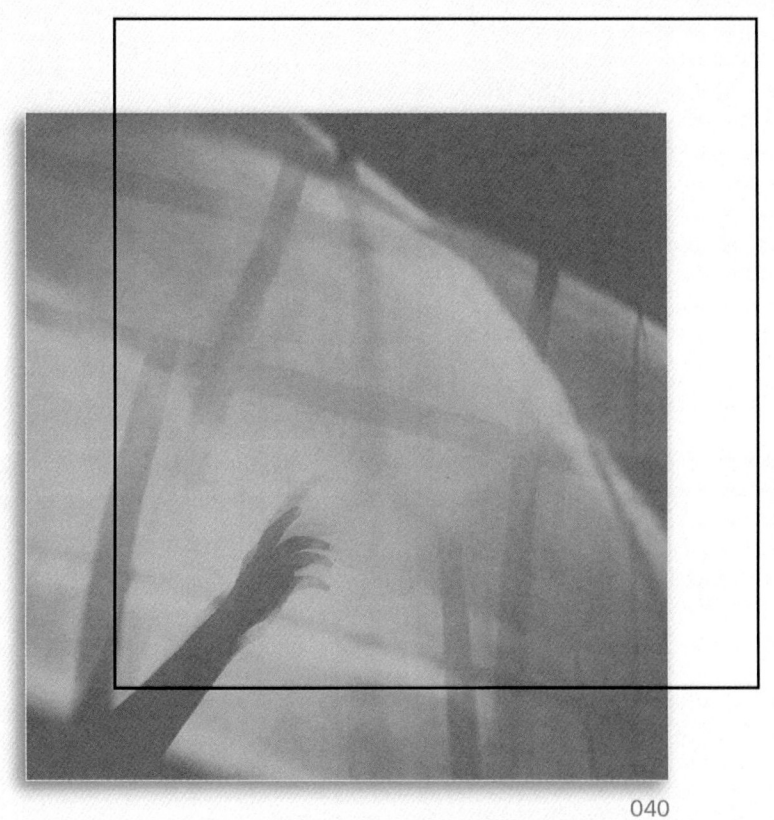

040

세상과의 일치

형제자매 여러분, 그러므로 나는 하나님의 자비하심을 힘입어 여러분에게 권합니다. 여러분의 몸을 하나님께서 기뻐하실 거룩한 산 제물로 드리십시오. 이것이 여러분이 드릴 합당한 예배입니다. 여러분은 이 시대의 풍조를 본받지 말고, 마음을 새롭게 함으로 변화를 받아서, 하나님의 선하시고 기뻐하시고 온전하신 뜻이 무엇인지를 분별하도록 하십시오(롬 12:1,2).

이 세상과 일치하지 말라(롬 12:2). 이 세상과 일치한다는 것이 무슨 의미일까요? 이는 예수님과 일치하는 것과는 정반대의 개념입니다. 예수님과 세상은 서로 대립하고 있습니다. 세상은 예수님을 십자가에 못 박았고, 예수님과 제자들은 세상에 속하지 않습니다. 이 세상의 영은 하나님을 보지도 못하고 알 수도 없기 때문에 하나님의 영을 받아들일 수 없습니다(요 14:17, 17:14,16, 고전 2:6,8).

>

이 세상의 영은 무엇일까요? 이 세상의 영은 하나님의 영이 인류를 새롭게 하기 전, 인간의 본성을 움직였던 성질입니다. 이 영의 기원은 이 세상의 왕노릇하며 하나님의 영으로 새롭게 되지 못한 자들을 다스리는 악한 영입니다(요 14:30, 16:11, 고전 2:12).

이 세상의 영과 일치하는 것, 즉 그것을 나타낸다는 의미는 무엇일까요? 하나님의 말씀은 이에 대해 이렇게 답합니다. 세상에 있는 모든 것, 곧 육체의 욕망과 눈의 욕망과 세상 살림에 대한 자랑은 모두 하늘 아버지에게서 온 것이 아니라, 세상에서 온 것이기 때문입니다(요일 2:16). 세상을 마음껏 누리고자 하는 욕망, 쾌락에 대한 갈망, 부에 대한 갈증, 세상에 대한 소유욕, 영광에 대한 열망, 세상에서 존경받고 싶은 야망 등은 세상의 영을 구성하는 핵심 요소입니다(요일 2:15,16).

이 세 가지 욕망은 하나의 본질, 즉 뿌리에 기반을 두고 있습니다. 이 세상의 영은 사람들이 자신의 결말을 스스로 결정하고 자신을 세상의 중심에 두도록 유도합니다. 세상의 영이 지배하는 한 모든 창조물은 그 영에 복종해야 합니다. 결국, 창조물은 눈에 보이는 것에 일생을 바치게 됩니다. 세상의 영은 사람들이 자기 자신과 눈에 보이는 것을 추구하게 합니다(요 5:44). 반면, 예수님의 영은 사람들이 자기 자신과 눈에 보이는 것을 위해 살지 않고, 눈에 보이지 않는 일, 즉 하나님을 위해 살도록 인도하십니다(고후 4:18, 5:7,15).

죄와 불의에서 자유로워진 상태에서 세상과의 교류를 유지하며 바쁘고 세속적인 삶을 살 수 있다고 생각하는 것은 매우 위험하고 심각한 문제입니다. 이러한 삶은 결국 하나님을 등지는 삶입니다(약 4:4).

세상 일, 먹고 마시는 일, 이미 소유하고 있는 자산, 미래에 얻을 수 있을 것 같은 자산, 세상에서 얻은 물질, 불려야 할 재산에 대한 염려는 우리 인생의 중대한 문제이며, 이는 세상과 일치합니다. 눈에 보이는 물질과 자신을 위해 세상과 함께 살아가면서 동시에 그리스도를 신뢰하고 그리스도를 드러내는 삶을 살 수 있다고 생각한다면, 지금 매우 위험한 상태에 처한 겁니다(마 6:32,33). 이러한 문제로 인해 그리스도인들에게는 강력한 명령이 주어졌습니다. **세상과 일치하지 말고 예수님과 일치하라.**

>

그렇다면 어떻게 해야 세상과 일치하지 않을 수 있을까요? 본문의 구절을 숙고하며 다시 읽어보세요. 두 가지를 발견할 수 있을 겁니다. 우선, 여러분의 몸을 하나님께 살아 있는 산 제물로 드려야 합니다. 세상과 일치하지 마세요. 여러분 자신을 예수님과 일치하도록 하나님께 드리세요. 매 순간 하나님께 바쳐진 상태로 살아가세요. 세상에 대해 십자가에 못 박히세요. 그러면 세상과 일치하지 않게 될 겁니다(갈 6:14).

자, 이제 이 말씀 이후에 나오는 내용을 살펴보세요. 마음을 새롭게 함으로써 변화를 경험하세요. 그러면 하나님의 온전한 뜻이 무엇인지 입증하게 될 겁니다. 또한, 새로운 마음은 지속적으로 성장할 겁니다. 이러한 변화는 우리가 성령님의 인도를 따를 때 그분을 통해 이루어집니다. 하나님의 뜻을 따르는 것이 무엇인지, 세상의 영을 따르는 것이 어떤 것인지 영적으로 분별하는 법을 배우게 됩니다. 온 마음을 새롭게 하는 일에 열심인 성도는 세상과 일치하지 않을 겁니다. 하나님의 영이 그 사람을 예수님과 일치하도록 인도하시기 때문입니다(고후 6:14, 엡 5:17, 히 5:14).

그리스도인 여러분, 기도하십시오. 예수님이 여러분을 위해 이루어내신 힘, 즉 세상을 이기는 힘을 믿으세요. 자기 자신을 위해 살게 하는 은밀한 유혹을 이겨내세요. 예수님이 승리자라는 사실을 믿으세요. 그러면 여러분도 승리하게 될 겁니다(요 16:33, 요일 5:4,5).

>

1. 세상이 주는 기쁨. 춤추는 것이 죄일까요? 당구를 치는 것이 해를 끼치나요? 왜 그리스도인은 즐거운 시간을 보내면 안 되나요? 어떤 사람들은 성경에 그러한 행동을 금지하는 명확한 법이 있기를 바라기도 합니

다. 그러나 하나님은 의도적으로 그런 법을 주지 않으셨습니다. 만약 그런 법이 존재한다면, 사람들은 외적으로만 경건해 보이려고 애쓸 것이기 때문입니다. 그러면 하나님은 각 사람을 시험대에 올려놓고 그의 내면이 세속적인지 영적인지를 판단하실 겁니다. 기도하고 로마서 12장 1~2절 말씀을 마음으로 깨닫고 하나님의 영이 여러분 안에서 역사하게 해달라고 간구하세요. 하나님께 자신을 드리고 하나님의 뜻을 입증하기 위해 마음을 새롭게 한 그리스도인은 춤을 추거나 당구를 쳐도 되는지 빠르게 알게 될 겁니다. 세상과 일치하는 것을 두려워하지 않고 오직 지옥만을 두려워하는 그리스도인은 하나님의 영이 자녀들에게 보여주는 것을 볼 수 없습니다.

2. 요한이 서신에서 언급했듯이, 이 세상 신의 삼위일체가 낙원에서의 유혹과 예수님이 겪으신 유혹 모두에서 드러난다는 사실은 실로 놀랍습니다.

육신의 정욕
- 여자는 나무를 보고 먹음직스럽다고 생각했다.
- 돌들에게 빵이 되라는 명령을 내렸다.

안목의 정욕
- 눈을 즐겁게 해주었다.
- 마귀가 예수님께 세상의 모든 왕국을 보여주었다.

생의 자랑
- 나무는 사람을 지혜롭게 만든다.

- 낙심하게 한다.

3. 제가 하는 말을 깊이 생각해 보세요. 예수님과 일치해야만 세상과 일치하지 않을 수 있습니다. 혼이 예수님과 일치하도록 노력하세요.

귀하신 주님, 저는 제 자신을 살아있는
희생 제물로 주님께 바칩니다.
저는 제 자신을 주님께 드렸습니다.
주님께서 세상에 속하지 않으셨던 것처럼,
저도 세상의 것이 아닙니다.
성령님, 제 마음을 새롭게 하시고 비춰 주시길 바랍니다.
그래서 이 세상의 영의 실체를 분명히 보게 해주세요.
또한, 제가 세상의 것이 아니며
주님과 하나가 되었다는 사실을
제 안에서 발견할 수 있도록 도와주세요.
아멘.

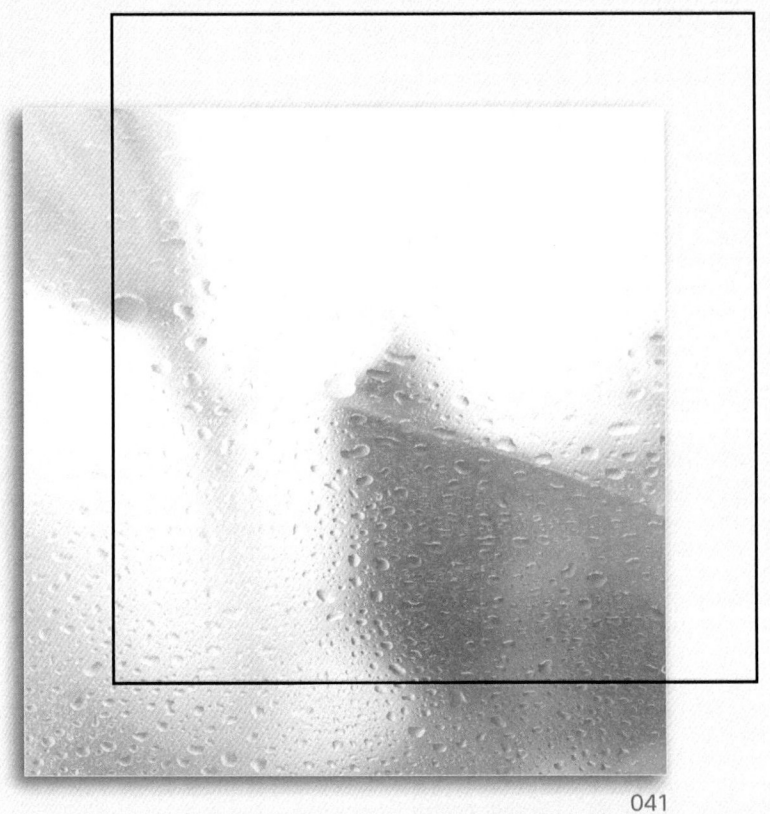

041

주의 날

이렛날에 하나님이 창조하시던 모든 일에서 손을 떼고 쉬셨으므로, 하나님은 그 날을 복되게 하시고 거룩하게 하셨다(창 2:3). 그 날, 곧 주간의 첫 날 저녁에 예수께서 와서, 그들 가운데로 들어서셔서, "너희에게 평화가 있기를!" 하고 인사말을 하셨다(요 20:19). 주님의 날에 내가 성령에 사로잡혀 내 뒤에서 나팔 소리처럼 울리는 큰 음성을 들었습니다(계 1:10).

인간은 시간의 법칙 속에서 살아갑니다. 인간은 자신이 하고자 하는 일과 달성하고자 하는 일에 시간을 쏟아야 합니다. 하나님은 놀라운 방식으로 그분과 교제할 시간을 주십니다. 하나님은 일주일 중 하루를 그분과 교제하는 날로 정해 두셨습니다.

이 하루를 주신 것은 그분이 인간을 성결하게 하길 원하신다는 증거로서, 그분을 섬기는 것에 위대한 목적이 있습니다(출 31:13,17, 겔 20:12,20). 성경에서 가장 중요한 단어 중 하나인 거룩이라는 말을 온전히 이해하기 위해 노력하고 기도하세요. 하나님은 거룩하신 분이십니다. 즉, 거룩한 사람만이 하나님과 그분의 거룩함으로 교제하고 그분을 드러낼 수 있습니다. 우리는 성전이 거룩하기에 하나님이 그 안에 거하신다는 사실을 알고 있습니다. 하나님은 성전을 차지하셨고, 그 안에 거하셨습니다. 따라서 하나님은 인간 역시 거룩하게 하셨고, 인간을 소유하셨으며, 그분 자신으로, 그분의 생명과 성품과 거룩함으로 가득 채우셨습니다. 이 때문에 하나님은 일곱째 날을 소유하고 전유하셨으며, 거룩하게 하셨습니다. 그리고 인간에게도 이 날을 거룩하게 하라고 하셨으며, 주의 날, 즉 주님이 임재하고 특별한 일을 하시는 날로 인지하라고 명하셨습니다. 이 명령을 따라 주의 날을 거룩하게 하는 사람은 하나님의 약속대로 거룩하게 될 겁니다(출 31:12~17을 주의 깊게 읽어보세요. 특히 13절을 유념하세요).

>

하나님은 거룩한 일곱째 날을 복 주셨습니다. 하나님의 축복은 생명의 힘입니다. 어떤 일이든 그분께 맡기는 자세에서 충만한 축복이 나옵니다. 하나님은 식물, 가축, 사람에게 다산할 수 있는 힘을 복으로 주셨습니다(창 1:22,28, 22:17). 따라서 하나님은 일곱째 날에 축복의 힘을 부여하셨습니다. 약속에 따르면 이 날을 거룩하게 하는 자는 누구나 거룩하게 될 겁니다. 우리는 항상 안식일을 축복을 가져오는 날로 인식해야 합니다. 안식일과 관련된 축복은 실로 위대합니다(사 46:4,7, 48:13,14).

안식일 제도에 있어 여전히 사용되는 표현이 있습니다. **하나님께서 일곱째 날에 쉬셨더라**(창 2:3). 이는 출애굽기에서 숨을 돌렸다 또는 **기뻐하셨다**라고 표현됩니다. 하나님은 그분의 안식으로 우리를 초대함으로써 우리를 거룩하게 하고 축복하시기를 원하십니다. 또한, 걱정이나 연약함이라는 짐을 지지 않고 그분의 완성된 역사, 그분의 쉼, 그분 자체 안에서 안식하는 우리의 모습을 보여주고 싶어 하십니다. 이 안식은 단순히 외적으로 일을 그만두라는 것이 아닙니다. 이 안식은 믿음의 안식이며, 하나님께서 이미 완성하신 우리의 역사를 인정함으로써 얻을 수 있습니다. 이 안식 속에서 우리는 믿음으로 예수님의 완성된 사역에 참여하고, 하나님 앞에 거룩한 모습으로 발견되기 위해 헌신합니다(히 4:3,10).

예수님은 부활을 통해 두 번째 창조를 완성하셨고, 그 부활의 능력으로 우리가 생명과 안식에 참여하게 되었기 때문에 일곱째 날은 주의 첫 날이 되었습니다. 이에 대한 특별한 서술은 없습니다. 신약에서 성령님은 율법을 대신하십니다. 주님의 영은 제자들을 인도하여 이 날을 기념하도록 하셨습니다. 이 날은 주님이 부활하신 날일 뿐만 아니라 성령님이 부어진 날이기도 합니다. 또한, 주님이 40일 동안 자신을 나타내 보이셨던 날이자 성령님이 특별히 역사하신 날이기도 합니다(요 20:1,19,26, 행 1:8, 20:7, 고전 16:2, 계 1:10).

이 날에 대해 배워야 할 핵심은 다음과 같습니다.

>

유월절의 주된 목적은 여러분을 하나님과 같이 거룩하게 만드는 겁니다. 하나님은 여러분이 거룩해지기를 원하시며, 이는 영광이자 축복이며 안식입니다. 그분은 여러분을 그분으로, 그분의 거룩함으로 가득 채워 거룩하게 하실 겁니다(출 29:43,45, 겔 37:27,28, 벧전 1:15,16).

여러분을 거룩하게 하기 위해 하나님은 여러분과 함께하시고, 여러분 안에 임재하며, 여러분과 교제하셔야 합니다. 주님과 함께 쉬려면 모든 수고와 일에서 벗어나야 합니다. 수고나 불안 없이 조용히 쉬기 위해서는 하나님의 아들이 모든 일을 완성하셨고, 아버지가 모든 일에서 여러분을 돌보고 계시며, 성령님이 여러분 안에서 모든 일을 이루실 거라고 확신해야 합니다. 구원받은 혼이 주님 앞에 홀로 고요히 있고, 그분의 말씀에 귀 기울이며, 그분이 모든 것을 이루실 것이라고 믿고 거룩한 안식에 들어설 때에야 비로소 그분은 자신을 나타내실 수 있습니다(시 52:2,6, 합 2:20, 2:13, 요 19:30). 우리를 거룩하게 하시는 분은 하나님이십니다.

우리는 안식일을 거룩하게 지켜야 합니다. 우선, 세상의 일과 방해 요소에서 벗어난 후, 시간을 내어 주님의 날에 그분께 속한 일, 그분이 이루고자 하시는 일, 그분과의 교제에 집중해야 합니다.

안식의 날을 거룩한 경배의 공적 의식으로만 사용하지 마세요.

이 날은 하나님께서 여러분에게 복을 주시고 거룩하게 하실 수 있는 특별하고도 개인적인 교제의 시간입니다. 교회 안에서는 활발한 소통과 형식적인 설교, 성찬, 함께하는 기도, 찬양 등이 여러분을 분주하게 합니다. 그러나 이러한 활동 속에서 여러분의 마음이 진정으로 하나님과 함께하고 있는지, 그분 안에서 기뻐하고 있는지를 항상 알 수 없습니다. 이러한 자세는 홀로 있을 때 더욱 드러납니다. 여러분의 하나님이신 주님과 단독으로 만나세요. 그분께 여러분의 이야기를 전할 뿐만 아니라, 그분의 이야기도 귀 기울여 들으세요. 여러분의 마음이 거룩한 침묵 속에서 하나님의 음성만 들리는 성전이 되도록 하세요. 그분 안에서 안식하세요. 그러면 그분이 여러분의 마음에 말씀하실 겁니다. **이것이 나의 안식이다. 나는 그곳에 거한다**(시 132:13,14).

어린 그리스도인 여러분, 거룩하고 복된 안식일을 소중히 여기고 열망하세요. 안식일을 주신 하나님께 감사드리며, 이 날을 거룩하게 하세요. 무엇보다도 이 날에 하나님과의 깊은 교제를 나누고, 그분의 사랑 안에서 살아있는 관계를 맺으세요.

>

1. 안식일은 타락 이전에 시작된 은혜의 첫 번째 수단이었습니다. 그 가치는 헤아릴 수 없이 높습니다.

2. 삼위일체 하나님께서 안식일에 어떻게 특별히 자신을 나타내시는지 관찰해 보세요. 아버지는 이 날에 쉬셨고, 아들은 이 날 죽음에서 부활하셨으며, 성령은 특별한 역사로 이 날을 거룩하게 하셨습니다. 우리도 안식일에는 삼위일체 하나님의 강력한 역사를 기대해 봅시다.

3. 거룩하다는 무슨 의미일까요? 출 31장 13절에 따르면 안식일의 증거는 무엇인가요? 하나님은 안식일을 어떻게 거룩하게 하셨나요? 또 우리는 어떻게 거룩하게 하셨나요?

4. 특정 지역에 거주하는 분들은 안식일을 조용히 기념하기 어려울 수도 있습니다. 교회가 사람들로 붐비기 때문입니다. 그럼에도 불구하고 우리는 불필요한 것들을 포기하고 교회에서 성도들을 맞이할 수 있으며, 성경 읽기와 찬송 부르는 시간을 조정할 수도 있습니다.

5. 세속적인 교제와 친구 관계를 피하고 유익한 말씀을 읽게 함으로써 아이들이 안식일을 거룩하게 지키도록 올바르게 양육하는 것이 중요합니다. 어린 아이들을 위해서는 모든 곳에 주일 학교가 있어야 하며, 연령대가 높은 아이들을 위해서는 함께 모여 각자 성경을 가지고 구절을 묵상하는 교제가 필요할 겁니다.

6. 육체와 혼에 주의 날보다 더 좋은 날은 없습니다. 이 날에는 사탄의 역사가 끝나고 이교도나 무신론자들이 힘을 발휘할 수 없습니다.

7. 핵심 결론은 다음과 같습니다. 안식일은 하나님이 쉬시는 날이며, 그분 안에서 우리는 그분과 함께 쉬고 교제합니다. 우리를 거룩하게 하시는 분은 하나님이시며, 그분은 우리를 온전히 소유함으로써 이 역사를 이루실 겁니다.

거룩하신 하나님, 저를 거룩하게 하시겠다는 증거로
거룩한 날을 주셔서 감사합니다.
주 하나님, 이 날을 완전히 소유하시고
거룩하게 하신 분은 주님이십니다.
저를 완전히 소유하시고 거룩하게 해 주세요.
주님의 안식에 들어가는 방법을 가르쳐 주시고
나의 안식 속에 주님의 사랑을 발견하게 해 주세요.
주님 앞에서 제 혼이 고요하게 해 주세요.
그리하여 제 안에서 주님의 사랑과 임재가 드러나게 해 주세요.
모든 안식일이 주님과 함께하는
영원한 안식의 시작 단계가 되게 해주세요.
아멘.

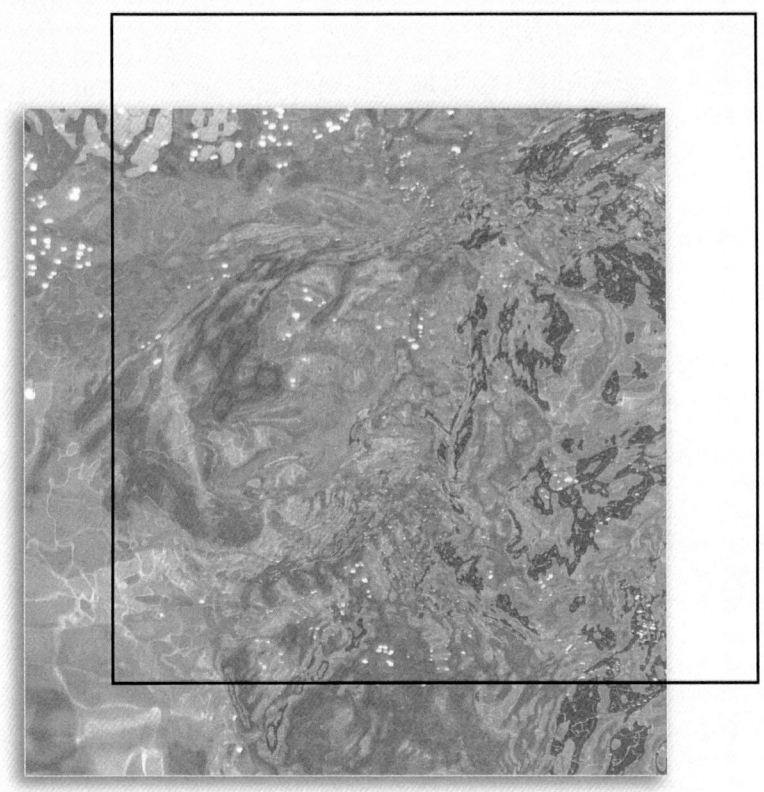

042

거룩한 침례

그러므로 너희는 가서, 모든 민족을 제자로 삼아서, 아버지와 아들과 성령의 이름으로 세례 (침례) 를 주고 내가 너희에게 명령한 모든 것을 그들에게 가르쳐 지키게 하여라(마 28:19). 믿고 세례 (침례) 를 받는 사람은 구원을 얻을 것이요(막 16:16).

침례 의식에 관한 말씀은 그 의미를 함축적으로 담고 있습니다. 가르치다라는 말은 모든 민족을 제자로 삼아 세례 침례 를 주라는 뜻입니다. 믿는 제자들은 물로 침례를 받을 때 삼위일체 하나님의 이름으로 인도받고 깊이 잠깁니다. 아버지의 사랑으로 인한 자녀의 새로운 출생과 생명은 아버지의 이름으로 보장받습니다(갈 3:26,27, 4:6,7). 아들의 이름으로 죄를 용서받고 그리스도 안에서 살아갑니다(골 2:12). 성령의 이름으로 그분 안에 내주하며 계속해서 새로워집니다(딛 2:5,6). 모든 침례인은 침례를 삼위일체 하나님과 맺은 언약의 시작으로 여기며, 아버지, 아들, 성령이 머지않아 이루실 약속의 보증으로 여겨야 합니다. 침례에서 나타나는 모든 축복을 알고 누리기 위해서는 오랫동안 공부해야 합니다.

성경의 다른 구절에서도 위의 세 가지 축복을 각각 개별적으로 제시합니다. 따라서 이 축복들은 하나님의 자녀가 되기 위해 필요한 새로운 출생과 밀접한 연관이 있음을 알 수 있습니다. 누구든지 물과 성령으로 나지 아니하면, 하나님 나라에 들어갈 수 없다(요 3:5). 침례를 받은 제자들은 하나님 안에서 아버지를 가지며, 그분의 사랑 안에서 자녀로서 살아가야 합니다(요 3:3,5).

>

본 주제로 돌아가서, 침례는 그리스도 안에 있는 구속과 직접적인 연관이 있습니다. 우선, 구속은 죄를 용서하고 씻는 것을 나타냅니다. 용서는 모든 축복에 이르는 관문이자 입구입니다. 침례는 또한 그리스도인의 삶의 시작을 상징합니다. 그러나 이는 단순히 시작에 그치지 않고, 삶 전체를 관통합니다. 이러한 이유로 로마서 6장에서는 침례를 성화의 비결이자 예수님과 연합하는 삶의 시작으로 표현합니다. **세례 침례 를 받아 그리스도 예수와 하나가 된 우리는 모두 세례 침례 를 받을 때 그와 함께 죽었다는 것을 여러분은 알지 못합니까?**(롬 6:3) 이어서 4절부터 11절까지는 예수님의 죽음으로 침례를 받고 그분과 함께 다시 일으켜져서 그분 안에서 새로운 삶을 산다는 것이 어떤 의미인지 더 자세히 설명합니다. 다른 구절에서는 이를 한 단어로 매우 강력하게 요약합니다. **여러분은 모두 세례 침례 를 받아 그리스도와 하나가 되고, 그리스도를 옷으로 입은 사람들이기 때문**

입니다(갈 3:27). 이것이 침례받은 제자의 올바른 삶입니다. 그는 그리스도를 입었습니다(롬 6:3,4, 갈 3:27, 골 2:12). 사람이 물속에 깊이 잠기고 그 아래를 통과하는 것처럼, 그리스도인은 그리스도의 죽음 안으로 침례를 받습니다. 이 침례를 통해 그리스도인은 그분의 새로운 생명으로 옷 입고 살아가며 행하게 됩니다.

또 다른 구절에서는 침례를 성령의 약속과 연결지어 설명합니다. 이때 성령은 단순히 거듭나게 하는 영뿐만 아니라, 믿는 자들에게 하늘로부터 내려와 내주하시고 인치시며 지속적으로 새롭게 하시는 선물로서의 의미도 포함됩니다. 우리의 구주이신 하나님께서 우리를 구원하셨습니다. 그분이 그렇게 하신 것은 그분의 자비하심에 따라 거듭나게 씻어주심과 성령으로 새롭게 해 주심으로 말미암은 것입니다. 하나님께서는 이 성령을 우리에게 풍성하게 부어주셨습니다(딛 3:5~6). 새롭게 하는 것은 성령의 역사입니다. 그분은 새로운 출생에 심겨진 새 생명이 우리의 존재를 관통하여 우리의 모든 생각과 행위가 성령에 의해 성화되도록 하십니다(롬 12:2, 엡 4:23, 딛 3:5,6).

침례를 통한 모든 풍성한 축복은 믿음을 통해 받습니다. **믿고 세례** 침례 **를 받는 사람은 구원을 얻을 것이요**(막 16:16). 침례는 제자가 되려는 사람이 이미 가진 믿음을 고백하는 행위일 뿐만 아니라, 하나님께서 그 믿음을 확증하시는 인장이자 언약의 표입니다. 이 언약에는 평생 누릴 수 있는 은혜의 보물이 활짝 열려 있습니다. 침례를 받은 성도는 침례가 행해지는 것을 볼 때마다, 혹은 그것을 되새길 때마다 날마다 성장하는 믿음을 통해 힘을 얻어야 합니다. 이 믿음은 삼위일체 하나님께서 그 사람 안에서 이루기를 원하시는 온전한 구원의 삶으로 나아가게 합니다. 우리는 아버지의 모든 사랑과 아들의 모든 은혜를 온전히 누리기 위해 성령을 받았습니다. 침례를 받은 성도는 그리스도의 죽음 안에 잠기고 그리스도를 옷으로 입습니다. 그리고 성령님은 이 모든 것을 일상적인 경험으로 누리게 하시기 위해 내주하십니다(엡 4:14,15, 골 2:6).

>

그렇다면 이제 유아 침례에 대해 우리는 어떻게 생각해야 할까요? 오직 하나님의 말씀만을 따르는 자들, 즉 침례교도들은 우리에게 이렇게 말할 겁니다. "성경에서 어린아이들의 침례에 대해 언급된 구절을 단 하나도 제시할 수 없습니다."

우리는 이에 대해 이렇게 답할 수 있습니다. "유아 세례는 개별적인 구절이 아니라 성경 전체의 흐름을 통해 철저하게 가르치고 있습니다. 주 예수님께서 어린아이들을 특별히 언급하지 않으신 이유는 그럴 필요가 없기 때문입니다. 아브라함 시대부터 하나님께서는 그분의 언약 안에서 항상 부모와 자녀를 함께 간주하신다는 점을 백성에게 깊이 심어 주셨습니다. 하나님께서는 단순히 개별적인 인격체만이 아니라 가정을 다루십니다. 아버지의 믿음은 자녀가 언약을 어기지 않는 한 자녀에게도 유효합니다."

1. 아브라함 안에서 이삭이 그 몫을 가졌고, 이스라엘 백성 가운데 자녀들도 모든 아버지 안에서 그 몫을 얻었습니다. **내가 너와 세우는 언약은, 나와 너 사이에 맺는 것일 뿐만 아니라, 너의 뒤에 오는 너의 자손과도 대대로 세우는 영원한 언약이다. 이 언약을 따라서, 나는, 너의 하나님이 될 뿐만 아니라, 뒤에 오는 너의 자손의 하나님도 될 것이다**(창 17:7).

2. 유월절과 관련하여 외국인이 하나님의 백성에 합류하고자 할 경우, 그의 모든 남자 아이들은 할례를 받아야 한다고 규정되어 있습니다(출 12:48). 그리스도께서 오시기 전까지는 의심의 여지 없이 누군가 하나님의 백성에 속하거나 그들과 하나 되기를 원할 때, 그의 어린 자녀들도 함께 맞이해주었습니다. 만약 주님께서 이를 변경하고자 하셨다면, 분명한 명령을 내리셨을 겁니다.

3. 주님께서 분명히 어린 자녀들에 대해 **하나님의 나라가 그들의 것이다**(눅 18:16)라고 선언하셨습니다. 하나님 나라 안에서, 자녀들이 유대인으로서 누렸던 특권을 그리스도인이 되어서는 누리지 못할까요? 아닙니다. 아브라함의 언약은 여전히 자녀에게서 자녀로 이어지고 있습니다.

4. 바울이 간수에게 한 답변은 하나님께서 세우신 언약이 계속 유지되고 있다는 걸 확증해줍니다. 주 예수를 믿으시오. 그리하면 그대와 그대의 집안이 구원을 받을 것입니다(행 16:31). 비록 간수의 집에는 자녀가 없었지만, 이 약속은 하나님께서 단지 개인만이 아니라 가정 전체를 다루신다는 원리를 분명히 보여줍니다.

5. 이제 그들의 자녀도 거룩합니다(고전 7:14). 자녀가 스스로 거룩하다면, 그 자녀는 스스로 언약의 거룩한 표를 받을 권리가 있습니다.

주 하나님, 내가 그리스도의 죽음 안에
잠겼다는 사실을 경험함으로써
주의 거룩한 침례가 내 혼에서 항상 역사하게 하소서.
자녀들이 성령을 통해 침례 안에 활짝 열려 있는
풍성한 축복을 어디에서나 깨닫게 하소서.
아멘.

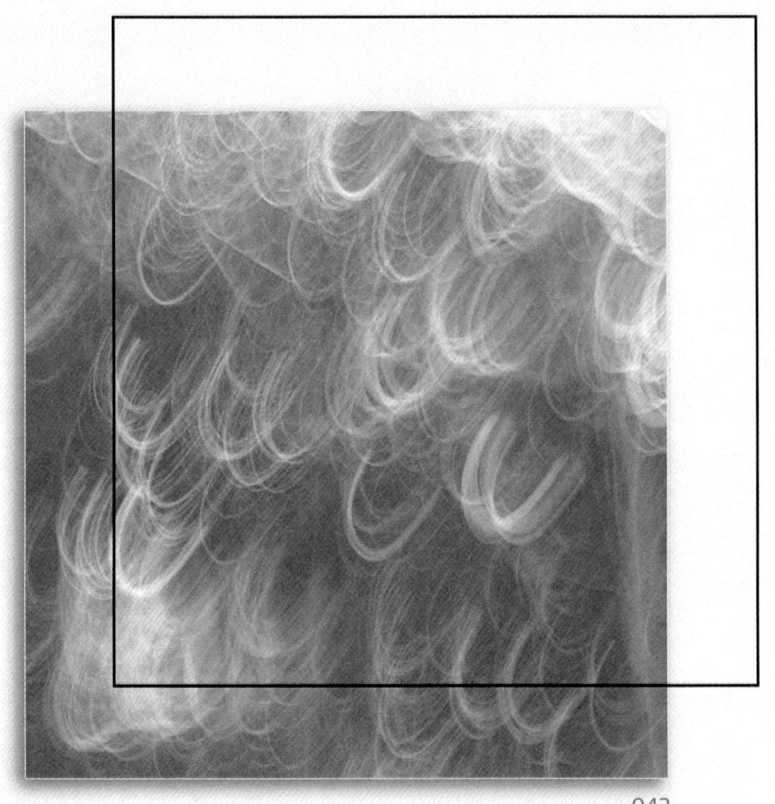

043

성찬식

우리가 축복하는 축복의 잔은, 그리스도의 피에 참여함이 아닙니까? 우리가 떼는 빵은, 그리스도의 몸에 참여함이 아닙니까?(고전 10:16) 내 살을 먹고, 내 피를 마시는 사람은 내 안에 있고, 나도 그 사람 안에 있다. 내가 아버지 때문에 사는 것과 같이, 나를 먹는 사람도 나 때문에 살 것이다(요 6:56,57).

모든 생명체는 양식이 필요합니다. 생명은 외부에서 받아들이는 영양분으로 유지되기 때문입니다. 하늘의 생명은 하늘의 양식을 섭취해야 합니다. 예수님 외에는 그 무엇도 생명의 빵이 될 수 없습니다. 나를 먹는 사람도 나로 인해 살 것이다(시 42:3, 마 4:4, 요 6:51).

>

하늘의 양식이신 예수님은 두 가지 은혜의 수단, 즉 말씀과 성찬식을 통해 우리에게 다가오십니다. 말씀은 우리의 생각을 통해 지적인 삶의 측면에서 예수님을 드러내며, 성찬식은 육신의 감각을 통해 우리의 감정적인 삶의 측면에서 예수님을 나타냅니다. 인간은 이중적인 본성을 지니고 있습니다. 영과 육을 모두 가지고 있기 때문입니다. 구속은 영에서 시작되지만, 육체에까지 스며들기를 원합니다(롬 8:23, 고전 6:13,15,19,20, 빌 3:21). 이 죽을 몸 또한 영광에 참여하기 전까지 구속은 완전하지 않습니다. 성찬식은 주님께서 우리의 비천한 몸도 변화시켜 그분의 영광스러운 몸과 같게 하시리라는 약속의 증표입니다. 이 약속은 만물을 그에게 복종하게 하시는 능력으로 이루어질 겁니다. 단순히 육체적인 것이 우리에게 더 분명하고 명료하기 때문에 주님께서 성찬의 빵으로 자신을 주신 것은 아닙니다. 성경은 종종 몸을 온전한 인간을 뜻하는 표현으로 사용합니다. 성찬식에서 그리스도는 거룩한 자신의 몸과 피의 능력으로 사람의 몸과 혼을 새롭게 하기 위해 온전한 인간 자체를 자신의 소유로 삼으시려 합니다. 주님의 몸도 그분의 영광에 참여하며, 그분의 몸은 성령을 통해 전달됩니다. 우리의 몸 또한 그분의 거룩한 몸을 먹고 성령의 역사로 새롭게 됩니다(마 26:26, 요 6:54,55, 롬 8:11,13).

그리스도의 몸으로 이루어진 양식은 주님의 편에서는 성령을 통해 이루어지고, 우리의 편에서는 믿음을 통해 이루어집니다. 주님의 편에서는 이 역사가 성령으로 이루어지며, 이는 성령님이 영화롭게 된 그분의 몸의 능력을 우리에게 전달하시기 때문입니다. 그로 인해 우리의 몸도 성경에 따라 그분의 몸의 지체가 됩니다(고전 6:15,17, 12:13, 엡 5:23,30). 성령님은 생명의 능력이 담긴 보혈을 우리에게 주시며, 그 피는 우리 혼의 생명과 기쁨이 됩니다. 빵은 그분의 몸에 참여하는 것이고, 잔은 그분의 피에 참여하는 겁니다.

그리고 우리의 편에서는 이 일이 믿음으로 이루어집니다. 이 믿음이란 무엇일까요? 눈에 보이거나 이해할 수 있는 영역을 넘어 성령의 놀라운 역사의 능력을 신뢰하고, 그분께서 우리 안에 그리스도를 내적으로 전달해 주심으로써 우리의 혼과 몸 모두를 실제로 주님과 연합시켜 주신다는 것을 믿는 겁니다(눅 1:37, 고전 2:9,12).

하이델베르크 교리문답 제 76문은 이에 대해 이렇게 답합니다.

Q. "십자가에 달리신 그리스도의 몸을 먹고 그의 흘리신 피를 마신다는 것은 무슨 뜻입니까?"

A. "영화롭게 된 그리스도의 몸을 먹고 그분이 흘리신 피를 마신다는 것은 단순히 믿는 마음으로 그리스도의 모든 고난과 죽음을 받아들여 죄 사함과 영생을 얻는 것뿐만 아니라, 동시에 그리스도와 우리 안에 함께 거하시는 성령을 통해 그분의 거룩한 몸과 점점 더 깊이 연합되는 것을 의미합니다. 비록 그분은 하늘에 계시고 우리는 땅에 있다 할지라도, 우리는 그의 살 중의 살이요, 그의 뼈 중에 뼈(창 2:23)이며, 마치 우리 몸의 지체들이 하나의 혼에 의해 움직이는 것처럼, 우리도 한 성령에 의해 영원히 살고 다스림을 받습니다."

예수님, 곧 그분의 몸과 보혈과 깊이 얽히는 내적 연합이 바로 성찬식의 가장 큰 목적입니다. 성찬식은 우리에게 죄의 용서, 예수님을 기억하는 것, 하나님 언약의 확증, 서로 간의 연합, 주님께서 오실 때까지 그분의 죽으심을 선포하도록 가르칩니다. 이 모든 교훈은 결국 성령을 통해 예수님과 완전히 하나가 되는 것으로 완성되어야 합니다(마 26:28, 눅 22:19, 요 6:56, 17:26, 고전 10:17, 11:25, 계 3:20). 내 살을 먹고, 내 피를 마시는 사람은 내 안에 있고, 나도 그 사람 안에 있다. 나를 먹는 사람은 나로 인해 살 것이다(요 6:56).

성찬식의 축복은 내면의 골방에서 얼마나 준비되었는지, 즉 살아계신 하나님을 갈망하는 영적 굶주림과 갈증에 크게 좌우됩니다(욥 11:13, 사 45:1,3, 마 5:6, 눅 1:53, 고전 11:28). 그러나 성찬식을 우리가 이미 말씀을 믿음으로 소유한 것을 상징하는 단순한 의식으로만 여겨서는 안 됩니다. 성찬식은 하늘에서 높아지신 주님께서 자신의 생명의 능력을 영적으로 우리에게 전달해 주시는 중요한 사건입니다. 그러나 이 역사는 오직 우리의 갈망과 믿음의 분량에 따라 이루어집니다. 그러니 성찬식을 간절한 기도와 진정한 성별로 준비하세요. 그러면 여러분이 이해할 수는 없지만 확실한 방법으로, 하늘의 능력이 여러분의 삶을 새롭게 하실 겁니다. 이 역사를 기대하세요.

>

1. 우리는 성찬식을 단순히 회중 예배나 일시적인 감정으로 치부해서는 안 됩니다. 때로는 능력이나 축복이 드러나지 않는 설교나 권면이 큰 감명을 줄 수 있기 때문입니다.

2. 우선, 식사를 하려면 배가 고파야 합니다. 이처럼 성찬식에도 하나님을 향한 강한 굶주림과 갈증이 반드시 필요합니다.

3. 성찬식에서 예수님은 자신을 우리에게 주기를 원하시며, 우리가 우리 자신을 그분께 드리기를 바라십니다. 이는 위대하고 거룩한 일입니다.

4. 성찬식은 많은 교훈을 제공합니다. 이는 기억의 잔치이자, 화해의 잔치, 사랑의 잔치이며 희망의 잔치입니다. 그러나 이러한 생각들은 모두 부수적인 요소에 불과합니다. 핵심은 살아계신 예수님이 우리와 내적으로 연합하여 자신을 주셨다는 겁니다. 하나님의 아들은 우리의 가장 깊은 내면에 임재하실 겁니다. 그분은 우리와 함께 성찬식을 거행하기 위해 오십니다. 내 살을 먹고 내 피를 마시는 사람은 내 안에 있고, 나도 그 사람 안에 있다(요 6:56).

5. 예수님과의 연합은 사랑과 교감을 통해 그분의 백성과 하나 되는 것을 의미합니다.

6. 성찬식 전에 하는 설교나 말씀 자체로 준비가 끝난 것이 아닙니다. 이 과정은 예수님과의 개인적인 교제를 통해 반드시 이루어져야 하는 내면의 준비를 도와줄 뿐입니다.

7. 하나님의 식탁에서 그분과 함께 벌이는 잔치는 말로 형용할 수 없을 정도로 중요합니다. 여러분이 단지 그리스도인이라는 이유만으로 쉽게 가서 앉을 수 있는 자리가 아닙니다. 성찬식을 가볍게 여기지 마세요. 조용히 예수님께 나아가세요. 그러면 성찬식을 어떻게 준비해야 할지 알려주실 겁니다.

일주일 전부터 성찬식을 준비하고, 성찬식 후에는 일주일 동안 그 의미를 깊이 묵상해 보세요. 분명 큰 도움이 될 겁니다.

복되신 주님, 구속받은 자들에게 주님을
생명의 양식이자 능력으로 주시기 위해
주님께서는 성찬식을 지켜 행하라고 하셨습니다.
오 주님, 이 성찬식을 충만히 누릴 수 있도록 가르쳐 주세요.
우리가 주님 자신과의 온전한 연합을 향한
큰 갈증과 굶주림으로,
기회가 있을 때마다 먹고 마실 수 있게 해주세요.
성령께서 우리에게 주님의 몸으로 먹이시고,
주님의 피를 마시게 하신다는 것을 믿게 해주세요.
아멘.

044

순종

이제 너희가 정말로 나의 말을 들으면 너희는 모든 민족 가운데서 나의 보물이 될 것이다(출 19:5). 당신들이 주 당신들의 하나님의 말씀을 귀담아 들으면 복을 받을 것입니다(신 28장). 믿음으로 아브라함은 순종하고 (히 11:8) 그는 고난을 당하심으로써 순종을 배우셨습니다. 그리고 완전하게 되신 뒤에, 자기에게 순종하는 모든 사람에게 영원한 구원의 근원이 되셨습니다(히 5:8,9).

순종은 성경과 그리스도인의 삶에서 가장 중요한 단어 중 하나입니다. 사람은 불순종의 길에서 하나님의 은혜와 생명을 잃게 되었고, 다시 그 은혜와 생명을 누리기 위해서는 순종의 길로 돌아서야 합니다(롬 5:19, 6:16, 벧전 1:2,14,22). 하나님은 순종하지 않는 자들을 기뻐하시거나 그들에게 축복을 내리실 수 없습니다. 너희가 정말로 나의 말을 들으면 너희는 나의 보물이 될 것이다(출 19:5). 당신들이 주 당신들의 하나님의 말씀을 귀담아 들으면 복을 받을 것입니다(신 28장). 본문은 하나님의 은혜와 축복을 누리기 위해 반드시 지켜야 할 영원한 원칙입니다.

주님은 이렇게 말씀하십니다. 너희가 내 계명을 지키면, 내 사랑 안에 머물러 있을 것이다. 그것은 마치 내가 내 아버지의 계명을 지켜서 그 사랑 안에 머물러 있는 것과 같다(요 15:10). 예수님은 아버지의 사랑 안에 계셨지만, 순종을 통해 그 사랑 안에 머무를 수 있었습니다. 그분은 이 점을 우리에게도 동일하게 요구하십니다. 그분의 사랑 안에 거하려면 우리도 그분의 계명을 지켜야 합니다. 예수님은 우리에게 하나님께로 돌아가는 길을 열어주기 위해 오셨습니다. 그리고 그 길은 순종의 길이었습니다. 오직 예수님을 믿는 믿음으로 순종하는 자만이 하나님께 나아갈 수 있습니다(창 22:17,18, 26:4,5 삼상 25:12, 요 15:10).

히브리서 5장에서는 예수님의 순종과 우리의 순종 사이의 관계를 영광스럽게 표현하고 있습니다. 그는 순종을 배우셨습니다. 그리고 **자기에게 순종하는 모든 사람에게 영원한 구원의 근원이 되셨습니다**(히 5:8~9). 순종은 예수님과 그분의 자녀들 간의 결속이자, 영적인 연합과 일치의 핵심입니다. 예수님은 아버지께 순종하셨고, 우리는 예수님께 순종합니다. 그분과 우리는 모두 순종하는 자들입니다. 그분의 순종은 죄인의 불순종을 속죄할 뿐만 아니라, 완전히 제거합니다. 우리는 모두 **하나님께 순종하는 자들**이라는 공통된 특징을 지니고 있습니다(롬 6:17, 고후 10:5, 빌 2:8).

>

이 순종은 믿음의 삶의 특징입니다. 그래서 이를 믿음의 순종이라고 부릅니다(행 6:7, 롬 1:5, 16:26). 이 세상에서 믿음만큼 사람을 일하게 하는 강력한 동기는 없습니다. 유익이나 기쁨이 있을 거라는 믿음이 모든 일을 가능하게 합니다. **믿음으로 아브라함은 부르심을 받았을 때 순종했습니다**(히 11:8). 내가 무엇을 믿느냐가 곧 나의 행위를 결정합니다. 예수님께서 순종을 위해 나를 죄의 권세에서 해방시키고, 순종할 수 있는 합당한 상태로 만들어 주셨다는 믿음이 결국 강력한 힘을 발휘하여 순종을 이끌어냅니다. 순종하면 아버지께서 축복을 넘치도록 부어 주실 거라는 믿음, 또한 순종을 통해 하나님의 내주와 사랑과 충만한 성령이 임할 것이라는 약속에 대한 믿음은 순종할 힘을 줍니다(신 28:1, 요 14:15,11,23, 행 5:32).

순종의 능력과 믿음의 능력은 살아 계신 하나님과의 교제에 깊이 뿌리를 두고 있습니다. 히브리어에서는 **음성에 순종하는 것과 음성을 듣는 것**을 동일한 단어로 표현합니다. 즉, 올바르게 듣는 것이 순종의 시작입니다. 하나님의 뜻을 사람의 말이나 글이 아니라 하나님 자신으로부터 배우고 그분의 음성을 들을 때 비로소 우리는 약속을 진심으로 믿고 명령을 수행하게 됩니다. 성령은 하나님의 음성입니다. 우리가 이 살아 있는 음성을 들으면 순종이 쉬워집니다(창 12:1,4, 31:13,16, 마 14:28, 눅 5:5, 요 10:4,27). 그러니 하나님 앞에 고요히 기다리며 혼을 준비하세요. 그러면 그분께서 성령으로 말씀하실 겁니다. 성경을 읽고 기도할 때 우리는 하나님을 기다리는 법을 배우게 되며, '**나의 하나님께서 이렇게 말씀하셨습니다**, 이런 약속을

주셨습니다, 이렇게 명하셨습니다'라고 고백하며 순종하게 됩니다. 주님의 음성에 열심히, 부지런히 귀 기울이는 자세는 순종으로 가는 확실한 길입니다.

종, 군인, 자녀, 백성에게 순종은 필수적이며 진실성을 나타내는 첫 번째 특징입니다. 그러므로 살아 계신 하나님, 영광스러운 그분도 우리 안에서 그분을 향한 순종을 발견하셔야 합니다(말 1:6, 마 7:21). 우리는 처음부터 기쁘고, 정확하며, 즉각적으로 순종해야 합니다. 이러한 자세는 우리의 생명이 되신 아들과의 진정한 교제를 나누는 증거입니다.

>

순종하는 삶에는 다음과 같은 요소들이 요구됩니다.

1. 결단력 있는 헌신
"나는 더 이상 매 순간마다 '순종해야 하나? 말아야 하나? 해야 하나? 할 수 있을까?'라고 묻지 않겠다. 순종은 의심의 여지 없이 당연한 일이며, 나는 그저 순종하는 것 외에는 다른 생각을 하지 않겠다." 이러한 태도를 마음에 품고 확고하게 순종하는 사람은 쉽게 순종할 수 있으며, 그 안에서 큰 기쁨을 맛보게 될 겁니다.

2. 성령을 통해 하나님의 뜻을 아는 것

성경을 어느 정도 안다고 해서 하나님의 뜻을 안다고 생각하지 마세요. 하나님의 뜻을 아는 건 영적인 일입니다. 성령님이 하나님의 뜻을 알게 해 주실 겁니다. 그분의 음성에 귀기울이세요.

3. 우리가 옳다고 믿는 모든 것을 실천하는 것

모든 행동은 사람에게 교훈을 줍니다. 특히, 올바른 행동은 사람에게 순종을 가르칩니다. 말씀, 양심, 성령이 옳다고 알려주는 모든 일을 실제로 수행하세요. 그러면 그 행동이 거룩한 습관으로 자리 잡고, 더 큰 능력과 깊은 지식으로 이끄는 훈련이 될 겁니다. 그리스도인 여러분, 하나님께 순종하여 올바른 일을 행하세요. 그러면 축복을 받을 겁니다.

4. 그리스도의 능력에 대한 믿음

여러분은 순종할 힘을 가지고 있습니다. 비록 그 힘이 느껴지지 않더라도, 여러분은 믿음을 통해 주 예수 그리스도 안에서 이미 그 능력을 지니고 있습니다. 이 사실을 믿으세요.

5. 순종의 복에 대한 기쁜 확신

순종은 우리를 하나님과 하나 되게 하며, 하나님의 기쁨과 사랑을 이겨오며 우리의 삶을 강건하게 하며, 하늘의 복이 우리 마음에 이르게 합니다.

오, 아버지,
우리를 그리스도 안에서 자녀로 삼아 주신 주님,
주님은 그리스도께서 순종하신 것처럼
우리를 그분 안에서 순종하는 자녀가 되도록 하십니다.
성령님께서 예수님의 순종을
우리 안에서 강력하고 영광스럽게 이루셔서,
순종이 우리 삶의 가장 큰 기쁨이 되도록 해주세요.
무슨 일이든 주님께서 원하시는 것이
무엇인지 알기를 구하십시오.
그것을 수행하게 해주세요.
아멘.

045

하 나 님 의 뜻

아버지의 뜻을 하늘에서 이루심 같이, 땅에서도 이루어 주십시오(마 6:10).

아버지께서는 하늘나라에 계십니다. 그리고 그곳에서는 아버지의 뜻이 이루어지고 있습니다. 그러므로 하늘나라는 영광스럽습니다. 하늘의 복을 누리려는 사람은 그곳에 계신 아버지를 알고, 하늘에서 그분의 뜻이 이루어지는 것처럼 그분의 뜻을 실천해야 합니다.

하늘 나라는 끝없이 거룩한 왕국이며, 그 중심에는 하나님의 보좌가 있습니다. 그 보좌 주위에는 정결하고 자유로운 존재들이 가득하며, 이들은 모두 권세와 통치 질서 아래 있습니다. 이들은 형언할 수 없이 풍요롭고 다채롭게 활동합니다. 사람을 사로잡는 가장 고귀하고 숭고한 것들도 보이지 않는 세계에서 이루어지는 일들의 희미한 그림자에 불과합니다. 하늘의 모든 존재들은 각자 자유롭고 개인적인 의지를 가지고 있습니다. 그러나 이들의 자유로운 의지는 자발적인 선택으로 거룩하신 아버지의 거룩한 뜻과 하나가 되었습니다. 따라서 수백만 가지 형태로 빛나는 다양성 가운데서도 오직 하나님의 뜻만이 이루어집니다. 하늘나라에 거하는 존재들의 일, 그 풍성하고 복된 행위는 모두 하나님의 뜻에서 시작하며, 그 뜻을 목표로 합니다.

그렇다면 이 땅에 있는 하나님의 자녀들은 그분의 뜻을 최상의 기쁨으로 여기지 않을까요? **하늘에서와 같이 땅에서도 아버지의 뜻이 이루어 주십시오**(마 6:10). 왜 이 간구를 불가능한 말씀처럼 여길까요? 많은 자녀들이 이 구절을 자주 시험에 들게 하는 엄격한 말씀으로 보거나, 그분의 뜻 안에서 기뻐하는 것이 불가능하다고 생각합니다. 그 이유는 다음과 같습니다. 사랑의 감화, 능력과 기쁨의 근원이자 그분의 완전을 드러내는 하나님의 뜻이 얼마나 영광스럽고 아름다운지를 알려고 애쓰지 않기 때문입니다. 우리는 그분의 뜻을 지킬 수 없는 율법이나 우리의 뜻과 충돌하는 것처럼 보이는 시험으로 생각하려는 경향이 있습니다. 그런 생각은 그만두고 하나님의 뜻 안에서 그분의 사랑과 복을 깨닫고 이해하기 위해 귀를 기울여 보세요(갈 1:4, 엡 1:5,9,11, 히 10:10).

성경은 하나님의 뜻에 대해 무엇이라고 말씀하고 있으며, 이 뜻 안에 우리를 위해 예비된 영광스러운 것들이 무엇인지 귀 기울여 들어보세요.

아들을 보고 그를 믿는 사람은 누구든지 영생을 얻게 하시는 것이 내 아버지의 뜻이다(요 6:40). 하나님의 뜻은 그리스도를 믿는 믿음을 통해 죄인을 구원하는 겁니다. 이 영광스러운 뜻에 헌신하고 혼을 구원하려고 노력하는 사람은 하나님께서 그의 사역을 축복해 주실 것이며, 그 사람은 이 축복에 분명한 확신을 가질 겁니다. 예수님이 그러셨던 것처럼, 그가 하나님의 뜻을 수행하기 때문입니다(요 4:35, 5:30, 6:38,40).

이 작은 사람들 가운데서 하나라도 망하는 것은 하늘에 계신 너희 아버지의 뜻이 아니다(마 18:14). 하나님의 뜻은 가장 연약한 자녀들을 붙들고 강건하게 하며 지켜 주는 겁니다. 이 뜻을 진심으로 수행하는 사람은 큰 용기를 얻게 될 겁니다(마 18:14).

하나님의 뜻은 여러분이 성결하게 되는 것입니다(살전 4:3). 하나님은 온 마음과 전력을 다해 우리를 거룩하게 하고 싶어 하십니다. 우리가 마음을 열어 성결이 율법이 아닌 하나님의 뜻이라고 믿고, 그분이 반드시 이루실 일이라고 확신하면 우리는 성화에 대해 불안해 하지 않고 온전히 기뻐할 수 있을 겁니다(살전 4:3, 5:23).

모든 일에 감사하십시오. 이것이 그리스도 예수 안에서 여러분에게 바라시는 하나님의 뜻입니다(살전 5:18). 기뻐하고 감사하는 삶은 하나님께서 우리에게 예정하신 삶이자, 그분이 우리 안에서 이루기를 원하시는 삶입니다. 그분을 거스르지 않고 그분의 뜻을 받아들인 사람들에게, 하나님은 반드시 자신이 원하는 바를 이루실 겁니다(살전 5:18).

그러니, 우리의 영은 합당한 때가 되었을 때 하나님이 그분의 뜻을 이루실 거라고 믿고 생각하며 복종해야 합니다. 그분의 뜻이 얼마나 영광스럽고 선하며 완전한지를 깊이 숙고한다면, 우리는 온 마음을 다해 그분의 뜻이 우리 안에서 이루어지기를 바라게 되고, 기꺼이 자신을 드리게 될 겁니다(롬 12:2).

그리스도인 여러분, 하나님의 뜻이 그분의 사랑이라는 사실을 믿으십시오. 이 뜻을 실천함으로써 받는 축복이 무엇인지 말씀 안에서 발견하세요(마 7:21, 12:50, 요 7:17, 9:31, 엡 5:17, 6:6, 요일 2:17). 하늘의 영광이 하나님의 뜻을 행하는 데 있다는 걸 기억하고 이 땅에서의 우리의 삶도 하늘의 영광과 같이 되도록 올바른 선택을 하세요. 이 뜻을 올바르게 이해하기 위해 기도하고 묵상하며 성령의 인도를 받으세요. 그리고 그 뜻에 자신을 드리세요(롬 12:2, 골 1:9, 4:12, 히 10:36, 13:21).

우리가 하늘에 속한 그분의 뜻, 영광스러운 뜻을 말씀 안에서 발견하고 이를 실천하게 되면, 그 뜻이 우리의 본성과 충돌할 때에도 잘 감당할 수 있을 겁니다. 그리고 우리는 하나님과 그분의 뜻을 경외하게 되어 모든 일에서 그 뜻을 알고, 인정하며, 사랑하게 될 겁니다. 무슨 일이든지 그분의 뜻을 모르고 존중하지 않아야 할 일은 단 하나도 없다는 걸 깨닫게 되고, 이 깨달음이 얼마나 영광스러운지 알게 될 겁니다(시 42:9, 마 26:39, 히 10:7,9).

>

1. 번영할 때 마음으로 하나님의 뜻을 행하는 것이 고난 중에도 그 뜻을 감당할 수 있는 유일한 길입니다.

2. 하나님의 뜻을 행하려면 그 뜻을 영적으로 이해해야 합니다. 성령의 빛과 능력은 함께 역사합니다. 성령이 하나님의 뜻을 드러내실 때, 이를 실천하는 방법도 반드시 가르쳐 주십니다. 로마서 12:2를 깊이 묵상하고, 하나님의 뜻을 올바르게 이해할 수 있도록 간구하세요.

3. 타인의 사소한 행동이나 악한 행동에서도 하나님의 뜻을 사모하는 법을 배우세요. 하나님의 자녀가 그러한 일로 판단받는 것은 하나님의 뜻이 아닙니다. 크든 작든 시험을 당할 때 이렇게 말하세요. "내가 지금 어려운 상황에 있는 것은 하나님의 뜻이다." 이러한 고백은 혼에 쉼과 평안

을 주며, 시련 속에서도 하나님을 영화롭게 하는 방법을 가르쳐 줍니다. 이와 관련하여 〈그리스도인의 구원의 비밀〉이라는 소책자의 '하나님은 모든 것 안에 계신가?'라는 주제를 한 번 읽어보세요. 큰 도움이 될 겁니다.

4. 하나님께서 사람에게 의지를 주셨을 때, 그분의 뜻을 수용할 수 있는 힘과 거절할 수 있는 힘도 함께 주셨습니다. 하나님의 자녀인 여러분은 의지를 사용하여 그분의 뜻을 받아들이고 실천할 수 있도록 기도해야 합니다. 하나님의 뜻은 이러한 생각이 항상 여러분 안에서 살아 숨 쉬게 하는 겁니다. "나의 뜻은 하나님의 뜻과 조화를 이루며, 그분의 뜻은 내 안에 살아 있다." 이를 매일 의식하며 사는 것은 하늘의 영광이자 축복입니다.

오, 나의 아버지,

주 예수님의 영광은 자신의 뜻이 아니라

아버지의 뜻을 따르는 것이었습니다.

저도 이 영광을 누리고 싶습니다.

아버지, 제 눈과 마음을 열어 주셔서

주님의 뜻을 알게 해주시고,

그 뜻 안에서 사는 삶의 영광을 경험하게 해주세요.

주님의 뜻을 올바르게 이해할 수 있도록 가르쳐 주시고,

진심으로 기쁜 마음으로 그 뜻을 이루게 해주세요.

경외하는 마음으로 그 뜻을 이루어 주시길 바랍니다.

아멘.

046

자기 부인

그 때에 예수께서는 제자들에게 말씀하셨다. "누구든지 나를 따라오려거든, 자기를 부인하고, 제 십자가를 지고, 나를 따라 오너라(마 16:24)."

자기 부인은 주 예수님께서 자주 말씀하신 훈련입니다. 예수님은 자기 부인을 모든 참된 제자의 필수적인 자격으로 여러 번 언급하셨습니다. 본문에서는 십자가를 지고 생명을 잃는 것과 연결 지으십니다(마 10:38,39, 눅 9:23, 14:27, 요 12:24,25). 우리의 옛 삶은 죄악으로 가득 차 있으며, 그 끝마저도 죄로 점철되어 있기 때문에 결코 선한 것을 받아들일 수 있는 상태가 아닙니다.

따라서 하나님의 생명, 즉 새로운 삶이 우리를 점유하려면 옛 삶을 부인하고 죽여야 합니다(롬 6:6, 8:13, 갈 2:20, 5:24, 6:14, 골 3:5). 어린 그리스도인은 처음부터 주님의 명령에 따라 자신을 완전히 부인하겠다고 결심해야 합니다. 처음에는 어려울 수 있지만, 자기 부인이 놀라운 축복의 근원이라는 것을 알게 될 겁니다.

자기 부인은 우리 육신의 사고에 도달해야 합니다. 베드로가 본성에 따라 말했을 때, 주님은 이렇게 말씀하셨습니다. **너는 하나님의 일을 생각하지 않고, 사람의 일만 생각하는구나!**(마 16:23) 우리는 우리 자신과 우리의 생각을 부인해야 합니다. 또한, 하나님의 뜻이 무엇인지 알기 위해 말씀과 기도로 매달릴 때, 우리의 사고가 진리와 영 안에 있지 않은 헛된 섬김으로 우리를 속이고 있지 않은지 주의해야 합니다. 육신의 사고를 부인하고, 육신을 잠잠하게 하세요. 거룩한 고요 속에 성령님께 자리를 내어드리세요. 마음속에 하나님의 음성이 울려 퍼지게 하세요(마 26:21, 고전 1:17,27, 2:6, 골 2:18).

　자신의 뜻과 모든 욕망, 정욕을 부인하세요. 모든 일에서 하나님의 뜻이 나의 뜻임을 확고히 하세요. 이를 위해 이 뜻에 부합하지 않는 모든 욕망을 반드시 죽이세요. 하나님의 뜻 안에는 하늘의 복이 있으며, 자기 부인이 처음에는 어려워 보일지라도 온 마음을 다해 실천하고 훈련하면 큰 기쁨이 된다는 사실을 믿고 기도하세요. 육체와 그 생명도 자기 부인의 법 아래 두세요(마 26:39, 롬 6:13, 고전 9:25,27).

　자신의 영광을 부인하세요. 자신의 영광을 추구하지 말고, 하나님의 영광을 구하세요. 그러면 혼이 평안할 겁니다. 예수님은 이렇게 말씀하십니다. 너희는 서로 영광을 주고받으니, 어떻게 믿을 수 있겠느냐?(요 5:44) 우리 명예가 훼손되거나 비방을 받더라도, 하나님께 맡기세요. 그분이 우리 명예를 지켜주실 겁니다. 작아지고 아무것도 아닌 존재가 되더라도, 만족하세요. 마음이 가난한 사람은 복이 있다. 하늘 나라가 그들의 것이다(요 5:44, 7:18, 8:50, 살전 2:6).

자신의 능력을 부인하십시오. 하나님께서는 연약한 사람이나 아무것도 아닌 사람도 사용하실 수 있다는 사실을 굳게 믿으세요. 진심으로 하나님을 섬기고자 하더라도 자신의 힘에 의존하지 않도록 주의하십시오. 여러분에게 능력이 있는 것처럼 보일지라도, 하나님 앞에서는 아무런 힘이 없음을 고백해야 합니다. 자신의 능력이 아무것도 아님을 인정하십시오. 하나님의 능력을 누리기 위해서는 자신의 능력을 끊임없이 부인해야 합니다. 자신의 능력을 죽이고, 성령님이 하나님의 능력을 여러분의 마음에 가져오고 거하게 하세요(고후 3:5, 12:9).

특히, 자신의 이익을 부인하십시오. 자신을 기쁘게 하지 말고, 이웃을 기쁘게 하세요. 자신의 생명을 구하려는 사람은 잃게 될 것이며, 자기를 위해 사는 사람은 생명을 얻지 못할 겁니다. 진정으로 예수님을 본받고 그분의 기쁨에 동참하고 싶다면, 예수님이 하셨던 것처럼 자신의 생명을 내어주고 자기 이익을 포기해야 합니다(롬 15:1,3, 고전 10:23,24, 엡 2:4).

>

사랑하는 그리스도인 여러분, 회심의 순간에 우리는 자신과 그리스도 중 누구를 따를지를 선택해야 했습니다. 그때 우리는 "내가 아니라, 그리스도입니다."라고 고백했습니다. 이제 이 선택을 매일 증명해야 합니다. 매일 그렇게 살아간다면, 우리는 악한 자아를 버리고 불경건한 자기 일을 내려놓으며, 전부이신 예수님께 자신을 내어 드리는 일이 더없이 기쁘고 복된 일이 될 겁니다. 자기 부인은 하늘의 복과 직결됩니다.

많은 그리스도인들이 이에 대해 아무것도 실천하지 않습니다. 이들은 예수님이 자신들을 형벌로부터 자유롭게 해주시기를 바라면서도, 자기 자신과 자신의 뜻으로부터 해방되기를 원하지 않습니다. 그러나 제자가 되라는 그분의 외침은 여전히 울려 퍼지고 있습니다. **누구든지 나를 따라오려거든, 자기를 부인하고, 제 십자가를 지고, 나를 따라오너라**(마 16:24).

'나를'이라는 작은 단어 속에서 자기 부인의 이유와 능력을 찾을 수 있습니다. 누구든지 나를 따라오려거든, 자기를 부인하고, 제 **십자가를 지고, 나를 따라 오너라**(마 16:24). 옛 생명은 우리 안에 존재하고 새 생명은 예수님 안에 있으며, 옛 생명을 몰아내야 새 생명이 우리를 관장할 수 있습니다. 자아가 모든 것을 주장하던 자리에서 이제 자아는 아무것도 아닌 존재가 되어야 합니다. 그러나 자아는 이를 거부합니다. 따라서 우리는 매일 자기를 부인하고 예수님을 따라야 합니다. 그분의 가르침, 뜻, 영광, 이익으로 우리 마음을 가득 채워야 합니다. 그분을 소유하고 아는 사람은 기꺼이 자신을 부인합니다. 그리스도가 너무도 귀중하기 때문에 그분을 얻기 위해 모든 것을, 심지어 자기 자신까지도 기꺼이 희생합니다(갈 2:20, 빌 3:7,8).

이것이 바로 참된 믿음의 삶입니다. 본성이 보거나 생각하는 대로 살지 않고, 예수님이 말씀하시고 뜻하시는 대로 살아가는 삶입니다. 저는 매일, 매 시간 이 놀라운 고백을 새롭게 합니다. "내가 아니라 그리스도다. 나는 아무것도 아니지만, 그리스도는 모든 것이다. 나의 능력, 힘, 명예는 더 이상 없다." 여러분은 이미 죽었고, 여러분의 생명은 그리스도와 함께 하나님 안에 감추어져 있습니다. 여러분도 이렇게 고백하고 행동하면 그리스도의 능력과 뜻만이 역사할 겁니다. 그리스도인 여러분, 악하고 비참한 자아를 기꺼이 부인하세요. 그러면 영광스러운 그리스도가 여러분 안에 거하실 겁니다.

>

1. 본성의 사고를 부정하는 것에 대해 테르슈테겐은 이렇게 말합니다.

"하나님과 그분의 진리를 올바로 이해하기 위해서는 육신의 본성과 마음, 욕망, 의지를 죽이고 하나님 앞에 진실하고 고요하게 머물러야 하며, 복잡한 이성적 사고를 내려놓고 아주 단순하고 어린아이 같은 마음가짐을 가져야 합니다. 우리는 우리의 마음과 의지를 온전히 하나님께 드리고 모든 일에서 자신의 뜻을 버려야 합니다. 특히 영적인 일을 수행할 때는 복잡한 상상과 지성으로부터 자유로워져 고요하고 집중된 마음 안에서 하나님과 함께 거해야 합니다. 살아있는 진리, 모든 것을 가르치는 기름부음은 머리가 아닌 마음에서 발견됩니다. 마음에는 살아있는 빛의 원천이 있습니다. 하나님과 함께 마음 안에 거하는 사람은 진리를 위해 최선을 다하는 사람보다도 한 번의 눈길로 더 많은 진리를 깨닫게 될 겁니다."

2. 위 글을 주의 깊게 읽어보세요. 그러면 성경을 읽거나 기도할 때마다 왜 잠시 침묵을 지키고 하나님 앞에서 고요해야 하는지 그 이유를 알게 될 겁니다. 하나님께서 말씀하시려면 본성의 사고를 멈추고 하나님 앞에 마음을 열어야 합니다. 마음은 영과 진리로 예배를 드리는 성전입니다. 영적인 일에 있어 여러분의 지성을 불신하고 부인하세요. 본성의 사고는 머리에 있지만, 영적인 논리는 하나님의 성전인 마음에 있습니다. 하나님을 대면할 때 그분의 성전 안에서 거룩한 침묵을 지키세요. 그러면 그분이 말씀하실 겁니다.

3. "자기 부인의 특징은 상실 속에서도 내적으로 즐거워하고 기뻐하는 겁니다. 하나님의 말씀은 끊임없이 기뻐하라고 명령합니다. 영원에서 외치고 있으며, 가변적인 모든 상황을 발 아래 둔 이 기쁨에 찬 마음가짐은 극심한 고난의 때에도 자리를 지킬 것이며, 그리스도인이 매일 매 순간 자기 자신을 부인할 때도 굳건할 겁니다."

4. 무엇을 부인해야 할까요? 자신을 부인해야 합니다. 언제, 어디서 자신을 부인해야 하는지 어떻게 알 수 있을까요? 모든 일에서 항상 부인해야 합니다. 잘 모르겠다면, 이에 대해 올바르게 설명해 주실 수 있는 분은 예수님 한 분뿐이라는 사실을 알아야 합니다. 그분을 본받고 그분께 배워야 자기 부인을 할 수 있습니다. 예수님이 들어오셔야 자아가 물러나는 법입니다.

귀하신 나의 구세주 예수님,

저에게 자기 부인을 가르쳐 주세요.

제 마음을 신뢰하지 않고

헛된 상상에 굴복하지 않도록 가르쳐 주세요.

주님을 깊이 알아 제 자신을

온전히 주님께 드릴 수 있도록 도와주세요.

주님과 주님의 생명을 소유할 수 있게 해주세요.

이를 방해하는 다른 일은

그 어떤 것도 하지 못하게 해주세요.

아멘.

047

분별력

지혜가 네 마음 속에 들어가고, 지식이 네 혼을 즐겁게 할 것이다. 분별력이 너를 지켜 주고 명철이 너를 보살펴 줄 것이다(잠 2:10,11). 아이들아, 건전한 지혜와 분별을 모두 잘 간직하라. 그것이 너의 혼에 생기를 불어넣을 것이다(잠 3:21,22). 여러분은 마땅히 진정하고, 절대로 경솔한 행동을 해서는 안됩니다(행 19:36).

무분별은 단지 구원받지 않은 사람만 짓는 죄가 아닙니다. 하나님의 백성 가운데서도 분별력이 결여된 모습은 많은 악과 불행을 초래합니다. 모세의 일화를 살펴보세요. 그들이 므리바 물가에서 주님을 노하시게 하였으므로 이 일로 모세까지 화를 입었으니, 그들이 모세의 기분을 상하게 하여 모세가 망령되이 말을 하였기 때문입니다(시 106:32~33). 웃사가 하나님의 궤를 손으로 만진 사건을 보세요. 주 하나님이 웃사에게 진노하셔서 거기에서 그를 치시니(삼하 6:7, 시 106:38, 잠 12:18)

분별력이 무엇인지, 그리고 왜 필요한지를 쉽게 설명할 수 있습니다. 한 군대가 적의 영토로 진군할 때, 그 군대의 목숨은 경비병들에게 달려 있습니다. 경비병들은 항상 경계를 서고 적이 접근할 때 경고를 보냅니다. 전초 부대는 적의 영토와 세력을 파악하기 위해 먼저 파견됩니다. 주변을 미리 살피고 사전 정보를 수집하는 신중한 태도는 필수적입니다.

그리스도인은 적의 영토에서 살아갑니다. 그를 둘러싼 모든 것이 덫이나 죄의 기회가 될 수 있습니다. 그러므로 그는 발을 디딜 때마다 신중하게 행동하고 경계를 늦추지 말아야 합니다. 시험에 빠지지 않도록 깨어 기도해야 합니다(마 26:41, 눅 1:36, 엡 6:18, 벧전 4:7, 5:8). 신중한 자세가 그리스도인을 지켜줍니다(삼상 18:14, 마 10:16, 눅 1:17, 16:8, 엡 5:15, 딛 2:4).

>

분별은 입술을 지켜줍니다. 많은 하나님의 자녀들이 "틀린 말이 아니라면 하고 싶은 말은 해도 괜찮다."는 생각 때문에 큰 손해를 봅니다. 이들은 말을 많이 할수록 혼이 세상의 혼돈에 쉽게 걸려든다는 사실을 알지 못합니다. 말이 많으면 분명 허물이 있을 수밖에 없습니다. 분별력은 하나님의 영광과 이웃의 유익을 위한 말이 아니라면 가능한 한 말을 삼가야 합니다(시편 39:2, 141:3, 잠 10:19, 전 5:1,2).

귀는 분별력을 가져야 합니다. 귀라는 문을 통해 세상의 모든 이야기와 타인의 신중하지 못한 말들이 들어오고 나를 오염시킵니다.

세상의 일에 지나치게 관심을 갖는 건 혼에 매우 해롭습니다. 그런 일에 빠져 있으면 더 이상 자신의 내면을 들여다볼 수 없고, 세상에 마음을 빼앗기고 살아가게 됩니다. 고린도는 아테네보다 훨씬 더 불경한 도시였지만, 무엇이나 새로운 것을 말하고 듣는 일로만 세월을 보내던(행 17:21) 아테네에서는 회심한 사람이 매우 적었습니다. 예수님은 듣는 것에 주의하라고 말씀하십니다(잠 2:2, 18:5, 막 4:24, 행 17:21).

이러한 이유로 그리스도인은 어울리는 공동체에 대한 분별력을 가져야 합니다. **다른 사람과 어울리지 못하는 사람은 자기 욕심만 채우려 한다**(잠 18:1). 하나님의 자녀는 자신이 원하는 만큼 자유롭게 세상과 어울릴 수 없습니다. 그런 자유는 존재하지 않습니다. 우리는 무엇보다도 하나님의 뜻을 알아야 합니다(시 1:1, 잠 28:1, 고후 6:14, 살후 3:14, 요이 10,11절).

합법적인 직업과 소유물에 대해서도 분별력을 갖추어야 합니다. 분별력은 돈에 대한 사랑, 세속적이고 완고한 마음, 육신의 은밀한 욕망이 얼마나 서서히 또 교묘하게 마음을 지배하는지를 인식하게 해줍니다. 따라서 이 유혹으로부터 자유롭다고 절대 자신할 수 없다는 사실을 잘 알고 있습니다(마 13:22, 눅 21:34, 딤전 6:9,17).

무엇보다도 마음을 지키기 위해서는 분별력을 갖추어야 합니다.

마음은 생명의 근원이며, 모든 것이 그곳에서 흘러나오기 때문입니다. 이 말씀을 기억하세요. **자신의 생각만을 신뢰하는 사람은 미련한 사람이다**(잠 28:26). 분별력을 갖춘 사람은 겸손하게 행동하며, 두렵고 떨리는 마음으로 구원을 이루어 갑니다(잠 3:21,23, 4:23, 28:26, 렘 31:33).

그렇다면 혼은 쉬지 않고 깨어서 사방에 둘러싸인 수많은 위험을 경계하는 그 힘을 어디에서 얻어야 할까요? 항상 깨어 있어 주변을 경계하고 전혀 안심할 수 없는 환경에서 살아야 한다면 피곤하고 지치며 고통스럽지 않을까요? 그렇지 않습니다. 분별력은 오히려 혼에 고상한 쉼을 가져다줍니다. 졸지도, 주무시지도 않는 하늘의 보호자 품에서 안전을 보장받고 힘을 얻습니다. 그분을 신뢰하고 그분의 영으로부터 감동을 받으며 분별력은 그 사명을 다합니다. 따라서, 분별력을 갖춘 그리스도인은 지혜롭게 행동하고 신중하게 품위를 지키며 그에 따른 모든 행동이 빛나게 됩니다. 예수님이 지키고 보호해 주신다는 믿음의 안식은 우리와 주님을 사랑으로 묶어주고, 거룩한 분별력은 그 사랑과 믿음에서 저절로 솟아납니다. 이 사랑은 그분을 슬프게 하거나 떠나지 않으려 하고, 이 믿음은 그분 안에서 모든 힘을 얻습니다.

>

1. 말과 수세를 항상 완벽하게 정비하고 관리하는 데 큰 정성을 쏟던 한 사람에게 어느 날 누군가 이렇게 말했습니다.

"그렇게 애쓸 필요는 없지 않나요?"
그러자 그는 이렇게 대답했습니다.
"신중한 태도는 항상 저에게 보답해왔습니다."

이는 많은 그리스도인에게 꼭 필요한 교훈입니다. 젊은 그리스도인이라면 이러한 자세를 간구해야 합니다. 하나님의 말씀에 따라 **의인의 분별**을 갖추고 구원을 이루어야 합니다.

2. 분별력은 자신을 아는 것에서 시작합니다. 자신의 무능함과 육체의 악함을 더 깊이 알게 될수록 더욱 경계하게 됩니다. 분별력은 자기 부인의 필수 요소입니다.

3. 분별력의 힘은 믿음에 있습니다. 즉, 주님은 우리의 보호자이시며 성령을 통해 우리를 일깨우고 지키신다는 믿음에 있습니다. 우리 분별력의 근원은 주님에 대한 믿음입니다.

4. 분별력은 단순히 우리 내부에만 머물지 않고 주변 이웃에게도 영향을 미칩니다. 그러나 이웃의 마음을 상하게 하거나 걸림돌이 되지 않도록 주의해야 합니다(롬 14:13, 고전 8:9, 10:32, 빌 1:10).

5. 분별력은 고요 속에서 큰 기쁨을 발견하며, 침착하고 신중하게 자신의 길을 주님께 맡깁니다. 에베소 서기관의 말을 높이 평가합니다. 여러분은 마땅히 진정하고, 절대로 경솔한 행동을 해서는 안 됩니다(행 19:36).

6. 위대한 장군들과 그들이 이룬 승리를 통해 우리는 분별력과 소심함이 다르다는 것을 배웁니다. 분별력은 고귀한 용기와 승리에 대한 확신을 동반합니다. 또한, 경솔한 태도를 경계하면서도 믿음의 용기를 불어넣습니다.

주님, 분별 없이 행동하지 않도록 저를 지켜주세요.
의인의 분별력이 제 안에서 드러나게 해주셔서
모든 일에서 다른 사람에게 방해가 되지 않도록 해주세요.
아멘.

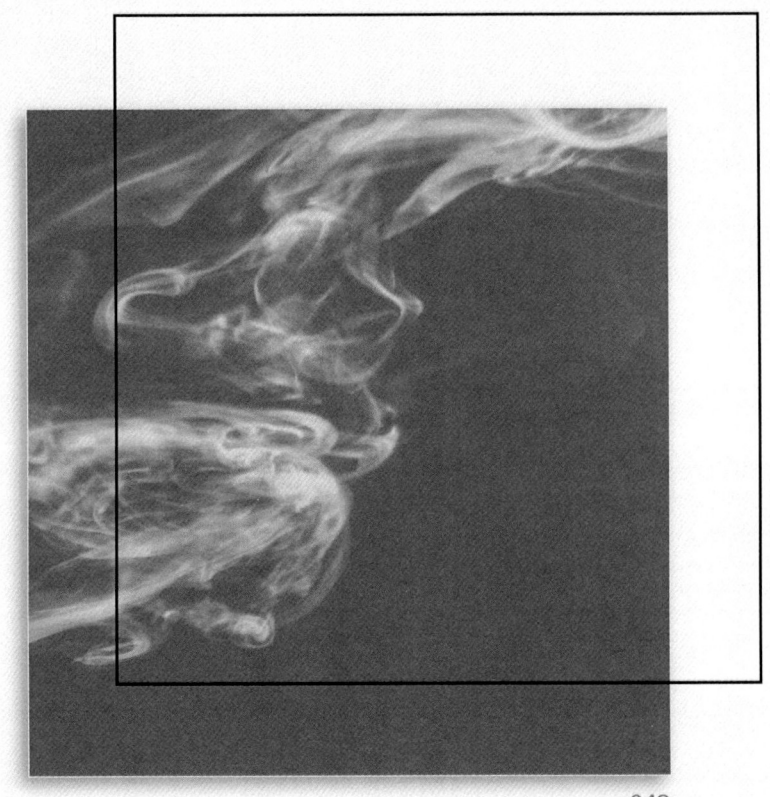

048

돈

돈은 만사를 해결한다(전 10:19). 이 은돈을 주님께 거룩하게 구별하여 바치겠다(삿 17:3). 그렇다면, 너는 내 돈을 돈놀이하는 사람에게 맡겼어야 했다. 그랬더라면, 내가 와서, 내 돈에 이자를 붙여 받았을 것이다(마 25:27).

그리스도인이라면 한 번쯤 세상과 그 부에 대해 자기를 부인하는 자세와 분별하는 영을 드러낼 기회를 가집니다(요 17:15,16, 고전 7:31). 이 땅의 모든 가치와 재산이 돈으로 나타나기 때문에, 돈을 어떻게 다루는지를 살펴보면 그 성도가 세속적인 생각에서 벗어나 자신을 부인하고 하나님을 섬기고 있는지를 알 수 있습니다. 이를 올바르게 이해하기 위해서는 돈에 관한 말씀을 깊이 살펴보아야 합니다.

돈은 무엇을 상징할까요? 우선, 돈은 수고한 대가를 보여주는 노동의 상징입니다. 이는 일에 쏟는 근면함, 능력, 열정, 그 일에 대한 성공과 하나님의 축복의 증거입니다. 또한, 돈은 돈으로 할 수 있는 모든 것을 상징하기도 합니다. 타인이 나를 위해 해줄 수 있는 일, 내가 원하는 바를 이룰 수 있는 힘, 내 돈에 의존하는 사람들에게 미치는 영향력, 돈으로 얻을 수 있는 모든 재물과 기쁨, 이 땅에서의 삶을 매력적으로 만드는 모든 유흥, 더 나아가 생명 자체를 상징하기도 합니다. 이는 생존에 필요한 음식을 구매해야만 생명을 유지할 수 있기 때문입니다.

돈은 이 땅에서 가장 매력적이고 유익한 것 중 하나입니다. 모든 사람들이 돈을 귀하게 여기는 것은 어쩌면 너무나도 당연한 일입니다.

>

돈이 위험한 이유는 무엇일까요? 성경과 여러 경험이 돈을 다룰 때 신중하라고 경고하는 이유는 무엇일까요? 그 이유는 돈이 충분하지 않을 수도 있다는 불안감 때문입니다(마 6:31). 또한, 돈을 지나치게 갈구하는 탐욕 때문입니다(요일 2:16). 명백하게 속이거나 도둑질하지 않더라도, 이웃에게 마땅히 돌려주어야 할 것을 주지 않는 부정 때문입니다(약 5:4). 자기 생각만 하고 다른 사람을 배려하지 않는 무정함 때문입니다(눅 16:21). 부를 추구하다 결국 탐욕에 빠지게 되는 돈에 대한 사랑 때문입니다(딤전 6:9,10,17). 하나님과 가난한 사람에게 마땅히 돌아가야 할 몫을 주지 않는 도둑질 때문입니다(잠 7:24,26, 말 3:8).

이와 반대로 돈이 주는 복은 무엇일까요? 죄의 위험이 이토록 크다면, 차라리 돈이 없는 게 낫지 않을까요? 돈 없이 사는 게 더 나을까요? 그렇지 않습니다. 영적인 삶에서도 돈은 큰 축복이 될 수 있습니다. 근면하고 성실한 태도, 신중하고 절약하는 정신을 훈련하게 하며(잠 13:4, 18:9), 우리 일에 대한 하나님의 축복의 증거가 됩니다(잠 10:4,22). 돈을 움켜쥐거나 집착하지 않고 하나님을 위해 소유하고 사용하는 모습을 보일 수 있는 기회를 제공합니다. 이 기회를 통해 가난한 사람에게 관대한 태도와 하나님의 넘치는 사랑을 나타낼 수 있습니다(사 47:7,8,10,11, 고후 8:14,15). 또한, 돈은 하나님께 영광을 돌리고, 사람들과 금같은 하늘의 축복을 나누는 선행의 수단이 되고(고후 9:12,13) 예수님의 약속에 따라 하늘의 보물과 바꿀 수 있는 가치가 있습니다(마 19:21, 눅 12:33).

그렇다면 돈의 위험에서 벗어나 참된 축복으로 인도받는 길은 무엇일까요? 하나님께서 우리의 돈의 주인이 되셔야 합니다. **오늘 우리에게 필요한 양식을 내려주세요**(마 6::11). 이 기도에 응답하신 하나님께서 주신 모든 돈을 감사하는 마음으로 받으세요(대상 29:14).

모든 것을 하나님의 것으로 여기고 그분 앞에 모두 내려놓으세요. 사사기에 등장하는 여인처럼 고백하세요. **이 은돈을 주님께 거룩하게 구별하여 바치겠다**(삿 17:3).

영적인 삶과 돈을 분리해서 생각하지 마세요. 은이나 금이 아니라, 귀중한 보혈로 값을 치르고 산 성도로서 돈을 받고, 소유하고, 사용하세요(눅 19:8).

하나님의 말씀이 돈과 세상의 재물에 대해 어떻게 말씀하시는지 공부해보세요. 아버지의 말씀만이 그 복을 사용하는 방법을 자녀에게 가르쳐줄 수 있습니다.

하나님은 우리에게 홀로 누리라고 돈을 주지 않으셨습니다. 우리 형제들을 생각하라고 주신 겁니다. 다른 이들에게 선을 베풀고 그들을 기쁘게 하는 것이 바로 돈의 축복입니다.

때로는 아버지의 영적 성전을 세우고 그분의 통치를 확장하기 위해 아버지께, 그분의 나라를 섬기는 일에 자금을 사용해야 할 수도 있습니다. 성경에서 언급되는 영적 축복의 시기는 하나님의 일을 위해 기쁘게 헌금하는 시간과 일치하기도 했습니다. 심지어 주님을 위해 물질을 드릴 때 성령이 풍성히 부어지기도 했습니다(출 36:5, 대상 29:6,9, 행 2:15, 4:34).

그리스도인 여러분, 마음의 깊은 분별력과 그에 따른 영적 사고는 돈에 대한 우리의 태도를 드러냅니다. 돈을 올바르게 사용하면 하나님과 이웃에 대한 사랑, 믿음을 통해 이루어지는 세상에 대한 승리, 영원한 보화에 대한 소망, 청지기로서의 충성심, 하나님을 섬기는 기쁨, 자발적인 자기 부인, 거룩한 분별력, 하나님의 자녀로서 누리는 영광스러운 자유 등을 나타낼 수 있습니다. 돈을 선한 도구로 사용하면 하나님과 영광스러운 교제를 할 수 있으며 그분을 섬기고 그로 인해 주어지는 기쁨을 온전히 누릴 수 있습니다.

>

1. 존 웨슬리는 돈을 사용할 때 세 가지 규칙이 있다고 항상 말했으며, 이러한 규칙을 사업가들에게 권했고 이 규칙을 통해 반드시 큰 유익을 얻을 수 있다고 확신했습니다. 이 규칙은 다음과 같습니다.

1) 가능한 한 많은 돈을 벌고, 부지런하며 근면하게 일하세요.
2) 가능한 한 많은 돈을 저축하세요. 낭비하지 말고 검소하며 신중하게 소비하세요.
3) 가능한 한 많은 돈을 기부하세요. 이것이 돈의 신성한 목적입니다. 이렇게 하면 돈이 여러분과 다른 사람들에게 영원한 축복이 될 겁니다.

2. 역대상 29장에 나오는 다윗의 아름다운 기도를 숙지하세요. 이 기도를 혼에 받아들이세요. 그러면 가진 것을 기쁘게 드리게 되고, 하나님의 영광과 복을 경험하게 될 겁니다.

주 하나님, 돈과 영적 삶의 밀접한 관계를
올바르게 분별할 수 있도록 도와주세요.
성령께서 나를 인도하시고 거룩하게 하십니다.
돈을 벌고, 받고, 모으고, 사용할 때마다
항상 주님을 기쁘게 하여 혼에 복이 되게 해주세요.
아멘.

049

그리스도인의 자유

죄에서 해방을 받아서 의의 종이 된 것입니다. 이제 여러분은 죄에서 해방을 받고, 거룩함에 이르는 삶의 열매를 맺고 있습니다(롬 6:18,22). 그러나 지금은 율법에서 풀려났습니다(롬 7:6). 그것은, 그리스도 예수 안에서 생명을 누리게 하는 성령의 법이 당신을 죄와 죽음의 법에서 해방하여 주었기 때문입니다(롬 8:2).

성경에서 자유는 하나님의 자녀가 누리는 가장 큰 특권 중 하나로 간주됩니다. 역사를 살펴보면 많은 민족들이 큰 희생을 치르면서도 자유를 얻고자 했습니다. 노예 상태는 인간의 가장 비참한 처지로, 그 상황에 처하면 스스로에 대한 소유권조차 자신에게 없습니다. 인간의 본성은 자유를 갈망합니다.

자유롭다는 본성의 원칙, 즉 타고난 성향에 따라 스스로를 발전시킬 수 있는 상태를 의미합니다. 자유가 없다면 누구도 자신의 목표에 도달하거나 원하는 모습으로 성장할 수 없습니다. 이는 동물, 인간, 육체를 가진 존재, 영적인 존재 모두에게 동일하게 적용되는 진리입니다. 따라서 하나님은 이집트의 노예였던 이스라엘을 구속하여 하나님의 백성으로서 영광스러운 자유를 누리게 하셨습니다. 마찬가지로 우리도 죄의 속박에서 영원히 해방되어 하나님의 자녀로서 자유를 누리게 되었습니다(출 1:14, 4:23, 6:5, 20:2, 신 24:22). 예수님은 이 땅에 계실 때 이렇게 말씀하셨습니다. **그러므로 아들이 너희를 자유롭게 하면, 너희는 참으로 자유롭게 될 것이다**(요 8:36). 그리고 성경은 그리스도가 우리에게 주신 자유 안에 굳건히 서라고 가르칩니다. 이 자유에 대한 통찰력은 하나님의 은혜가 우리를 위해 예비한 삶의 가장 큰 영광 중 하나를 발견하게 해줄 겁니다(요 8:32,36, 갈 4:21,31, 5:1).

>

로마서에서는 성화에 대해 논하면서 세 가지 형태의 자유를 언급합니다. 6장에서는 죄로부터의 자유를, 7장에서는 율법으로부터의 자유를, 8장에서는 죄의 법으로부터의 자유를 다룹니다.

먼저, 죄로부터의 자유를 살펴봅시다(롬 6:7,18,22). 죄는 사람을 지배하는 권세로 묘사되며, 사람은 그 권세 아래 포로가 되어 악을 행할 수밖에 없는 종과 같습니다(요 8:34, 롬 7:14,23, 벧후 2:19). 그러나 그리스도의 죽음을 통해 그분과 하나 된 성도는 죄의 지배로부터 완전히 자유로워졌으며, 더 이상 죄가 그 성도에게 힘을 행사하지 못합니다. 성도가 다시 죄를 짓는다면, 이는 믿음으로 받은 자유를 모르고 죄가 여전히 자신을 지배하도록 허락하고 있기 때문입니다.

하나님의 말씀이 확증한 이 진리를 믿음으로 온전히 받아들인다면, 죄는 그 성도를 지배할 수 없습니다(롬 5:21, 6:12,14).

다음은 율법으로부터의 자유입니다. 이 자유는 죄로부터의 자유보다 더 깊은 은혜의 삶으로 우리를 인도합니다. 성경에 따르면, 율법과 죄는 항상 함께 합니다. **죄의 권세는 율법입니다**(고전 15:56). 그러나 율법은 오히려 죄를 더욱 증가시킵니다(롬 4:15, 5:13,20, 7:13, 고전 15:56). 율법은 우리의 죄성을 나타내는 상징일 뿐이며, 죄와 맞서 싸우는 데 아무런 도움을 주지 못합니다. 오히려 율법은 우리를 완전히 굴복시키고 절망적인 죄의 권세에 넘겨줄 뿐입니다. 율법에서 자유롭게 되었다는 사실을 깨닫지 못하면 우리는 항상 죄 아래 굴복하게 됩니다(롬 6:15, 7:5). 그리스도와 율법이 동시에 우리를 다스릴 수는 없습니다. 율법을 지키기 위해 각고의 노력을 기울일수록 우리는 죄에 사로잡히게 됩니다(롬 7:5,23). 그리스도인은 자신이 율법에서 해방되었다는 사실을 반드시 인식해야 합니다. 즉, 외부에서 압박하는 **의무사항**으로부터 자유로워졌다는 것을 알아야 합니다. 이를 이해해야만 우리는 죄로부터의 완전한 해방의 의미를 깨달을 수 있습니다.

마지막으로, 우리는 죄의 법으로부터의 자유를 경험합니다. 이는 우리 육체 안에서 역사하는 죄의 권세로부터 실제적으로 해방되는 것을 의미합니다. 우리가 그리스도 안에서 얻은 죄와 율법으로부터의 자유는 하나님의 영을 통해 우리 안에서 내적으로 작용합니다. 그것은, 그리스도 예수 안에서 생명을 누리게 하는 성령의 법이 당신을 죄와 죽음의 법에서 해방하여 주었기 때문입니다(롬 8:2). 우리 안에 계신 성령은 우리를 지배하던 율법의 자리를 치우고 그 위에 군림하십니다. 그런데 여러분이, 성령의 인도하심을 따라 살아가면, 율법 아래에 있는 것이 아닙니다(갈 5:18). 율법으로부터의 자유는 외적으로 드러나지 않습니다. 성령이 우리 안에서 지배권을 가지고 우리를 인도하기 때문입니다. **주님의 영이 계신 곳에는 자유가 있습니다**(고후 3:17). 성령의 법이 우리 안에서 지배할 때, 우리는 율법과 죄의 법에서 해방됩니다. 그때 우리는 하나님의 자녀로서 자유롭게 행동하고 자발적으로 하나님을 섬기게 됩니다(고후 3:17, 갈 5:18).

자유롭다라는 말은 내가 되고자 하는 모습과 내가 되어야 할 모습을 갖추는 데 아무런 방해가 없는 상태를 의미합니다. 다시 말해, 내가 원하는 바를 행할 수 있다는 겁니다. 그러나 우리를 지배하려는 죄의 권세, 우리를 대적하는 율법의 권세, 우리 안에 있는 죄와 법의 권세가 우리를 방해합니다. 성령의 자유에 굳게 서서 진정으로 자유로워지면, 그 어떤 것도 그의 앞길을 방해하거나 막을 수 없습니다. 그는 되고자 하는 모습, 되어야 할 모습으로 성장할 겁니다. 나무가 위로 자라는 것이 자연의 이치이며, 아무런 장애물이 없을 때 잘 자라는 것처럼 하나님의 자녀도 아무런 방해 없이 그분의 뜻대로 성장해 나갑니다. 성령이 우리를 이 자유로 이끌 때, 믿음의 삶을 살아갈 힘이 솟아오릅니다. 나에게 능력을 주시는 분 안에서, 나는 모든 것을 할 수 있습니다(빌 4:13). 그리스도의 개선 행렬에 언제나 우리를 참가시키는 하나님께 감사를 드립니다(고후 2:14).

>

1. 그리스도인의 자유는 죄에만 국한되지 않고, 삶 전체로 확장됩니다. 그리스도인은 사람들의 제도나 교육에서도 자유롭습니다. 여러분은 하나님께서 값을 치르고 사신 사람입니다. 그러므로 사람의 노예가 되지 마십시오(고전 7:23, 골 2:20). 즉, 우리는 세상에 대해 자유로우며 하나님이 주신 것들을 자유롭게 사용합니다. 이를 소유하거나 베풀 수도 있고, 누리거나 기꺼이 희생할 수도 있습니다(고전 8:8, 9:4,5).

2. 그렇다고 해서 이 자유가 방종을 의미하는 것은 아닙니다. 우리는 성령 안에서 하나님을 섬기기 위해 죄와 율법으로부터 해방되었습니다. 더 이상 율법 아래에 있지 않더라도, 자유 의지에 따른 선택과 사랑으로 우리를 사랑하신 하나님께 자신을 온전히 내어 드립니다(롬 6:18, 갈 5:13, 벧전 2:16). 우리는 율법 아래에 있지 않지만, 그렇다고 해서 무질서하게 살지는 않습니다. 우리는 이제 더 상위의 법, 즉 **생명의 성령의 법**과 **자유의 법** 안에서 살아가며, 이 법은 우리 삶의 기준이자 척도로서 우리 마음판에 새겨져 있습니다(고전 9:21, 약 1:15, 2:12). 그리고 이 법

의 마지막은 그리스도의 법에 매여 있다는 문장으로 장식되어 있을 겁니다.

3. 이 자유는 말씀에서 비롯되며 그 안에 존재합니다. 말씀이 내 안에 거하고, 진리가 내 안에 거할수록 더 큰 자유를 누리게 될 겁니다(요 8:31,32,36).

4. 자유는 사랑으로 나타납니다. 우리는 이제 율법, 사람, 제도들로부터 해방되었고, 그리스도와 같이 다른 사람에게 우리 자신을 내어줄 수 있습니다(롬 14:13,21, 갈 5:13, 6:1).

5. 하나님과 이웃을 사랑으로 섬길 수 있는 자유는 영적인 것입니다. 어떤 수단으로 이 자유를 억지로 붙잡거나 소유할 수 없습니다. 오직 성령 안에서 사는 삶을 통해 알 수 있습니다. 주님의 영이 계신 곳에는 자유가 있습니다(고후 3:17). 그런데 여러분이, 성령의 인도하심을 따라 살아가면, 율법 아래에 있는 것이 아닙니다(갈 5:18). 성령님은 우리를 해방시키셨습니다. 성령님께 모든 것을 맡기세요. 그러면 그분이 우리를 하나님의 자녀로서 마땅히 누려야 할 참된 자유, 영광스러운 자유로 인도하실 겁니다. 그것은, 그리스도 예수 안에서 생명을 누리게 하는 성령의 법이 당신을 죄와 죽음의 법에서 해방하여 주었기 때문입니다(롬 8:2).

포로를 해방시키기 위해 성령으로

기름부음 받은 하나님의 아들,

예수님, 저에게 참된 자유를 주세요.

주님 안에 있는 생명의 영이

저를 죄와 사망의 법에서 해방시켜 주시길 바랍니다.

저는 주님께서 값을 치르고 구속하신 사람입니다.

주님을 섬길 때, 어떤 것도 방해하지 않도록 도와주세요.

자유로운 사람으로 살게 해주세요.

아멘.

050

성장

하나님 나라는 이렇게 비유할 수 있다. 어떤 사람이 땅에 씨를 뿌려 놓고, 밤낮 자고 일어나고 하는 사이에 그 씨에서 싹이 나고 자라지만, 그 사람은 어떻게 그렇게 되는지를 알지 못한다. 땅이 저절로 열매를 맺게 하는데, 처음에는 싹을 내고, 그 다음에는 이삭을 내고, 또 그 다음에는 이삭에 알찬 낟알을 낸다(막 4:26~28). 온 몸은 머리이신 그리스도로부터 각 마디와 힘줄을 통하여 영양을 공급받고, 서로 연결되어서 하나님께서 자라게 하시는 대로 자라나는 것입니다(골 2:19). 우리는 자라나서, 머리가 되시는 그리스도에게까지 다다라야 합니다. 온 몸은 머리이신 그리스도께 속해 있으며, 자라납니다(엡 4:15,16).

죽음은 항상 멈춰 있지만, 생명은 끊임없이 움직이며 성장합니다. 발전과 성장은 피조물 생태계의 법칙이므로, 사람 안에 있는 새로운 생명도 필연적으로 성장하고 그 힘이 점점 강해집니다. 흙과 씨앗 안에 식물이 자라 열매를 맺게 하는 생명력이 있는 것처럼, 영원한 생명의 씨앗 안에도 그 생명을 지속적으로 성장하게 하는 거룩한 힘이 존재합니다. 이 힘을 받아 우리는 온전한 사람이 되고 그리스도의 충만에 이르게 됩니다(엡 4:13, 살후 1:4).

>

씨앗이 자라 열매를 맺는 비유를 통해 주님은 영적 삶의 성장에 대해 두 가지 중요한 교훈을 가르치십니다. 하나는 생명의 자생이며,

다른 하나는 생명의 점진적 발전입니다.

첫 번째 교훈은 은혜 안에서 더욱 성장하고 발전하기 위해 무엇을 해야 할지 묻는 사람들에게 해당됩니다. 주님께서는 육신에 대해 이렇게 말씀하셨습니다. **너희 가운데서 누가, 걱정을 해서, 자기 수명을 한 순간인들 늘일 수 있느냐? 들의 백합화가 어떻게 자라는가 살펴보아라**(마 6:27~28). 이와 마찬가지로, 영적인 생명이 자랄 때 우리가 할 수 있는 일도, 해야 할 일도 없다고 말씀하십니다(호 14:8, 마 6:25,27,28). 사람이 자는 동안에도 씨앗은 자라고, 우리가 그 성장 과정을 몰라도 열매는 맺힙니다. 한 번 씨를 뿌렸다면 하나님을 신뢰해야 합니다. 더 이상 염려할 필요가 없습니다. 그저 주님을 믿고 쉬면 됩니다. 그분이 자라게 하실 겁니다.

그렇다면 우리는 아무것도 하지 말아야 할까요? 우리는 아무것도 할 수 없습니다. 생명의 능력은 성도 안에 계신 성령, 즉 생명에서 나옵니다. 성도가 생명의 성장에 기여할 수 있는 건 없습니다. 성령이 자라게 하면 생명은 그저 자랄 뿐입니다(시 92:14, 갈 2:20, 골 3:3).

우리가 할 수 있는 일은 생명이 잘 자라도록 방해 요소를 모두 제거하고 멀리하는 겁니다. 가시나 엉겅퀴와 같은 방해물이 땅을 차지하여 식물이 자랄 공간을 빼앗는다면, 이를 반드시 제거해야 합니다(렘 4:13, 마 13:22,23). 식물이 잘 자라기 위해서는 땅에서 자신의 자리를 온전히 차지해야 합니다. 이를 위해 농부가 환경을 잘 돌보면 식물은 자연스럽게 자랍니다. 마찬가지로, 그리스도인도 새 생명의 성장을 방해하는 장애물을 제거해야 합니다. 또한, 마음을 온전히 새 생명에 쏟고, 온 마음을 새 생명으로 가득 채워야 합니다. 그래야 그 생명이 거리낌 없이 자유롭게 성장할 수 있습니다(아가 2:15, 히 12:1).

농부는 식물에게 필요한 양분과 물을 모두 공급할 수 있습니다. 필요에 따라 거름으로 땅을 비옥하게 하거나 물을 뿌려줄 수도 있습니다. 이처럼 성도도 새 생명을 위해 말씀에서 나오는 양식과 성령의 물을 기도로 공급해야 합니다. 새 생명은 그리스도 안에 심겨져 있습니다. 그분에게서 나와 그분의 방식대로 자라납니다. 그러니 믿음으로 그분 안에 뿌리내리세요. 그러면 생명이 알아서 성장할 겁니다(요 15:4,5, 골 2:6,7). 생명에 꼭 필요한 것을 공급하고 장애물은 제거하세요. 그러면 스스로 성장하고 발전할 겁니다.

>

두 번째 교훈은 점진적인 성장입니다. 처음에는 싹을 내고, 그 다음에는 이삭을 내고, 또 그 다음에는 이삭에 알찬 낟알을 낸다(막 4:28). 모든 일이 한 번에 이루어지기를 기대하지 마세요. 하나님께 모든 때를 맡기세요. 우리는 믿음과 인내로 약속을 상속받습니다.

이 믿음은 그리스도 안에서 모든 걸 받을 수 있다고 믿으며, 이 인내는 하나님의 뜻과 질서에 따라 모든 것이 제때에 이루어질 날을 기다립니다. 하나님께 모든 때를 맡기세요. 새 생명에게 시간을 주세요. 식물이 자라려면 땅에 뿌리를 깊이 내리는 시간이 필요하듯, 우리도 그리스도와 그분의 은혜 안에 뿌리를 깊이 내려야 새 생명이 성장합니다(히 3:13, 6:12,15, 약 5:7).

새로운 생명에게 충분한 시간을 주세요. 기도하고 하나님과 교제하며 믿음을 지속적으로 실천하고 세상과 끊임없이 구별되는 시간을 가지세요. 느리지만 확실하게, 눈에 띄지 않지만, 실제로는 약해 보이지만 하늘의 능력으로 자라날 겁니다. 혼 안에 있는 하나님의 생명은 그리스도 안에서 완전한 모습으로 성장할 것이며, 이는 거룩합니다.

>

1. 식물에게 가장 중요한 건 식물이 지탱하는 태양과 그로부터 얻는 힘입니다. 마찬가지로, 그리스도인에게 가장 중요한 건 그가 그리스도 안에 있다는 사실입니다. 그리스도는 모든 것이며, 우리는 그분 안에서 성

장해야 합니다. 우리는 그분 안에 거할 때 비로소 성장할 수 있습니다. 믿음으로 그리스도 안에 거하는 것이 가장 중요합니다.

2. 믿음은 고요히 안식해야 한다는 사실을 기억하세요. 성장은 하나님의 손에서 자라는 백합꽃과 같으며, 그분은 우리를 강하고 건강하게 성장시키실 겁니다.

3. 견고하고 활기찬 믿음을 통해 우리는 **하나님의 영광의 권능에서 오는 모든 능력으로 강하게 되어서, 기쁨으로 끝까지 참고 견디게 될 겁니다** (골 1:11).

4. 하나님이 우리를 성장하게 하신다는 믿음은 모든 불안을 잠재우고 우리가 마땅히 해야 할 일을 담대히 감당할 수 있는 용기를 줍니다. 이는 새 생명의 장애물을 제거하고, 새 생명에 물과 영양분을 공급합니다.

5. 심는 것과 자라는 것의 차이를 잘 기억하세요. 심는 일은 잠깐의 과정입니다. 땅은 즉시 씨앗을 받아들이지만, 그 이후에는 자랄 시간이 필요합니다. 마찬가지로, 죄인도 주저하지 않고 즉시 말씀을 받아들여야 합니다. 회심에 시간을 끌어서는 안 됩니다. 회심한 후에는 씨앗이 자라기 시작합니다.

6. 가장 중요한 건 그리스도입니다. 우리는 그분으로부터, 그리고 그분 안에서 성장합니다. 그분은 스스로 열매를 맺게 하는 땅과 같아서, 그 과정을 우리가 모두 알 수는 없습니다. 우리는 그저 날마다 그분과 교제할 뿐입니다. 〈그리스도 안에 거하라 *Abide in Christ*〉라는 책이 있는데, 이

책은 그분과 지속적으로 교제하며 누리는 복된 삶에 대해 한 달간 묵상한 기록입니다. 나중에 한 번 읽어보세요.

> 주 하나님, 자녀들의 믿음을 은혜로 강건하게 하셔서,
> 주님의 손으로 저를 성장시켜 주세요.
> 주님께서 심어 주신 귀한 생명,
> 강력한 생명이 무엇인지 깨닫게 해주시고
> 그 생명이 거룩하게 자라도록 해주세요.
> 믿음과 인내로 약속을 상속받을 수 있도록 도와주세요.
> 그 믿음 안에서 새 생명의 모든 장애물을 제거하고,
> 새 생명에 필요한 것들을 제때 공급하도록 가르쳐 주세요.
> 또한, 주님의 일이 영광스럽게 이루어지도록 해주세요.
> 아멘.

051

성경 연구

내가 주님의 법을 얼마나 사랑하는지, 온종일 그것만을 깊이 생각합니다(시 119:97). 너희가 성경을 연구하는 것은, 영원한 생명이 그 안에 있다고 생각하기 때문이다. 성경은 나에 대하여 증언하고 있다(요 5:39). 그런데 들은 그 말씀이 그들에게는 아무런 유익이 되지 못하였습니다. 그들은 그 말씀을 듣고서도, 그것을 믿음과 결합시키지 않았기 때문입니다(히 4:2).

이 책의 서두에서도 은혜의 삶에서 하나님의 말씀을 어떻게 사용하는지 여러 차례 언급했습니다. 이제 이 책을 마무리하면서 이 중요한 주제로 다시 돌아가고자 합니다. 사랑하는 어린 형제자매 여러분, 간절히 부탁드립니다. 여러분의 영적 삶은 하나님의 말씀을 어떻게 사용하는지에 달려 있습니다. 사람은 하나님의 입술에서 나오는 말씀으로 살아갑니다. 그러니 하나님의 말씀을 바르게 사용하는 법을 진심으로 연구하시기 바랍니다. 이를 위해 다음 지침들을 명심하세요.

>

하나님의 말씀을 지성보다 마음으로 읽으세요. 지성은 말씀을 알고 분석하며 이해하지만, 마음은 말씀을 간절히 바라고 사랑하며 붙잡습니다. 지성은 마음의 종이 되어야 합니다. 육신의 본성에 속한 지성은 영적인 것을 받아들이지 못하므로, 이를 경계해야 합니다(고전 1:12,27, 2:6,12, 골 2:18). 지성을 내려놓고, 하나님의 영 앞에 겸손히 기다리세요. 말씀을 읽을 때마다 침묵을 지키고 스스로에게 말하세요. "이 말씀을 내 마음에 받아들이고 사모하여 그것이 내 안에 살아 숨 쉬게 하겠습니다(시 119:10,11,47, 롬 10:8, 약 1:21)."

항상 살아계신 하나님과 교제하며 말씀을 읽으세요. 말하는 사람을 믿어야 그 말에 힘이 있습니다. 먼저 살아계신 하나님과 사랑의 교제를 나누며 그분의 사랑과 우정에 감화되어야 합니다. 그리고 영원하신 하나님께서 지금 내게 말씀하고 계신다고 굳게 믿으며 말씀을 대하세요. 마음을 고요하게 하여 하나님께 귀를 기울이세요(창 17:3, 삼상 3:9,10, 사 50:4, 52:6, 렘 1:2). 그러면 말씀이 여러분에게 큰 축복이 될 겁니다.

하나님의 영은 말씀 안에 거하며, 말씀은 성도 안에서 분명히 역사합니다. 이를 분명히 알고, 살아 있는 말씀인 성경을 읽으세요. 말씀은 씨앗입니다. 씨앗은 생명을 지니고 있으며, 스스로 자라 열매를 맺습니다. 말씀 또한 생명을 품고 있으며, 스스로 자라 열매를 맺습니다(막 4:27,28, 요 6:63, 살전 2:13, 벧전 1:23). 지금은 이 진리를 온전히 이해하지 못하고, 그 능력을 느끼지 못할지라도 말씀을 마음에 담고 깊이 생각하여 묵상하세요. 때가 되면 말씀이 저절로 여러분 안에서 자라고 역사하기 시작할 겁니다(시 119:15,40,48,69, 딤후 3:16,17). 하나님의 영은 말씀 안에 거하며, 말씀과 함께합니다.

말씀을 단순히 듣기만 하지 말고, 실천하겠다고 결심하며 읽으세요. 다음과 같이 자문해보세요. "하나님께서 지금 이 말씀을 통해 내게 원하시는 건 무엇일까?" 만약 여러분의 답이 "하나님은 내가 이 말씀을 믿고, 그분을 신뢰하기를 바라신다."라면, 진심으로 말씀을 믿고 주님을 신뢰하세요. 말씀이 여러분에게 명하실 때 즉시 그 말씀에 순종하세요(마 5:19,20, 7:21,24, 눅 11:28, 약 1:21,25). 하나님의 말씀에 순종함으로써 자신을 드리고 말씀을 행하면, 말로 다 할 수 없는 복을 누리게 됩니다. 말씀을 듣기만 하지 말고, 실천하세요.

시간을 두고 말씀을 읽으세요. 이 땅에서 어떤 것도 시간을 들이지 않고는 얻을 수 없습니다. 말씀에 시간을 주세요. 앉아서 성경을 읽을 때마다 말씀이 마음 깊이 스며들 수 있도록 시간을 할애하세요. 날마다 꾸준히 말씀을 붙잡고 계속 나아가세요(신 6:5, 시 1:2, 119:97, 렘 15:16). 인내를 통해 우리는 말씀에 익숙해지고 이를 실천하게 됩니다. 말씀이 우리 안에서 살아 역사하는 겁니다. 말씀을 이해하지 못해 낙심하지 말고 기도하세요. 포기하지 말고 용기를 내세요. 시간을 들이면 말씀이 깊은 의미를 직접 알려줄 겁니다. 다윗도 말씀을 깨닫기 위해 밤낮으로 묵상해야 했습니다.

성경을 깊이 탐구하며 말씀을 읽으세요. 성경은 스스로를 가장 잘 해석합니다. 특정 주제에 대해 서너 구절을 찾아 나란히 놓고 비교해 보세요. 일치하는 부분과 차이가 나는 부분, 같은 진리를 반복하는지 아니면 새로운 관점을 제시하는지를 살펴보세요. 동일한 주제에 대해 언급된 여러 말씀을 비교하면서 말씀을 조명하고 확증하세요. 이것이 가장 안전하고 효율적인 해석 방법입니다. 성경 저자들도 이러한 방식을 사용합니다(사 34:16, 요 19:37, 행 17:11, 히 2:13). 성경을 공부하는 데 시간과 노력이 많이 든다고 불평하지 마세요. 그만한 가치가 있으며 반드시 보상을 받을 겁니다. 이 세상에서 수고하지 않고 얻을 수 있는 건 없습니다(잠 2:4,5, 3:13,18, 마 13:44). 생명의 양식도 땀을 흘려야 얻을 수 있습니다. 하늘나라로 가는 길에는 반드시 수고가 따릅니다. 그러니 말씀을 상고하세요. 그러면 풍성한 복을 받게 될 겁니다.

어린 그리스도인 여러분, 마지막으로 간절히 전하고 싶은 말이 있습니다. 하나님의 말씀에 대한 여러분의 태도는 영적 성장, 능력, 생명에 결정적인 영향을 미칩니다. 그러니 하나님의 말씀을 사랑하세요. 말씀을 꿀보다 더 달고, 수천 개의 금은보화보다 더 귀하게 여기세요. 말씀을 통해 하나님은 자신의 마음을 드러내십니다. 말씀을 통해 예수님은 자신을 나타내시고 은혜를 주십니다. 말씀을 통해 성령님은 여러분 안에 임재하시며, 하나님의 뜻과 생각에 따라 여러분의 마음과 생각을 새롭게 하십니다. 단순히 영적으로 뒤처지지 않기 위해 말씀을 조금씩 읽는 데 그치지 마세요. 하나님의 말씀이 여러분을 가득 채우고, 그 말씀을 이루기 위해 자신을 온전히 내어 드리세요. 그리고 이 헌신을 여러분의 가장 중요한 사명 중 하나로 여기세요.

>

1. 시편 119편은 성경의 중심에 위치하고 있습니다. 이 시편은 하나님의 말씀에 대한 사랑과 찬양을 가장 강렬하게 표현합니다. 119편을 그저 흐름대로 읽기만 하지 말고, 핵심 주제를 짚어가면서 각 주제가 어떻게 구절로 표현되고 있는지 살펴보아야 합니다. 다음의 예시를 참고하여 주제를 선택하고, 그에 대한 구절을 검토하면서 하나님의 말씀의 영광에 대해 성경이 가르치는 진리를 마음속에 깊이 새겨보세요.

1) 말씀의 복 (시 119:1,2,6,11,14,45,46,47)
2) 시편 119편은 하나님의 말씀을 다양한 이름으로 부른다.
3) 말씀을 다루는 법 - 관찰하고, 실천하며, 지키고, 주의 깊게 묵상하라.
4) 하나님이 가르치시는 기도의 방법 (시 119:5,10,12,18,19,26)
5) 말씀에 순종하는 헌신 (시 119:93,105,106,112,128,133)
6) 우리의 기도의 근거가 되는 하나님의 말씀

(시 119:41,49,58,76,107,116,170)

7) 하나님의 말씀을 지키는 자세와 담대한 기도 (시 119:77,159,176)

8) 기도 응답에 대한 약속과 하나님의 말씀을 행하는 자세
(시 119:8,17,33,32,44)

9) 말씀을 지킬 수 있는 능력 (시 119:32,36,41,42,117,135,146)

10) 말씀에 대한 찬양 (시 119:54,72,97,129,130,144)

11) 순종에 대한 확실한 고백 (시 119:102,110,121,168)

12) 하나님과의 인격적인 교제 (시편 119편에는 주, 나, 주의 것, 내 것이라는 표현이 자주 등장합니다.)

위 예시는 시편 119편의 여러 주제 중 일부만 나열했으므로, 여러분 스스로 더 많은 말씀과 주제를 찾아 표시해 보세요. 그러면 하나님의 영이 여러분에게 알려주고자 하시는 말씀에 대한 생각으로 머리가 가득 찰 겁니다.

믿음의 사람 조지 뮬러의 말을 깊이 새기며 말씀을 읽어보세요. 그는 이렇게 말합니다. "우리 영적 생명의 능력은 하나님의 말씀이 우리 삶과 생각 속에 차지하는 비중에 달려 있습니다." 54년 간의 경험을 통해 제가 깨달은 바도 이와 동일합니다. 구원받은 후 처음 3년 동안은 하나님의 말씀을 거의 읽지 않았습니다. 그러나 그 이후로는 부지런히 말씀을 상고했고, 그 결과는 놀라웠습니다. 그때부터 성경을 순서대로 백 번 이상 읽었고, 읽을 때마다 기쁨이 더 커져갔습니다. 매번 새롭게 성경을 펼칠

때마다, 마치 처음 보는 책처럼 느껴졌습니다. 매일 꾸준히 성경을 깊이 묵상하는 것이 얼마나 큰 복인지 말로 다 표현할 수 없습니다. 시간이 부족해서 하나님의 말씀을 온전히 누리지 못한 날은 마치 그 하루를 통째로 잃어버린 것 같습니다.

사람들은 종종 이렇게 말합니다. "할 일이 너무 많아서 규칙적으로 성경을 공부할 시간이 없어요." 하지만 저처럼 바쁘게 일하는 사람을 주변에서 본 적이 없습니다. 그럼에도 불구하고 반드시 지키는 원칙이 있습니다. 하나님과의 달콤한 교제를 갖기 전에는 절대 하루 일과를 시작하지 않습니다. 교제를 마친 후에는 중간중간 기도하는 시간을 제외하고, 전심으로 그날의 일과, 하나님의 일에 몰두합니다.

주 하나님,
말씀을 통해 주님께서 우리에게 말씀하시고,
주님의 뜻, 마음, 사랑에 이르게 해주신 것이
얼마나 큰 은혜인지요.
주님의 귀한 말씀을 소홀히 했던 죄를 용서해 주세요.
성령을 통해 새 생명이 우리 안에서 더욱 강건해져서
항상 주님의 말씀 안에 거할 수 있도록 도와주세요.
아멘.

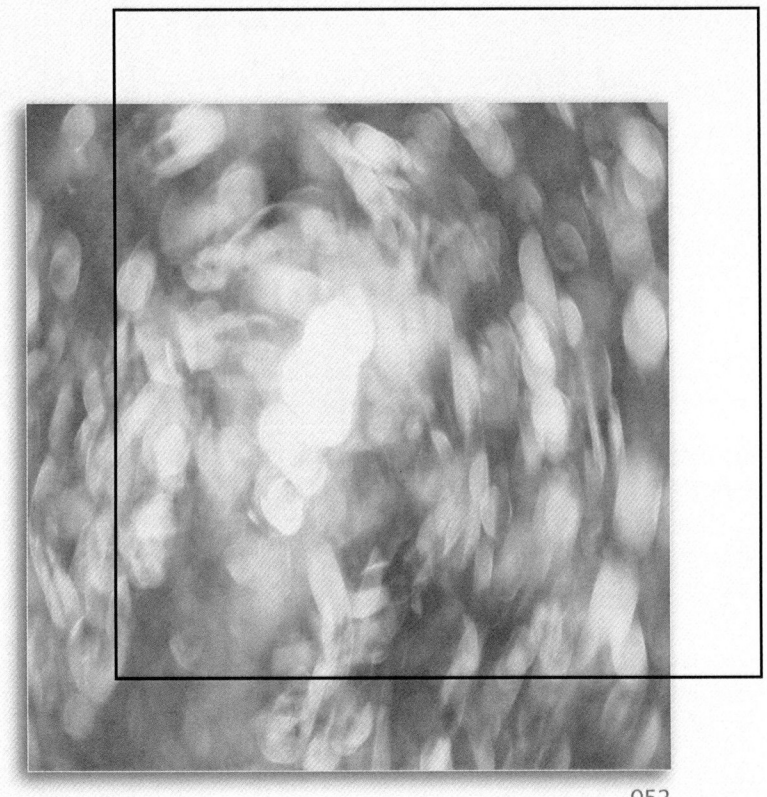

052

완성자

가장 높으신 하나님께 내가 부르짖습니다. 나를 위하여 복수해 모든 것을 이루시는 하나님께 내가 부르짖습니다(시 57:2). 주께서는 나와 관련된 것을 완전하게 하시리이다(시 138:8). 선한 일을 여러분 가운데서 시작하신 분께서 그리스도 예수의 날까지 그 일을 완성하시리라고, 나는 확신합니다(빌 1:6). 만물이 그에게서 나고, 그로 말미암아 있고, 그를 위하여 있습니다. 그에게 영광이 세세에 있기를 빕니다. 아멘(롬 11:36).

다윗은 한때 믿음이 약해지고 낙심하여 이렇게 말했습니다. 이제 이러다가, 내가 언젠가는 사울의 손에 붙잡혀 죽을 것이다(삼상 27:1). 그리스도인도 언젠가 찾아올 죽음을 두려워할 수 있습니다. 이는 온전히 하나님을 신뢰하지 않고 자신만을 바라보았기 때문입니다. 또한, 아직 완성자이신 하나님을 알지 못하고 그 이름의 진정한 의미를 온전히 깨닫지 못했기 때문입니다. **나는 알파며 오메가, 곧 처음이며 마지막이요, 시작이며 끝이다**(계 22:13). 하나님을 만물의 근원이자 시작으로 믿는다면, 그분이 만물을 유지시키는 분이자 결국 만물의 끝이신 분으로 신뢰해야 합니다.

하나님은 시작이십니다. 선한 일을 여러분 가운데서 시작하신 분께서, 너희가 나를 택한 것이 아니라, 내가 너희를 택하여 세운 것이다(요 15:16). 세상이 창조되기 전부터 우리가 성도가 되고 새 생명을 얻게 된 건 하나님의 자유로운 선택 덕분입니다(요 15:16, 롬 8:29,30, 엡 1:4,11). 아직 회심하지 않은 사람들은 이 선택과 관련이 없습니다. 하나님은 은혜로 이들을 초청하고 복음에 순종하라고 부르십니다. 아버지의 문 밖에는 이렇게 쓰여 있습니다. **내게로 오는 사람은 내가 물리치지 않을 것이다**(요 6:37). 이는 누구나 보고 이해할 수 있는 말씀입니다. 누구나 이 문으로 들어서면, 다른 말씀을 보고 그 의미를 자각하게 됩니다. **아버지께서 내게 주시는 사람은 다 내게로 올 것이요**(요 6:37). 그제야 이 모든 것의 시작이 하나님이셨다는 사실을 깨닫게 됩니다. 하나님의 명령에 순종해야 그분의 뜻을 깨달을 수 있습니다.

하지만 이 진리를 굳게 붙드는 순간은 매우 중요합니다. 선한 일을 시작하신 분은 하나님이십니다. 하나님에 대한 모든 생각은 완성자이신 하나님에 대한 확신을 더욱 강화합니다. 하나님의 신실, 사랑, 능력은 그분이 시작한 선한 일이 반드시 완성될 것이라고 여러 차례 약속합니다. 하나님이 변함없이 신실하시다는 사실은 그분이 스스로 보증하고 계십니다. 관련 구절을 성경에서 찾아 읽고 기도하세요. 그러면 혼이 그 안에서 쉬고 용기를 얻게 될 겁니다(창 28:15, 시 89:29,34~36, 사 54:9,10, 렘 33:25,26).

>

그렇다면 하나님은 어떻게 자신의 일을 완성하실까요? 하나님이 시작한 일은 그분에 의해 지속되며, 결국 그분의 영광으로 돌아갑니다. 일상적이든 영적이든 여러분의 삶에서 일어나는 모든 일은 하나님 아버지의 손 안에 있습니다. 이러한 일들이 여러분의 영원에 영향을 미치기 때문입니다(마 6:25,34, 벧전 5:7). 밤이든 낮이든, 혼은 조용히 성장하며 멈추지 않습니다. 여러분이 믿기만 하면 아버지가 돌보실 겁니다. 하나님의 자녀인 여러분의 운명에 예상치 못한 일이 발생하더라도, 아버지는 그분의 일을 계속해서 완성하실 겁니다(사 27:2,3, 51:12,13). 단, 한 가지 조건이 있습니다. 완성하시는 분인 하나님을 신뢰해야 합니다. 믿음으로 그분의 손에 모든 것을 맡겨야 합니다. 또한, 이렇게 고백해야 합니다. **주님은 저에 관한 모든 일을 온전하게 하실 줄 압니다**(시 138:8). 혼이 이러한 생각을 가지도록 기도하세요. **저를 위해 모든 일을 하시는 하나님께 부르짖습니다**(시 57:2). 그리스도인 여러분, 하나님의 일이 우리 안에서 계속되고 완성되는 모든 과정은 그분의 손에 달려 있다는 사실을 생각하며 기도하세요(히 10:35, 13:5~6, 20~21).

하나님이 완성하신 일이 얼마나 영광스러울지 생각해보세요. 영적 삶에서 하나님은 우리를 그분의 거룩함에 참여하게 하시고, 자신의 아들의 형상을 닮게 하시며, 그 능력을 나타내기를 원하십니다. 하나님은 그분의 나라에서 우리를 통해 이루고자 하는 모든 복된 일에 합당한 상태로 우리를 만드시고 세우실 겁니다. 그리고 우리의 몸도 주님의 영광스러운 몸과 같이 변화시켜 주실 겁니다. 우리는 하늘에서 내려오셔서 지체들을 데려가실 예수님을 기다립니다. 주님은 그분이 택하신 모든 자들과 우리를 한 몸이 되게 하시고 영원히 그분의 영광 안에 거하게 하실 겁니다. 하나님은 그분의 일을 반드시 이루실 겁니다. 그분을 신뢰하는 모든 사람을 위해 영광스럽게 완성하실 겁니다.

하나님의 자녀 여러분, 굳게 믿고 확신하며 고백하고 기도하세요. 주님께서 나와 관련된 모든 일을 완성하실 줄 압니다(시 138:8). 필요를 구할 때마다 담대히 말하세요. 모든 것을 이루어 주시는 하나님께 부르짖습니다(시 57:2). 삶의 노래가 기쁜 찬송이 되게 하세요. 만물이 그에게서 나고, 그로 말미암아 있고, 그를 위하여 있습니다. 그에게 영광이 세세에 있기를 빕니다. 아멘(롬 11:36).

>

1. 그러나 끝까지 견디는 사람은 구원을 얻을 것이다(마 10:22). 시작이 좋다고 해도 결과는 그렇지 않을 수 있습니다. 우리는 소망의 시작을 끝까지 굳게 붙들어야 합니다(마 10:27, 24:13, 히 3:14,16, 11:12).

죄를 용서하고 우리를 죄에서 깨끗하게 하시는 분은 하나님이십니다. 죄의 용서와 씻음은 모두 하나님의 약속이기 때문에 믿음에 달려 있습니다. 죄를 씻는 일은 용서와 마찬가지로 인간이 할 수 없는 영역이며, 오직 하나님만이 주실 수 있는 축복입니다.

>

그렇다면 죄를 씻는다는 것은 무슨 뜻일까요? 씻는다는 말은 구약에서 유래한 겁니다. 용서가 죄인에게 내려진 무죄 판결이라면, 죄를 씻는 건 죄인에게 또 죄인 내면에서 일어난 일입니다. 즉, 전자는 말씀을 통해 죄인에게 전달되며, 후자는 죄인이 직접 체험할 수 있습니다(레 8:13, 14:7,8, 민 19:12, 31:23,24, 삼하 22:21,25, 대하 5:10, 느

2. 거룩하게 인내하는 삶은 개혁교회의 핵심 교리 중 하나입니다. 부활의 은혜를 철회할 수 없습니다.

3. 왜 어떤 성도는 믿음에서 이탈할까요? 그들은 믿는 것처럼 보이지만, 실제로는 거듭나지 못한 사람들일 가능성이 큽니다. 그저 잠깐 성령의 역사에 동참했을 뿐입니다(히 6:4).

4. 참된 새 생명에 참여했는지, 그 여부를 어떻게 알 수 있을까요? **하나님의 영으로 인도함을 받는 사람은 누구나 다 하나님의 자녀입니다**(롬 8:14). 하나님이 우리를 받아주셨다는 믿음은 성령의 인도를 따라 살고 행하면서 성장하고 굳건해집니다.

5. 누가 끝까지 견딜 것이라고 확신할 수 있나요? 그 사실을 알 수 있을까요? 완성자이신 하나님을 믿으십시오. 전능하신 하나님은 우리의 보호자이십니다. 진심으로 그분께 자신을 드리고 그분의 완성을 온전히 신뢰하는 성도는 하나님이 현재도, 앞으로도, 영원에서도 자신을 붙드실 거라고 확신합니다.

하나님의 자녀 여러분, 아버지와 교제하며 사세요. 예수님을 믿는 믿음의 삶을 온전한 마음으로 살아가세요. 그러면 믿음에서 이탈할까 두려워하는 마음이 사라질 겁니다. 성령의 살아있는 인장이 여러분이 끝까지 견딜 수 있게 하는 보증이 될 겁니다.

아멘.

"믿는 자들로 영생함을 얻으심이니라."

"내 안에서 영원한 영광을 사랑하시고 그분께서

다음 자리를 예비하실 수 있도록 해 주세요.

새로운 생명에 대하여 영원할 때,

주님을 섬사하게 되시길 해 주세요.

제 모든 영생함을 얻을 수 하나이다.

시속에서 안식처를 찾으려 했는지 모릅니다.

그들은 길을 잃고 그 안으로 들어가지요.